高职高专通识类课程精品规划教材

大学生心理健康与团体活动

主　编　刘好贤　苗园园　陈秀元
副主编　鲁　石　高　雨
编　者　苏文燕　柯青青　邵家鹏
　　　　孙　琳　杨　磊

苏州大学出版社
Soochow University Press

图书在版编目 (CIP) 数据

大学生心理健康与团体活动 / 刘好贤,苗园园,陈秀元主编. --苏州: 苏州大学出版社, 2025. 8.
(高职高专通识类课程精品规划教材).
ISBN 978-7-5672-5317-9

Ⅰ. G444

中国国家版本馆 CIP 数据核字第 2025A3A933 号

DAXUESHENG XINLI JIANKANG YU TUANTI HUODONG

责任编辑: 施小占　　**装帧设计:** 刘　俊

出版发行: 苏州大学出版社　　**网　　址:** www. sudapress. com
社　　址: 苏州市十梓街 1 号　　**邮　　箱:** sdcbs@ suda. edu. cn
邮　　编: 215006　　**开　　本:** 787 mm×1 092 mm　1/16
印　　刷: 镇江文苑制版印刷有限责任公司　　**印　　张:** 14. 25
版　　次: 2025 年 8 月第 1 版　　**字　　数:** 304 千
印　　次: 2025 年 8 月第 1 次印刷　　**定　　价:** 48. 00 元

图书若有印装错误,本社负责调换
苏州大学出版社营销部电话　0512-68741020
苏州大学出版社天猫旗舰店　https://szdxcbs. tmall. com

前 言

毋庸讳言，受传统工具理性思维影响，当前高校心理健康教育的主要功能依然定位于心理疾病的预防性防治上，一直以解决少数“问题学生”的“问题”为目标，相对忽视了广大学生个体化的、发展性的成长需要。高校综合心理素质培养也主要着眼于学生的职业竞争力与社会适应力提升，仍未真正重视学生个体积极心理品质的培养和人生智慧的提升，其教育目标整体上依然未能摆脱功利主义的窠臼。从积极心理学和智慧心理学的视角来看，高校心理健康教育与心理素质培育的整体性价值更应体现在实现大学生内心完善和人格发展方面，更多地关注和挖掘学生的潜能，促进学生个体的自我教育与反思，让其自身得到自觉的成长和自主的发展，凸显与回归教育“成人”的本质。换言之，心理健康教育的目标不仅仅是提升大学生的职业适应力，更应注重培育大学生解决人生问题的智慧，提升其生活幸福感以及持续获得人生幸福感的积极心理品质。因此，本书的编写以积极心理学思想和智慧心理学理念作为价值指引。

在教育形式上，我们选择了“团体心理活动”作为载体，并借鉴与整合了团体心理辅导与素质拓展训练的教练技术。众所周知，在信息社会、数字化时代，知识的获取已经变得极其便捷，传统的、静态的“立足于教”的教授主义教育模式受到极大冲击，势必逐渐向“立足于学”的新教育模式转变。就心理健康教育而言，不再是简单地向学生传授心理知识，而是向学生提供一种体验式的、交互型的心理教育服务，心理健康教育路径宜从传授型向交互体验型转变。在这一教育转型的背景下，团体心理辅导与素质拓展活动可以有机结合到心理健康教育教学活动中来：团体心理辅导主要是运用团体的教育和发展功能，通过团体互动或讨论促进成员的相互支持、成长和改变，预防或解决个体发展或人际关系的困扰与问题；素质拓展训练主要是设置兼具体能挑战和思维突破的任务，通过团体合作、头脑风暴启发成员在任务体验中感悟人际沟通、突破心理舒适区、解除思维定式的潜能开发活动。二者的共性在于注重团体互动中的情感体验与意义生成，它们与传统的传授式教学相比，少了一些说教和灌输，多了一些体验和感悟。

二者的有机结合，可以增强心理健康教育活动的趣味性、互动性，增强大学生对心理健康教育课堂教学的参与度、专注度，提升心理健康教育的吸引力与感染力。当然，作为一种新的探索和尝试，团体心理活动设计的系统性还有待不断改进与提升。

在内容选择上，本书立足于帮助学生了解自己的“生长点”，发掘自己的潜能。在心理学领域，关于探究“生长点”方面的研究和指导有很多，积极心理学是致力于研究人的发展潜能和美好品质的一门学科，它倡导心理学研究的积极取向，研究人类积极的心理品质，关注人的健康、幸福与发展，而不是将注意力集中在个人问题的发掘和探究上。本书选编了新生适应、探索自我、生涯规划、时间管理、挫折应对、情商训练、人际交往、亲密关系、自立自强、创新思维、团队合作共十一个专题，每个专题的内容由理论导读、团体设计、团体实施三个板块构成，旨在以团体心理活动形式，充分激发学生潜能，帮助学生获得多方面的发展，从而更好地进行自我探究。我们期待，团体心理活动可以成为大学生学习生活经验，增进人生智慧，训练创新思维与创造能力，形成正确的人际、情感和社会性价值观，培育德才一体、完整而健全之人格的一个重要的教化性场域。

苏州工业园区服务外包职业学院（以下简称“学院”）一直重视大学生心理健康教育工作。学院2008年成立心理健康教育中心，2017年成立心理健康教育教研室，多年来注重开展“危机预防+素质拓展”双维心理健康教育，2018年建成室内与户外心理素质拓展基地，丰富心理健康教育活动载体，并开展团体心理活动以推动大学生心理健康教育课程的改革，取得了良好效果。在心理健康教育队伍建设上，注重通过专业化培训、系统化提升、个性化发展促进心理健康教育工作者专家化发展，创新开展心理辅导员（心理咨询师）“一人一品”工程，目前初步形成沙盘体验、绘画分析、音乐治疗、拓展游戏、射箭俱乐部、攀岩训练营、团体沙龙七大心理健康教育主题区域。本书是学院心理健康教育教研室心理健康教育研究团队多年积累及思考的成果，可以作为高校心理健康教育教材，也可供对团体心理辅导有兴趣的学习者参考阅读。

本书由刘好贤、苗园园、陈秀元组织编写，陈秀元负责最后的统稿与审定工作。

由于时间仓促、学识有限，本书可能还存在有待进一步完善的地方，欢迎广大专家、同行与同学们批评指正。

编者

目 录

专题一

新生适应——化茧成蝶正逢春

名人诗句

十年磨一剑，霜刃未曾试。

——贾　岛

案例导入

奔跑的鹿

有一个种群的鹿生活在河的南北两岸。人们奇怪地发现，北岸的鹿强壮，奔跑能力和生殖能力都很强，而南岸的鹿则个个瘦瘦弱弱，懒懒散散。同一个种群，生活在同一个流域，为什么差别会如此之大呢？后来，生物学家了解到，原来河流的北岸有狼群出没，而南岸则没有。北岸的鹿群每时每刻都生活在警觉中，一有风吹草动，它们就警觉是不是狼来了，立刻做好奔跑的准备。如果是狼来了，为了保住自己的性命，它们就不得不拼命地奔跑。正是环境中的这些危险因素唤醒了它们的警惕和斗志。而南岸的鹿群每天生活得无忧无虑，慢慢地，它们的生理机能逐渐下降、衰退。

当然，没有哪一只鹿愿意与狼共处，但是狼就在那儿，这就是生存环境。要么逃离，迁徙到一处没有狼群、没有危险的草地；要么适应环境，与狼共舞。北岸的鹿未必是自愿选择与狼群生活在一起，但可以肯定的是，它们适应了与狼为邻的环境，并在险恶的环境中，使自己坚强、健壮起来。

点评：

我们都希望拥有更宜于生活、学习、工作的环境，然而，很多时候，我们不得不直面自己所处的不如意的环境，以及各种原因所造成的环境变化并学着适应环境。

谁动了我的奶酪

美国斯宾塞·约翰逊的《谁动了我的奶酪》是全球畅销书之一，一度创下数千万册的销售记录。该书也是苹果、惠普、可口可乐等全球500强公司的重要培训教材。

书中讲了两只小老鼠“嗅嗅”“匆匆”及两个小矮人“哼哼”“唧唧”的故事。他们同时生活在一个迷宫里，迷宫里藏有丰富的奶酪，他们在里面幸福地生活着。一天，奶酪突然不翼而飞了。嗅嗅、匆匆立刻随机而动，在迷宫里找了起来，很快就找到了新鲜的奶酪并愉快地享用着。哼哼、唧唧看到奶酪没有了，烦恼顿生，犹豫不决，始终不愿意接受现实的变化，只生活在对过去美好生活的回忆中。时间一天天过去，两个小矮人越来越瘦。终于有一天，哼哼忍受不了饥饿的折磨，不情愿地在迷宫里寻找起奶酪来，并找到了更多更好的奶酪，而唧唧依然整天在回忆里郁郁寡欢……

点评：

面对变化一定要沉着冷静，不能浮躁抱怨，而是要立即行动起来，适应变化，寻找新的“奶酪”。生活不会遵从某个人的想法一成不变，生活始终处于变化中。我们要随时做好接受变化的思想准备，才能以不变应万变，才能在变化到来时，心平气和地接受变化，拥有更加美好的未来时光。

大学第一年是人生的一道门槛、一次境遇、一个改变，有的人很快适应了，如鱼得水，迈出了人生坚实的一步；有的人却久久不能适应，仿佛戴上了脚镣手铐，变得低落消沉，甚而产生抵触情绪，踌躇不前。以怎样的状态来应对人生的这一次环境改变，将直接影响到一个人对学习、集体和未来的态度，并可能延续到他的一生。

从高中到大学的这次变化，对一个18岁左右的学生来说，既是必然的，也是突然的，一时无所适从，一度茫然无措，都很正常。有的学生一两天就适应了大学生活，有的学生也许需要一两周，有的可能得花费一个月甚至更长的时间。谁花费的时间更短，谁适应得更快，谁就跑在了前头。

一、理论导读

（一）团体心理辅导的概念及作用

1. 团体心理辅导的概念

团体心理辅导是指在团体领导者的引导下，通过一定的活动形式，团体成员就共同面对的问题，相互启发、诱导，达成团体共识，进而在观念、情感和行为方面发生变化的一种心理辅导活动。

2. 团体心理辅导的作用

团体心理辅导有以下作用：

（1）有助于学生形成积极的心理品质，如自信、乐观等。团体心理辅导将具有不同背景的人聚合到一起，为每个参与者提供了多角度分析和情感反应的机会，可以帮助参与者更全面地认识自己和他人，建立自己的自我认同模式。团体辅导有助于个体的成长。

(2) 有助于个体改善情感体验，大胆表达情感。团体心理辅导是将有共同话题的学生集合到一起。团体活动的轻松氛围给团体成员提供了情感支持，给成员提供了大胆表达自己情感的力量。在团队里更容易获得其他成员的关心。

(3) 有助于发展个体的适应行为。团体心理辅导为个体提供了一个集体的环境，相对于个体辅导，团体心理辅导更接近于真实的社会环境。在这个相对真实的环境里，个体比较容易去观察和体会平时在社会环境中与人相处时容易出现的难题，并思考解决的办法。成员通过相互学习，交换经验与体会，从而获得适应性的成长。

（二）适应的含义

在心理学中，适应指的是生活在一定环境条件下的个体，在周围环境的影响下，对自身积极或被动地做出一些改变及调整，这种调整反过来又对个体所处的生活环境产生影响，在这种互动交互的动态过程中，个体实现与周围环境的平衡，这种平衡状态就是适应。

（三）大学新生常见的心理适应问题与表现

对于刚进入大学校园的大一新生来说，大学的一切对于他们来说都是新鲜而刺激的。大学生活和高中生活有天壤之别，离开了父母的庇佑，离开了熟悉的同学，独自一人来到一个陌生的环境，很容易出现不适应新环境的现象。除此之外，有的同学在高中时一心扑在学习上，课余活动很少参加，不喜欢和人交流，沟通能力不佳；有的同学从小被父母宠着，一切以自己为中心，人际关系不佳。时间一长，大学新生适应新的生活环境、学习环境、人际环境的问题越来越多，使得解决大学生的环境适应问题越来越重要。

1. 由独立生活能力不足而导致的无助

很多同学在进入大学以前，只知道学习，其他事情都由父母包办，到了大学后才发现，生活对自己来说是一件很困难的事情。有的同学不知道怎么用洗衣机，有的同学不知道如何安排自己一天的生活，有的同学不知道如何打扫卫生。遇到这一系列看似简单但对自己来说很难的事情时，大学新生很容易感受到无助，进而无心学习，整个人处于颓废状态。

2. 由学习目标不明确而导致的迷茫与失落

经过高中三年高强度的学习，终于跨入了大学之门。很多同学发现大学生活虽然比高中轻松许多，但是找不到明确的目标，干什么都没兴致。对于“我是谁”“我未来要干什么”这些涉及人生观的问题都没有认真思考。这些正是生活没有兴致，出现迷茫与失落的根本原因。

3. **由缺乏人际合作而导致的疏离与孤僻**

21世纪是社会高速发展的时代，新兴产业层出不穷，社会分工越来越细，合作精神和合作能力对于个人的发展也越来越重要。很多同学因为不重视合作，被同学疏远，性格变得孤僻。

（四）大学生环境适应心理测试

测试一　压力应对测试

在压力面前，你最需要的是什么？如何才能获得成功？不妨做一做如下测试：

如果明天最壮观的流星雨即将来临，你会选择在哪里看这场流星雨呢？

A. 海边

B. 山上

C. 草地上

测试二 心理适应能力测试

本测验用来帮助大学新生进行心理适应能力的自我判别。此测验由20个题项组成，每个题项有A、B、C三个可供选择的答案，请选择与自己情况相同的答案。

1. 我最怕转学或转班级，每一个新环境，我总要经过很长一段时间才能适应。

A. 是　　B. 无法肯定　　C. 不是

2. 每到一个新地方我都很容易同别人接近。

A. 是　　B. 无法肯定　　C. 不是

3. 与陌生人见面，我总是无话可说，并且感到尴尬。

A. 是　　B. 无法肯定　　C. 不是

4. 我最喜欢学习新知识、了解新学科，它们能给我一种新鲜感并能调动我的积极性。

A. 是　　B. 无法肯定　　C. 不是

5. 每到一个新地方，我总是睡不好，就是在家里只要换一张床，我有时也会失眠。

A. 是　　B. 无法肯定　　C. 不是

6. 不管生活条件有多大的变化，我都能很快习惯。

A. 是　　B. 无法肯定　　C. 不是

7. 越是人多的地方我越感到紧张。

A. 是　　B. 无法肯定　　C. 不是

8. 我考试的成绩多半不会比平时练习的时候差。

A. 是　　B. 无法肯定　　C. 不是

9. 全班的同学都看着我，心都快跳出来了。

A. 是　　B. 无法肯定　　C. 不是

10. 对他（她）有看法时我仍能同他（她）交往。

A. 是　　B. 无法肯定　　C. 不是

11. 我做事总有些不自在。

A. 是　　B. 无法肯定　　C. 不是

12. 我很少固执己见，常常乐于接受别人的意见。

A. 是　　B. 无法肯定　　C. 不是

13. 同别人争辩时我常常感到语塞，事后才想起该怎样反驳对方，可惜已经太迟了。

A. 是　　B. 无法肯定　　C. 不是

14. 我对生活条件要求不高，即使条件很艰苦，我也能过得很愉快。

A. 是　　B. 无法肯定　　C. 不是

15. 有时自己明明已把课文背得滚瓜烂熟，可在课堂上背的时候，还是会出错。

A. 是　　B. 无法肯定　　C. 不是

16. 在决定胜负成败的关键时刻，我虽然很紧张，但总能很快使自己镇定下来。

A. 是　　B. 无法肯定　　C. 不是

17. 我不喜欢的东西，不管怎么学也学不好。

A. 是　　B. 无法肯定　　C. 不是

18. 在嘈杂混乱的环境里，我仍能集中精力学习，并且效率很高。

A. 是　　B. 无法肯定　　C. 不是

19. 我不喜欢陌生人来家里做客，每逢这种情况，我就有意回避。

A. 是　　B. 无法肯定　　C. 不是

20. 我很喜欢参加社交活动，我认为这是交朋友的好机会。

A. 是　　B. 无法肯定　　C. 不是

评分规则：

凡是奇数号的题，选“是”得 -2 分，选“无法肯定”得 0 分，选“不是”得 2 分。

凡是偶数号的题，选“是”得 2 分，选“无法肯定”得 0 分，选“不是”得 -2 分。

测试一解析：

选择 A 的人：对你来说，当生活中出现挫折或者失败的时候，最好的安慰是爱情。所以，找到真心相爱的人，是你追求成功的同时可以优先考虑的事情。

选择 B 的人：你是一个很乐观的人，相信再大的问题都会过去。对你来说，拥有一帮能够倾吐苦水的朋友是最重要的。

选择 C 的人：你有些喜欢靠幻想来排解压力和焦虑。这样的排解可以顶一时之需，但从长远来看，你还需要加强自己应对现实和挫折的力量。

测试二解析：

35—40 分：心理适应能力很强，能很快地适应新的学习、生活环境，与人交往轻松大方。给人的印象极好，无论进入怎样的环境都能应付自如。

29—34 分：心理适应能力良好。

17—28 分：心理适应能力一般，当进入一个新的环境，经过一段时间的努力，基本上能适应。

6—16 分：心理适应能力较差，学习、生活一旦遇到困难则易怨天尤人，甚至消沉。

5 分以下：心理适应能力很差，在各种新环境中，即使经过一段时间的努力，也不一定能够适应，常常感到困惑，因与周围事物格格不入而十分苦恼。在与他人的交往中，总是显得拘谨、羞涩，甚至手足无措。

如果你在这个测验中得分较高，则说明你的心理适应能力较强。但是，如果你的得分较低，也不必忧心忡忡，过于担心。事实上，一个人的适应能力是随着年龄的增长、知识经验的丰富而不断增强的。只要你充满信心，刻苦学习，虚心求教，加强锻炼，你的适应能力一定会增强的。

（五）团体心理辅导对新生环境适应干预的有效性

有研究显示，积极适应环境可以提高生活的幸福感。团体心理辅导对新生环境的积极适应具有良好的干预效果。

1. 团体心理辅导可以对团体成员进行监督，促进承诺的实现

在团体心理辅导的初期，团体成员共同签订团体契约。契约的签订对团体成员既有支持作用也有监督作用。

2. 团体心理辅导给成员提供互伴互助的机会，有利于减轻成员的特殊感

在团体心理辅导中，团体成员的认同感给团体成员提供了莫大的心理支持。生活不适应的新生在团体接触中，发现其他同学也有此类问题，从而减轻了自己的特殊感。

3. 团体心理辅导可以增强团体成员的安全感，促进人际关系的和谐

在团体活动中，成员体验到自己在集体中有人喜欢自己，可以有所作为，也能帮助别人，并得到别人的支持，这些都可以增进成员的安全感。人际关系不适应的同学因为对自己投入较多的关注，而忽视其他同学对自己的帮助及自己对其他同学的重要性。团体心理辅导可以使同学注意到自己不是一个独立的个体，而是一个既可以给别人帮助，也可以得到别人帮助的社会个体，从而促进人际关系的和谐。

二、团体设计

（一）团体成员招募

1. 口头招募

直接口头宣传招募合适的学生。可以通过课堂、开会、讲座等途径讲解活动的目的，吸纳学生参加。

2. 纸媒招募

可以在公众出入的地方贴海报、贴广告（图 1-1），吸引有意向的学生参加。

新生这边看

应同学们要求，新生适应训练营开营了！
你想在学习上更加自信吗？
你想在生活中更加顺利吗？
你想在人际交往中成为万众仰慕的那一位吗？
欢迎来参加新生适应训练营！

对象：大一新生（不分学院，自愿报名）
活动时间：X X 年 X X 月 X X 日至 X X 年 X X 月 X X 日，每周一次，每次 90 分钟，持续 6 次，具体时间报名时可协商
活动形式：团体辅导、体验练习、分享讨论
活动地点：校内 X X 教室；校内拓展基地
教练：X X（背景介绍）
报名时间：X X 年 X X 月 X X 日至 X X 年 X X 月 X X 日
报名地点：X X
联系电话：X X
QQ：X X　　微信：X X
联系人：X X

图 1-1　团体成员招募广告

3. **多媒体招募**

利用大众传播媒介，如电视、微信、QQ 等方式宣传，吸纳学生参加。

（二）团体心理辅导方案的设置

1. **团体名称**

团体活动名称需要符合团体性质，针对团体目标设定，避免标签作用。本团体心理辅导活动名称设定为“新生环境适应训练营”。

2. **团体目标**

本团体心理辅导的总目标是：对大一新生环境适应不良的群体进行干预，使学生能够明确大学目标，积极参与人际交往，学会生活自立，缓解压力及焦虑。

3. **团体性质**

本团体心理辅导属于以培养学生适应能力为主的发展性、结构性的同质团体。

4. **团体活动时间及次数**

团体心理辅导共 6 次，每周 1 次，持续 6 周。每次团体心理辅导时间定为 90 分钟。最好是国庆节假期结束后开始招募成员，成员招募结束一周后开始活动。

5. **团体活动场所**

地点要求室内、室外兼有。室内需要有可活动座椅、电源、黑板，教室干净、安静、不受外界打扰；室外要求场地宽阔。

（三）团体领导者及训练背景

团体领导者（教练）1 名，助理教练 1 名。教练需要有心理咨询理论与实践专业背景，需要持有心理咨询师证书，个体与团体训练经验丰富。助理教练需要经过相关心理知识的培训，能接受教练的指导，与教练积极配合。

（四）团体活动方案设计

本活动制订了针对大一新生环境适应不良的团体心理辅导方案（表 1-1）。6 次团体心理辅导都有各自的目标及活动内容，而 6 次团体活动的分目标之间又蕴含了逻辑顺序，为整体目标服务。新生环境适应主要从熟悉身边人、熟悉自己、提升自我评价、明确未来目标、热爱生活、总结收获等 6 个部分展开，循序渐进地引导新生适应新环境。

首先，在团体建立初期，大家相互不认识，处在相互试探阶段，此时是建立信任感及建立基本规范的阶段。所以在单元一安排了活动“很高兴认识您”，旨在营造团体气氛，建立信任，订立心理契约。

其次，本次活动针对学习、生活、人际适应三个方面的问题，分别设计了相应的活动。认清自己是大一新生要解决的第一要务，也是团体成员进一步活动的切入点，因此在单元二安排了活动“原来这是我”。认清自己后就需要找到自己过去及现在在乎及重视的事情，为未来发展奠定基础，因此在单元三安排了活动“生命的彩虹”。明确了自己的过去及现在在乎的事情，那么未来要向何处发展？这就是未来的目标，因此在单元四安排了活动“我的未来不是梦”。随着活动的推进，团体成员相处也有半个学期了，针对生活的不适应，在单元五安排了活动“希望的主题曲”。最后考虑到团体活动结束，团体成员会有离愁别绪，特别在单元六安排了活动“挥一挥手，我带走自信”，使团体成员能够收获满满，继续前行。

表 1-1 “新生环境适应训练营”团体活动方案设计

活动名称	活动目的	活动内容安排	预计时间
单元一 很高兴认识您	扫除成员之间的陌生感，使成员体会与人交往的乐趣，建立初步信任。	1. 活动的目的及意义介绍。 2. 热身活动：我的家乡。 3. 拼凑藏宝图。 4. 分享讨论。 5. 课后作业，总结。	1.5 小时
单元二 原来这是我	了解自我，认识自我。	1. 回顾上周活动完成情况。 2. 热身活动：兔子舞。 3. 3 分钟测试。 4. 分享讨论。 5. 课后作业，总结。	1.5 小时
单元三 生命的彩虹	通过回忆重大生活事件，找到乐观与悲观的原因，并改变不合理认知，从而提升自我评价。	1. 回顾上周活动完成情况。 2. 热身活动：一拍即合。 3. 生命彩虹。 4. 分享讨论。 5. 课后作业，总结。	1.5 小时
单元四 我的未来不是梦	增强学习动力，明确大学学习和生活的目标。	1. 回顾上周活动完成情况。 2. 热身活动：“阿木”“阿水”。 3. 我的未来之路。 4. 分享讨论。 5. 课后作业，总结。	1.5 小时
单元五 希望的主题曲	帮助成员用积极的态度看待生活，乐观面对生活中的困难，保持乐观。	1. 回顾上周活动完成情况。 2. 热身活动：纸杯传乒乓球。 3. 盲人排序。 4. 驿站传书。 5. 分享讨论。 6. 课后作业，总结。	1.5 小时
单元六 挥一挥手，我带走自信	整理自己在团体活动中的收获，分享自己在团体活动中的进步，进一步激励自己。	1. 回顾上周活动完成情况。 2. 热身活动：微笑握手。 3. 水晶球传递。 4. 分享讨论。 5. 总结。	1.5 小时

三、团体实施

[单元一] 很高兴认识您

目标：帮助团体成员认识主动沟通交流的重要性，构建团体契约，签订团体承诺书。

活动内容与操作（表1-2）：

表1-2 “很高兴认识您”活动内容与操作

序号	目的	时间	内容
1	使成员以放松的心情投入团体活动中。	约15分钟	活动的目的及意义介绍。 请成员谈谈过去几天结识新朋友的感触，根据成员自己的主题，合理引导成员的情绪，引导成员写下团体承诺书（知识链接1-1）。
2	促进成员之间相互熟悉，进而引出本单元的主题。	约15分钟	热身活动：我的家乡。 教练在教室里画一幅中国地图并指导来自五湖四海的成员在地图上找到自己所在的省份。成员们找到自己的省份后，教练引导学生用一句家乡话来向大家介绍自己。 升级1：让成员唱自己家乡的歌曲。 升级2：让成员介绍自己家乡的特产。
3	促进成员之间的互相沟通交流，进而相互熟悉。	约35分钟	拼凑藏宝图。 操作： （1）学校介绍即为藏宝图。教练选取3份学校介绍；将每份学校介绍分成3张小卡片。 （2）教练在校园里找9个标志性的地方，每张小卡片放一个地方。 （3）分成3个小组，每个小组在10分钟内拼凑出一个完整的学校介绍。 （4）每个小组有3次机会。 （5）最后完成任务的小组表演一个节目。 注：在活动进行过程中，教练可以进行时间提醒。
4	通过探讨在寻找藏宝图的过程中交流的意义，使成员认识交流的重要性。	约20分钟	分享讨论。 （1）为什么没有一个小组能在10分钟之内完成藏宝图的拼凑？ （2）为什么在发现别的小组有自己需要的卡片时不去想办法交换呢？ （3）参加过本次活动后，你有什么感想？ （4）结束后，是不是大多数成员会反思：为什么我当时没有想到主动去交换呢？大家相互不熟悉时，人就开始紧张，不能做到充分沟通；人应主动打破交流的鸿沟，多熟悉一个人就多一次成功机会。
5	巩固活动成果。	约5分钟	课后作业，总结。 对本次活动进行总结。

知识链接 1-1

团体承诺书

我自愿参加心理训练小组，在活动期间做如下保证：

1. 我一定按时参加所有的小组活动，不迟到，不早退。

2. 我对小组成员在活动中的谈话绝对保密。

3. 我不做有损小组成员利益的事情。

4. 我一定完成家庭作业。

……

签名

______年______月______日

［单元二］ 原来这是我

目标：帮助成员认识自己，了解在事前整体规划上投资时间就是在事后节约时间，进而养成统揽全局的习惯。

活动内容与操作（表 1-3）：

表 1-3 “原来这是我”活动内容与操作

序号	目的	时间	内容
1	使成员以放松的心情投入团体活动中。	约 15 分钟	回顾上周活动完成情况。 请成员谈谈过去几天朋友对自己某个方面的新发现。根据成员认识自己的主题，合理引导成员的情绪。
2	促进成员之间相互熟悉，进而引出本单元的主题。	约 15 分钟	热身活动：兔子舞。 操作：左脚跳两下，右脚跳两下，双脚合并向前跳一下，向后跳一下，再连续向前跳两下。 注：可以分组跳，也可以全队一起跳。
3	体会投资时间可以节约更多时间的理念。在环境受限的情况下应该养成认真仔细、统揽全局的习惯。	约 35 分钟	3 分钟测试试题（知识链接 1-2） 准备：时钟、笔。 操作： （1）教练告诉成员进行 3 分钟测试，时间只有 3 分钟。 （2）发试卷给大家，为公平起见，测试试题要背面朝上。 （3）试卷发完后，教练说“现在开始”，这时成员才可开始做题。 （4）教练计时，3 分钟到，宣布停笔。 注：开始时，教练要告诉成员测试的重要性，必须在 3 分钟之内完成，不能提前也不能推后。 提升：本活动也可以用于人际沟通，告诉成员在互相沟通中不应该断章取义、自以为是，应该在充分了解对方的目的、意图之后再做决定。

续表

序号	目的	时间	内容
4	探讨重视整体规划的重要性，使成员明白事前规划投资时间就是节约时间，有利于事情的顺利完成。	约20分钟	分享讨论。 （1）为什么有些人能在3分钟之内完成全部试题？ （2）游戏结束时，是不是大多数同学的试题纸已经破烂不堪了？为什么会出现这种局面？ （3）参加本次测试后，你有什么感想？ 有时间压力时，人就开始紧张，不能做到认真仔细、统揽全局；人无远虑，必有近忧。从长远来看，投资时间就是节约时间。
5	巩固活动成果。	约5分钟	课后作业，总结。 阅读“认识你自己”并讨论（知识链接1-3）。对本次活动进行总结。

知识链接 1-2

3分钟测试试题

1. 做事之前先通读全部资料。
2. 将你的名字写在本页的右上角。
3. 将第二句的“名字”这个词圈起来。
4. 在本页的左上角画5个小方格。
5. 大声叫你自己的名字。
6. 在本页的第二个标题后再写一遍你的名字。
7. 在第一个问题后面写上“是”“是”“是”。
8. 把第五个句子圈起来。
9. 如果你喜欢这项测试就说“是”；不喜欢就说“不”。
10. 如果在测试中，你达到这个点，就大声叫一下自己的名字。
11. 在本页右边的空白处，写上一个66×7的算式。
12. 你认为自己已经按要求做了，就叫一声“我做到了”。
13. 在本页左边的空白处写上66和98。
14. 用你正常讲话的声音从10数到1。
15. 站起来，转一圈，然后再坐下。
16. 在第四个句子中的“本页”这个词周围画个方框。
17. 大声说出“我快做完了，我是按要求做的”。
18. 如果你是第一个做到这一题的，就说“我是第一”。
19. 既然你已按第一句的要求，认真读完了全篇内容，就只需要完成第二句的要求就算完成任务。
20. 完成任务后请不要出声和动作，静候结束。

知识链接 1-3

认识你自己

在古希腊的阿波罗神殿大门上，写着一句流传千年的箴言："认识你自己。"可见，认识自己是何等重要。实际上，每个人都有无限的潜能，每个人都有自己特有的优势和个性，每个人都可以有自己的梦想，并通过自己的不懈努力去争取梦想的实现。认识自己，是我们每个人自信的基础与原点。即使你处境不顺，遭遇挫折，但只要你相信自己巨大的潜能和独特的个性及优势依然存在，你就可以大声说出："我能行，我能成功!"

［单元三］ 生命的彩虹

目标：通过回忆重大生活事件，找到乐观与悲观的原因，并改变不合理认知，从而提升自我评价。

活动内容与操作（表 1-4）：

表 1-4 "生命的彩虹"活动内容与操作

序号	目的	时间	内容
1	使成员以放松的心情投入团体活动中。	约 15 分钟	回顾上周活动完成情况。 请成员谈谈过去几天对自己某件成功的事情的感触。根据成员认识自己的主题，合理引导成员的情绪。
2	促进成员之间相互熟悉，进而引出本单元的主题。	约 15 分钟	热身活动：一拍即合。 操作： （1）全队分成若干组。 （2）每组成员围成一个圆，每人向左右伸出双手。左手掌心向上，放在左方成员手掌下面 5 厘米处；右手掌心向下，放在右边成员手掌上面 5 厘米之处。 （3）教练说一段话，当说到某个词时，成员右手要快速拍打右边成员的手掌，左手要避免被拍到。 （4）被拍到的成员出列，游戏继续。 注：时间不宜太长。
3	明白自己的过去，找到自己的优势与劣势及乐观与悲观的原因，提升自我评价。	约 35 分钟	生命彩虹（知识链接 1-4）。 准备：卡片、彩笔。 操作： （1）制作生命历程卡片坐标图：横坐标表示年龄，纵坐标表示满意程度。 （2）回忆自己生命中至今发生的记忆犹新的重大事情。 （3）在坐标图上标出事情发生的时间与感受。 （4）回忆对事情的感受，用红、黄、蓝三种颜色分别代表幸福、痛苦、不好不坏三种情绪体验。 （5）将所有的点依次连接起来，以此类推，最后会得到一条生命彩虹。
4	引导成员思考：生命中不仅大事对自己影响深刻，有些小事也是影响深远的。	约 20 分钟	分享讨论。 （1）观察自己的图表，有什么发现？ （2）从他人的经历分享中自己受到了哪些启发？ （3）每件事对我们都有或大或小的影响，那些生命节点上发生的事情对我们的影响就更大了，这些大事让你明白了什么？

续表

序号	目的	时间	内容
5	巩固活动成果。	约5分钟	课后作业，总结。 对本次活动进行总结。个人对自己的评价决定了自己的行动，行动成功与否直接关系到个人的自信及个人发展。

知识链接 1-4

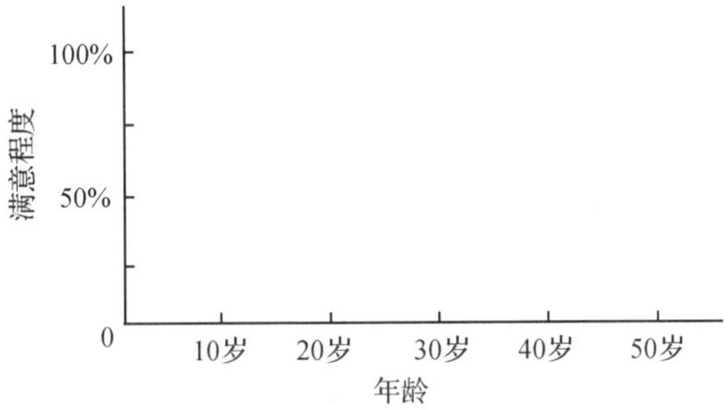

图 1-1 生命彩虹坐标图

[单元四] 我的未来不是梦

目标：帮助成员认识目标对自己的重要性，明确未来人生目标，进而增强学习动力。

活动内容与操作（表 1-5）：

表 1-5 “我的未来不是梦”活动内容与操作

序号	目的	时间	内容
1	使成员以放松的心情投入团体活动中。	约15分钟	回顾上周活动完成情况。 请成员谈谈对过去一年自己最成功的事的感触。根据成员认识自己的主题，合理引导成员的情绪。
2	促进成员之间相互熟悉，进而引出本单元的主题。	约15分钟	热身活动：“阿木”“阿水”。 操作： (1) 先请大家两两结对组成一组，面对面站好。 (2) 接着选择角色，一个扮“阿木”，一个扮“阿水”（可猜拳决定）。 (3) 预备姿势站好（两人面对面保持适当距离，每个人双手掌心相对）。 游戏规则：教练讲一个关于阿木与阿水的小故事，请大家认真听。当念到“阿木”时，扮演阿木的人要双手去夹对方的左手或者右手，对方则把手甩向背后来逃避。念到“阿水”时，两人角色互换，即扮阿水的人用手拍阿木，阿木设法躲避。只要碰到对方的手就算赢了一次。 注：提醒参与者注意不能恶意拍手。

续表

序号	目的	时间	内容
3	让成员意识到人生目标的重要性，帮助成员设立人生目标。	约 35 分钟	我的未来之路。 准备：一张 A4 纸、笔。 操作： (1) 教练告诉成员在白纸的上端中央写上“某某的未来之路”。 (2) 在白纸的中央从左到右画一条直线（长比短好），在直线的最右端画一个箭头。 (3) 箭头的左端代表学生现在的时刻，在此写上学习、家庭、兴趣等。 (4) 每 10 年一个阶段，请成员描绘出自己每 10 年的状况（包括毕业、工作、婚姻、生子、主要责任、人际关系等）。 (5) 把需要完成的任务按照重要性标记上“1、2、3”作为自己重要的三个目标。
4	明确自己的未来目标。	约 20 分钟	分享讨论。 (1) 如果为目标设立一个 10 年的期限，你重要的 3 个目标还有哪几个没有实现呢？没有实现的目标，能早点实现吗？ (2) 过去的生活、现在的生活、未来的生活，是什么关系？你最在乎的是哪一种生活？
5	巩固活动成果。	约 5 分钟	课后作业，总结。 阅读“野外探险”并讨论（知识链接 1-5）。对本次活动进行总结。要想获得成功，我们对未来都要有一个清晰的规划和目标。

知识链接 1-5

野外探险

有一个研究实验是这样的：三个人分别沿着河边步行。

第一个人不知道河的名字，也不知道自己要走向哪里，只知道要向前走。刚走了一两千米就叫苦喊累，开始抱怨为什么要走这么远，不愿意向前走了。

第二个人知道要走向的村子的名字和路程，但是没有里程碑，他只是凭着经验估计时间和距离。走了一半了，情绪开始低落，觉得疲惫不堪。

第三个人不仅知道了村子的名字、路程，还有里程碑。他每走完一段路程看到里程碑，便有一小阵的快乐。走着走着，他开始唱起了歌，情绪一直很高涨，很快就到达了目的地。

(1) 为什么同样的路程每个人的结果不一样？

(2) 你觉得自己现在是故事中的哪个人？你想成为哪个人？

[单元五] 希望的主题曲

目标：帮助成员用积极的态度看待生活，乐观地面对生活中出现的困难，实现自己的人生目标。

活动内容与操作（表 1-6）：

表 1-6 “希望的主题曲”活动内容与操作

序号	目的	时间	内容
1	使成员以放松的心情投入团体活动中。	约 15 分钟	回顾上周活动完成情况。 请成员谈谈过去几天发生的国家大事。根据成员认识自己的主题，合理引导成员的情绪。
2	促进成员之间相互熟悉，进而引出本单元的主题。	约 15 分钟	热身活动：纸杯传乒乓球。 准备：空纸杯、乒乓球、小桶。 操作： （1）将成员分成若干组。 （2）将有球的纸杯放在起点桌上。 （3）每组选出一个人在起点，一个人在终点，其余人分布在运球途中。 （4）每组第一人在起点用嘴衔住有球的纸杯，走向第二个嘴衔有空杯的组员，并将球倒入纸杯中，第二个人同样将球倒入第三个人的空杯中，以此类推，最后一个人将球倒入小桶内。 （5）在规定的时间内运球最多的一组为获胜方。
3	帮助成员用积极态度看待生活。	约 20 分钟	盲人排序。 准备：眼罩。 操作： （1）所有人戴上眼罩。 （2）教练发出口令：按照生日（年龄、地址）排序。 （3）排序完成前不可摘下眼罩。
4	帮助成员乐观地面对生活中的困难。	约 15 分钟	驿站传书。 准备：活动卡。 操作： （1）所有人排成一条直线，每个人的手不能前后接触到。 （2）每个人将纸条从队首传到队尾。 （3）在整个传递过程中所有人不能说话，传递时间短的一组获胜。
5	探讨勇气及责任的重要性，进而乐观地面对生活。	约 20 分钟	分享讨论。 （1）改变自己容易还是改变别人容易？ （2）在平时的生活中，你想的和做的多数是改变自己还是改变别人？成功了吗？
6	巩固活动成果。	约 5 分钟	课后作业，总结。 对本次活动进行总结。积极面对生活，乐观面对人生。

［单元六］ 挥一挥手，我带走自信

目标：展望未来美好前景，增进成员个人对生活的信心，帮助成员提升行动力。

活动内容与操作（表 1-7）：

表 1-7 “挥一挥手，我带走自信”活动内容与操作

序号	目的	时间	内容
1	使成员以放松的心情投入团体活动中。	约 15 分钟	回顾上周活动完成情况。 请成员谈谈过去几天的学习、生活情况及对某件事情的感触。根据成员认识自己的主题，合理引导成员的情绪。
2	促进成员之间相互熟悉，感受团体心理成长的特殊气氛。	约 15 分钟	热身活动：微笑握手。 操作： （1）教练将全队分成 3 组。 （2）教练带动全队气氛，告诉成员：今天的你和以前的你是不一样的，你今天心情愉快，积极乐观，让我们团体中的每个人都感受到了不一样的你。请你面带微笑，和周围的每个人亲切地握手，打个招呼。 （3）教练引导大家尽量和每一个人都握手。
3	展望未来，增进个人对生活的信心。	约 35 分钟	水晶球传递。 准备：一个充气的球。 操作： （1）将充气球当作水晶球，想象从水晶球中可以看到自己的未来。 （2）由团体中的一个成员开始，拿着水晶球，述说自己 5 年后的样子。 （3）述说完毕后，将水晶球逆时针传给右手边的成员，依次进行活动。 注：时间可弹性选择。
4	畅想未来的美好生活，使学生明白自信的重要性。	约 20 分钟	分享讨论。 （1）听到别人 5 年后的生活，你有什么感受？ （2）相信自己 5 年后的美好生活可以实现吗？ （3）对自己 5 年后的美好生活，你有什么感想？
5	巩固活动成果，总结本单元活动。	约 5 分钟	总结。 阅读“适应律”（知识链接 1-6）并讨论。对本单元活动进行总结。

知识链接 1-6

适应律

适应心理学认为，只要是生命都具有适应环境变动以维护生命稳定存在的内在要求和能力。生命的组织性质和结构决定了适应性是生命的本质特征，凡具有适应性的物质都属于生命物质；凡不具有适应性的物质都不是生命物质。生命的适应性是指物质存在的运动惯性，其价值取向为：生命运动状态的稳定保持。具体体现为生命具有对自身的生存状态以及环境的关系感知的能力；可以依据这种感知对生命与环境的关系做出调整，目标为主客观关系的稳定和协调，从而维系生命的稳定存在。

推荐阅读

[1] 樊富珉. 结构式团体辅导与咨询应用实例 [M]. 北京：高等教育出版社，2015.

[2] 阳志平，等. 积极心理学团体活动课操作指南 [M]. 2 版. 北京：机械工业出版社，2016.

[3] 杨小兵. 简明适应心理学 [M]. 北京：中国文史出版社，2014.

[4] 李季，梁刚慧，贾高见. 小活动 大德育：活动体验型主题班会的设计与实施 [M]. 广州：暨南大学出版社，2012.

[5] 郝文清. 大学新生环境适应问题与应对措施 [J]. 中国高教研究，2006 (2).

专题二

探索自我——云开月现本来心

名人诗句

不识庐山真面目，只缘身在此山中。

——苏　轼

案例导入

你认识自己吗？

山上的寺院里有一头驴，每天都在磨坊里辛苦拉磨，天长日久，驴渐渐厌倦了这种平淡的生活。它每天都在寻思，要是能出去见见外面的世界，不用拉磨，那该有多好啊！

不久，机会终于来了，有个僧人带着驴下山去驮东西，它兴奋不已。

来到山下，僧人把东西放在驴背上，然后返回寺院。没想到，路上行人看到驴时，都虔诚地跪在两旁，对它顶礼膜拜。

一开始，驴大惑不解，不知道人们为何要对自己叩头膜拜，慌忙躲闪。可一路上都是如此，驴不禁飘飘然起来："原来人们如此崇拜我。"当它再看见有人路过时，就不再躲闪，而是趾高气扬地停在马路中间，心安理得地接受人们的跪拜。

回到寺院里，驴认为自己身份高贵，死活也不肯拉磨了。

僧人无奈，只好放它下山。

驴刚下山，就远远看见一伙人敲锣打鼓迎面而来，心想："一定是人们前来欢迎我。"于是大摇大摆地站在马路中间。那是一队迎亲的队伍，却被一头驴拦住了去路，人们愤怒不已，棍棒交加……驴仓皇逃回寺里，奄奄一息。临死前，它愤愤地告诉僧人："原来人心险恶啊，第一次下山时，人们对我顶礼膜拜，可是今天他们竟对我狠下毒手。"

僧人叹息一声："果真是一头蠢驴！那天，人们跪拜的是你背上驮的佛像啊！"

点评：

人生最大的不幸，就是一辈子不认识自己。

有时我是我，有时我不是我，有时认识自己比认识世界还难。每天我们都会照镜子，但是我们在照的时候，有没有问过自己："你认识自己吗？"

一、理论导读

“什么东西早晨用四只脚走路，中午用两只脚走路，傍晚用三只脚走路?”这斯芬克斯之谜，不知困惑了多少人。“认识你自己”这句刻在古希腊奥林匹斯山德尔斐神庙石碑上的名言，被历代哲学家讨论了几千年。正如古希腊伟大哲学家苏格拉底说的：“认识你自己，这才是人生的至理名言，才是哲学的最高任务，才是我们必须去面对和不断探究的。”

（一）什么是自我

从心理学的角度来看，自我也叫自我意识，或叫自我认知，指的是对自己的洞察和理解，是对自己的生理状况、心理特征、自身能力以及自己与他人的关系等的认知，包括自我观察和自我评价。自我观察是指对自己的感知、思维和意向等方面的觉察；自我评价是指对自己的想法、期望、行为及人格特征的判断与评估，这是自我调节的重要条件。

个体对自我的觉察，或者说意识的形成，是来源于个体受外界环境刺激后，经由记忆和思想产生的反应。因此，在形成记忆之前，个体是不会有自我意识的。如果说记忆是一切思想的基础，那自我认识就是个人基于思想之上的对于环境的反应。当一个人的记忆和思想达到一定程度后，比如出现了完全来自大脑的思维和想象力，个体的自我意识会更加强烈。“我存在、我占有、我需要、我想”的想法，不断地通过思维和想象力，加强个体对自我的认知，直到个体有机生命体的结束。故自我认知从大脑的记忆力开始形成起，直到记忆力消失，都是一个不断发展的过程。

个体对于自我存在的感知、行为和心理会有一个发展过程。刚开始是比较模糊的，所以小孩子经常会出于好奇心而做一些危险的事情，这个时候他们的自我意识是比较朦胧的，只有在经过不断的试错和加深记忆以及思考学习后，自我肌体的存在感才会渐渐成熟。随后才会有意识地区分哪些行为是危险的，哪些行为是安全的，从而决定是否要做。最后才是对于自我心理的认知。一般来说，一个人的思维和想象力达到一定程度后才会具备这种察觉自我心理变化的能力。个体开始区分个人肌体行为和心理行为的差异是自我心理认知的开始。

（二）自我认知的心理成分

自我认知是一种多维度、多层次的复杂心理现象，它主要包括三种心理成分：自我认识、自我体验和自我控制。这三种心理成分相互联系，相互制约，统一于个体的自我意识中。

1. 自我认识

自我认识是主观自我对客观自我的认识与评价。自我认识是自己对自己身心特征的认识，自我评价是在这个基础上对自己做出的某种判断。正确的自我评价，对个人的心理生活及其行为表现有较大影响。如果个体对自身的估计与社会上其他人对自己的客观评价差距过于悬殊，就会使个体与周围人们之间的关系失去平衡，产生矛盾，长此以往，将会形成自满或自卑的情绪，将不利于个人心理健康成长。自我认识在自我意识系统中具有基础地位，属于自我意识中“知”的范畴，其内容广泛，涉及自身的方方面面。自我评价是自我意识发展的主要成分和主要标志，是在认识自己的行为和活动的基础上产生的，是通过社会比较而实现的。自我评价是自我认识中的核心成分，它直接制约着自我体验和自我调控，所以，自我认知的训练，核心应放在自我评价能力的提高上。

2. 自我体验

自我体验是主体基于对自身的认识而引发的内心情感体验。它是主观的“我”对客观的“我”所持有的一种态度，如自信、自卑、自尊、自满、内疚、羞耻等都是自我体验。自我体验往往与自我认知、自我评价有关，也和自己对社会的规范、价值标准的认识有关，良好的自我体验有助于自我监控的发展。进行自我体验训练，就是让人有自尊感、自信感和自豪感，不自卑，不自傲，不自满，懂得做错事感到内疚，做坏事感到羞耻。

3. 自我控制

自我控制是自己对自身行为与思想言语的控制。自我控制有两个作用，一是发动作用，二是制止作用，也就是支配某一行为，抑制与该行为无关或有碍于该行为进行的行为。进行自我认知、自我体验的训练，目的是进行自我监控，调节自己的行为，使行为符合群体规范，符合社会道德要求，通过自我监控调节自己的认识活动，提高学习效率。提高自我监控能力，重点应放在促使“转变”上，即由外控制向内控制转变。

总之，自我认识主要解决“我是一个什么样的人”的问题，是自我意识的认知成分。比如有人观察自己的体形，认为属“清瘦型”；分析自己的品性，认为自己是个诚实的人；用批评的眼光审视自我时，觉得自己脾气暴躁，容易冲动。自我体验主要涉及“对自己是否满意”“能否悦纳自己”这类问题，是自我意识在情感方面的表现。比如有人感到自卑，因为自己长得不高，甚至不愿接受矮小的自己。而自我控制则要解决“如何有效地调控自己”“如何改变现状，使自己成为一个理想的人”这类的问题，是自我意识的意志成分。三个方面整合统一，便形成了完整的自我意识。

（三）自我认知的产生和发展

自我认知是个体社会化的结果。它的形成大致可以分为三个阶段，即生理的自我、社会的自我和心理的自我。

1. 生理的自我

生理的自我又称为物质的自我，它是一个人对自己身躯的认识，包括占有感、支配感和爱护感。心理学家奥尔波特等人认为，婴儿出生以后，最初他们不能区分属于自己与不属于自己的东西，对自己的手、脚和周围的玩具，都视为同样性质的东西加以摆弄。3个月的婴儿能对人发出微笑，这表示婴儿对外界的刺激发生了反应。8个月的婴儿开始关心自己在镜子里的形象，但10个月的时候依然不知道镜子里的形象就是自己。一般认为，婴儿要到2岁零2个月以后，才会认识自己在镜子里的自我形象，大约与此同时，开始学会使用“你”这个人称代词。心理学家大都认为儿童要到3岁的时候，自我意识中的生理自我才能形成，同时开始更多地使用人称代词“我”字。这时候儿童所表现出来的行为，大都是以自我为中心的，所以有些心理学家称这一时期为“自我中心期”。

2. 社会的自我

社会的自我时期又称为个体客观化时期，这个阶段大约是从3岁到青春期之前，这段时间是个体受社会影响的重要时期，也是个体实现社会自我的最关键的阶段。这期间儿童的游戏，往往是成人社会生活的缩影，儿童在游戏中扮演某种社会角色，揣摩着角色的心理状态，体验着角色与角色间的相互关系。特别是学校中的社会化生活，更加速了儿童社会自我的形成过程。

学校中的社会化过程，是个体自我意识形成的重要阶段。学校与家庭不同，在家庭中，儿童往往是以自我为中心，尤其是独生子女。而学校则是中立的，对任何人都一视同仁。儿童在学校只能是班级和集体的一员，而不能像在家里那样可以为所欲为地指挥别人，在学校，他们必须承担一定的社会义务和社会责任。要完成这些义务和责任，本身就是一种压力，压力使他们产生焦虑和不安。在家里可以听之任之的事，在学校则要认真对待，否则就要受到集体舆论的压力，在学校必须学习文化科学知识，掌握各种技能技巧，按照一定的道德规范严格要求自己，逐步地使自我实现的愿望和动机与社会的要求相吻合，最终达到社会的自我。

3. 心理的自我

心理的自我又称精神的自我，这个阶段主要是从青春期到成年。这期间，个体无论在生理上还是在心理上，都发生了一系列急剧的变化，骨骼的增长、性器官的成熟、想象力的增加、逻辑思维能力的日益完善，进一步使个体自我意识的发展趋向主观性。所以，这一时期又称为主观化时期。个体的主观性主要表现在以下四个方面：

（1）独立地认识外部世界。这个阶段的人，往往用自己的观点来认识和评价客观事物，自我意识是个体认识外界事物的中介因素。

（2）个人价值体系的产生。这个时期的人常常强调自己所独有的人格特征，目的是用以保护和提高自己在社会上的地位。个人价值体系是在个体自我意识发展的过程中产生的，被看成一个人的价值观。

（3）追求自我理想。自我理想就是一个人对追求目标的向往。个体所追求的目标对他本人来说，总是最有意义的。自我理想往往与价值观是一致的。一般来说，人在这个时期，由于精力充沛，大都具有自己追求的目标。目标在这个时期往往成为他们自我奋斗的一种象征，并由此产生巨大的吸引力。

（4）抽象思维的发展。抽象思维的发展是个人智力发展的一个飞跃。抽象思维能力提高了，就能使人们的思维超越具体的环境，而进入精神的境界，即所谓达到了心理的自我。心理的自我主要是通过人们的思维和想象实现的。当自我意识的发展从成人的约束下独立出来，而强调自我价值和自我理想的时候，个体的自我意识也就确立了。因此，自我认知形成的过程，也就是个体不断成长的过程。

（四）自我认知理论：约哈里窗口理论

心理学家约瑟夫·勒夫特和哈里·英厄姆提出关于人自我认识的窗口理论，被称为约哈里窗口理论（图2-1）。他们认为，人对自己的认识是一个不断探索的过程，因为每个人的自我都有四个部分：

（1）开放的自我，也就是透明真实的自我，这部分自己很了解，别人也很了解。

（2）盲目的自我，别人看得很清楚，自己却不了解。

（3）隐藏的自我，是自己了解但别人不了解的部分。

（4）未知的自我，是别人和自己都不了解的潜在部分，通过一些契机可以激发出来。

	自己知道	自己不知道
别人知道	**开放区** 你的名字、发色，以及你有一只宠物狗的事实。	**盲目区** 你的处事方式，别人对你的感受。
别人不知道	**隐藏区** 你的秘密、希望、心愿，以及你的好恶。	**未知区** 未知区是尚待挖掘的黑洞，它对其他区域有潜在影响。

图2-1　约哈里窗口理论图

通过与他人分享隐藏的自我，通过他人的反馈减少盲目的自我，人对自己的了解就会更客观。但这些自我的划分又不是绝对的，随着人的成长及生活经历的增加，自我的四个部分会发生变化，且对于不同的人、不同的环境、不同的群体，自我的四个部分又会有所不同。通常在安全、包容、被接纳的群体和环境中，人们更愿意放开自我以及认识和接纳不一样的自我。

一般来说，团体活动可以使我们有机会了解自己的另外一面，即自己不能察觉，同时不易被自己接纳的一面。当一个人自我的开放领域扩大，则其生活变得更真实，不论与人交往还是独处都会变得轻松愉快而有效率。盲目领域越小，人对自我的认识越清楚，越能在生活中扬长避短，发挥自己的潜力。

在团体活动过程中，通过自我开放，一部分隐藏区进入开放区；通过他人的反馈，一部分盲目区进入开放区。通过团体辅导，人们的敏感度会相应增加，许多未知区的未知事物可以进入隐藏区或盲目区。

总之，在团体活动中，人们可以逐渐被自己或他人了解、认识，通过各种团体内自我探索的机会，更全面、更深刻地认识自己。

二、团体设计

林清玄说："人生的缺憾，最大的就是和别人比较。与高人比较，使我们自卑；与下人比较，使我们骄傲。外来的比较是我们心灵动荡不能自在的来源，也使得大部分人都迷失了自我，屏蔽了自己的心灵原有的馨香。"实际上，任何人都不可能完美无缺，人人都有优点和缺点，每个人都不应该因缺点而怀疑自己，也不要因优点而轻视他人。你就是这个世界上独一无二的一个，所以要充分地认识自己，扬长补短，散发独特的个人魅力。

认识自我，实事求是地评价自己，是自我调节和人格完善的重要前提。因此，本次团体活动的设计目标就在于通过一系列任务循序渐进地训练成员的自我认知能力。

（一）团体成员招募

本团体活动方案适合所有大学生，既可以作为大一新生创业教育环节的适应系列团体辅导活动，也可以作为一般人际交往训练的辅助活动，还可以通过小组招募的形式为想调整自我、提升自我的同学提供一定的帮助。

（二）团体心理辅导方案的设置

1. 团体名称

宣传名称：遇见未知的自己。

学术名称：大学生自我认知能力提升团体。

2. 团体目标

本团体的整体目标是：辅导大学生进行自我认知能力训练，正确认识自我，悦纳自我，激发个人潜能。

本团体的具体目标是：

（1）了解自我，学会正确、客观地评价自我。

（2）明白与重视自我的发展，在认识自我的基础上做到悦纳自我。

（3）认识他人，学习发现他人的优点并加以欣赏，促进相互肯定与接纳。

（4）培养分析调整自我的能力，建立自信，激发自身潜能。

3. **团体性质**

本团体属于心理教育成长性团体，以成员的团队合作能力发展为目标；本团体属于半结构性团体，每次团体活动有明确的目标和方案设计，不过具体的团队活动可以在形式、难度系数等方面进行适度扩展；本团体是同质性团体，团体成员均为有提升自我认知能力意愿的在校大学生。

4. **团体活动时间和次数**

团体分为 4 个单元，每个单元 1—2 小时。建议每周 1—2 次。

5. **团体活动场所**

活动场所为团体辅导活动室或户外宽敞空阔的场地，具体以活动需要选择。

（三）团体领导者与团体成员

1. **团体领导者及训练背景**

团体领导者（教练）1 名，要求具有团体心理辅导、素质拓展或体育学等专业背景，以及团队建设活动经验。助理教练 1—2 名，要求参加过素质拓展训练并有活动组织经验，在团体活动前须接受教练的培训，提前熟悉团体活动的操作要点。

2. **团体成员**

如果是新生班级，可以以班级为单位，一个班级作为一个团体。如果是小组招募，可以控制在 30 人左右，根据各单元活动任务分为不同的组别。

（四）团体成员问卷测试

通过自我意识问卷使团队成员对自我意识有初步体验，并根据测试结果了解团队成员的特点。

自我意识问卷

所谓“自我意识”，是对自我存在的觉察，即自己认识自我的一切，包括自我的生理状况、心理特征和人际关系，简言之，自我意识就是对自己个人身心活动的觉察。请根据每一个陈述与你自己实际情况的符合程度，在你认为合适的数字上打“√”。

1——完全不符合　*2*——不太符合　*3*——说不清　*4*——比较符合　*5*——非常符合

1. 我经常试图描述自己。　*1　2　3　4　5*
2. 我关心自己做事的方式。　*1　2　3　4　5*
3. 总的来说，我对自己是什么样的人不太清楚。　*1　2　3　4　5*
4. 我经常反省自己。　*1　2　3　4　5*

5. 我关心自己的表现方式。 *1 2 3 4 5*
6. 我能决定自己的命运。 *1 2 3 4 5*
7. 我从不检讨自己。 *1 2 3 4 5*
8. 我对自己是什么样的人很在意。 *1 2 3 4 5*
9. 我很关心自己的内在感受。 *1 2 3 4 5*
10. 我常常担心我是否给别人留下一个好印象。 *1 2 3 4 5*
11. 我常常考察自己的动机。 *1 2 3 4 5*
12. 离开家时，我常常照镜子。 *1 2 3 4 5*
13. 有时，我有一种自己在看着自己的感受。 *1 2 3 4 5*
14. 我关心他人看我的方式。 *1 2 3 4 5*
15. 我对自己的心情变化很敏感。 *1 2 3 4 5*
16. 我对自己的外表很关注。 *1 2 3 4 5*
17. 当解决问题时，我清楚自己的心理。 *1 2 3 4 5*

计分方法：

代表内在自我的题目包括第1、3、4、6、7、9、11、13、15、17题。

代表公众自我的题目包括第2、5、8、10、12、14、16题。

第3题和第7题为反向题，即选*1*得4分，选*2*得3分，选*3*得2分，选*4*得1分，选*5*得0分；其余各题为正向题，即选*1*得0分，选*2*得1分，选*3*得2分，选*4*得3分，选*5*得4分。对于大学生群体而言，内在自我的平均得分为26分，而外在自我的平均得分为19分。

结果解释：

自我意识是指个体把自己当作注意对象时的心理状态，这种状态分为内在自我意识和公众自我意识。内在自我意识强的人对自己的感受比较在乎，他们常常坚持自己的行为标准和信念，不太会受到外界环境的影响；公众自我意识强的人由于太看重外界与他人的影响，所以担心别人对自己有不好评价。看重来自他人的评价常常使他们产生暂时性的低落，容易在理想自我和现实自我之间产生距离。

（五）团体活动方案设计

在活动方案设计上，先是通过热身活动使成员消除陌生感，拉近心理距离，引入主题；之后设计一些不同主题的任务活动，从对自我的初步认识开始，到全面、多维的自我探索，从而学会欣赏自我和他人、接纳自我，进而树立起自信心，迎接初探性的挑战任务，达到自我认知的步步提升（表2-1）。

表 2-1　“遇见未知的自己”团体活动方案设计

活动名称	活动目的	活动内容安排	预计时间
单元一 我是谁	消除陌生感，使成员对自我有初步认识。	1. 小小动物园。 2. 猜猜我是谁。 3. 我的代表色。 4. 自我盾牌。	1.5 小时
单元二 多维的我	全面、多维度地认识自己。	1. 看图想象。 2. 意象小实验。 3. 镜中的我。 4. 独特的我。 5. 我与“我”的碰撞。	1.5 小时
单元三 悦纳自我	学会正视自己的优点和缺点，欣赏自己、悦纳自己。	1. 好邻居。 2. 我很不错。 3. 优点轰炸。 4. 瑕疵积极赋义。 5. 愉快地走开。	1.5 小时
单元四 挑战自我	降低成员人际交往的过敏程度，增强自信心。	1. 选出你心目中最可爱的女孩。 2. 南极探险。 3. 超级访问任务。 4. 高空断崖。	2 小时

三、团体实施

[单元一] 我是谁

目标：使成员融入团体，对自我有初步和客观的认识。

活动内容与操作（表 2-2）：

表 2-2　“我是谁”活动内容与操作

序号	目的	时间	内容
1	热身，让成员探索自己的个性特点，同时在分享中增进相互了解。	约 15 分钟	小小动物园。 准备：空白卡片、笔、秒表。 操作： (1) 成员按报数规则，分为若干队，一般一队以 6—7 人为宜。 (2) 每个小队就是一个“动物园”，成员选择一种最能代表自己的动物写在卡片上，如猫、狗、兔子等。 (3) 写完后大家同时出牌，看看都有哪些动物，哪些与自己相似，哪些不同，说出自己在其中有什么感受。 (4) 随后，成员轮流说明为什么会选择这个动物。介绍时，其他成员可以有不同的回应，以促使当事人进一步思考。 小结：教练可以用这个活动引导成员认识到人与人之间是不同的，在个性、能力等方面有不同程度的差异，但是每个人都是有价值的，都能在动物园内找到自己的位置，发挥自己的优势和作用。

续表

序号	目的	时间	内容
2	协助成员认识自我，发现自身的内在力量，包括个体特征、情感、态度、信念等。	约 25 分钟	猜猜我是谁。 准备：A4 纸、笔、秒表。 操作： （1）用 1 分钟仔细思考自己所具有的独特之处。 （2）教练问 20 遍“你是谁”，成员在活动纸上以“我是……”的句式表达出来。教练说：现在问你们 20 次“你是谁”，请你将头脑中浮现出来的答案写下来（如我是某学校的学生，我是一个爱好足球的人，我是一个非常热情的人，等等）。不需要有什么顾虑，回答每次提问的时间为 20 秒。若写不出来可略去，继续往下写。 （3）成员参与活动。 （4）教练评估与分析结果。教练引导成员对自己的结果进行评估（包括答案的数量和质量、回答内容的主客观情况、是否涉及未来、积极评价还是消极评价等），并予以结果分析（知识链接 2-1）。 讨论： （1）你是否意识到在你的潜意识里原来自己是这个样子的呢？ （2）在你看来，是什么因素让你对自己做出了这样的评价呢？ （3）对于被你消极评价的部分，你希望发生什么改变？ 小结：自我认识是一件十分重要且难度颇高的事情。重要，是因为只有正确认识了自己，才有自尊和自信，也才有成功的可能。认识自己的困难之处在于如何克服主观意志的控制，尽量客观和公正地评价自己。
3	探究自我心理状态和心理原型。	约 30 分钟	我的代表色。 准备：多种颜色的丝巾或其他色彩代替物。 操作： （1）让成员从颜色斑斓的丝巾或其他色彩代替物中挑选出代表自己的颜色，如果两个人选择的颜色一致，可以同时持有。 （2）色系相近的聚成一个小队，成员分享选择自己的代表色的原因。 （3）每一小队的每个成员，自己设计一个能代表自己颜色的肢体动作，小队成员根据每个成员的动作讨论出每个队的主题和故事。 （4）小队之间展开表演和分享。 小结：颜色挑选和动作展示实际上是个体当下自我心理状态的表达和心理原型的塑造，可加深自我认识，促进自我完善。
4	让成员在思考和分享中进一步了解自我。	约 20 分钟	自我盾牌。 准备：“自我盾牌”练习纸（练习 2-1）。 操作： （1）让成员通过练习纸自我组建属于自己的自我盾牌，成员之间相互分享。自我盾牌包括“我的座右铭”“我的希望”“我的特质”“我的能力”“我喜欢”五部分。其中，“我的希望”属于理想部分；“我的特质”属于个性部分；“我的能力”属于能力部分；“我喜欢”属于兴趣部分。 （2）教练引导成员看到每个人的独特之处、与他人的不同，学习接纳不同的人。

知识链接 2-1

“猜猜我是谁”内容评估要点

1. 完成的速度和深度。完成的速度与个人对自己的理解程度有关。完成的深度表现在，成员的自我描述是表面性的句子多，还是反映对自己看法的句子多。表面性的句子反映了个体自我意识的深度不够，或者不愿意让别人了解自己的内心世界。如果20个句子中大多是表层的信息，则要反思自己自我意识的深入程度为何不够，是认识不够还是不愿意袒露自己的内心世界。

2. 答案的数量和质量。看一共写出了几个答案，答案中哪些方面的内容为多。如果能写出9—10个答案，则大体上可以认为没有特别的障碍。如果只能写出7个或更少的答案，则可以认为是过分压抑自己。

3. 回答内容的表现方式。符合客观情况的，如“我是独生子女”“我是大学生”等；属于主观解释情况的，如“我是老实人”“我胆小”等。如果主、客观评价都有，可以认为取得平衡了。如果倾向于主观或客观，则不能取得平衡。

4. 回答的内容是否涉及自己的未来。哪怕只有一个答案涉及未来（如“我是未来的教师”），也说明自己有理想和抱负，在现实生活中充满生机。如果没有一个答案涉及未来，则可能说明自己对未来考虑不多。

5. 回答的内容是否涉及生理自我、心理自我、社会自我。生理自我，是指个人对自己身体的认识，包括体态、体貌、体能、性别、温饱、劳累等。心理自我，是个人对自己心理活动的意识，包括知识、能力、兴趣、爱好、情绪体验、人格特点等。社会自我，是指个人对自己的社会关系、人际关系中的角色、地位的意识，对自我所承担的社会义务和权利的意识等。如果生理、心理、社会自我都有涉及，涉及数量均衡，说明成员对自我的认识比较完整，自我认知统一。

6. 积极、消极评估。评估一下你对自己的陈述是积极肯定的还是消极否定的。如果表示积极的句子多于表示消极的句子，说明你的自我接纳状况良好。如果你的消极陈述的句子将近一半甚至超过一半，则显示你不能很好地接纳自己，你的自尊程度较低，这时你需要内省一番，寻找问题的根源。

7. 内容是否有集中主题。如果20句中有许多句子都涉及同一主题，则该主题反映的是你当下最关注的事物，甚至是你以前自己都未意识到的。

总之，这简简单单20个句子能帮助成员对自己有进一步了解。这也是心理学研究和探索自我意识简单实用的方法之一。

练习 2-1

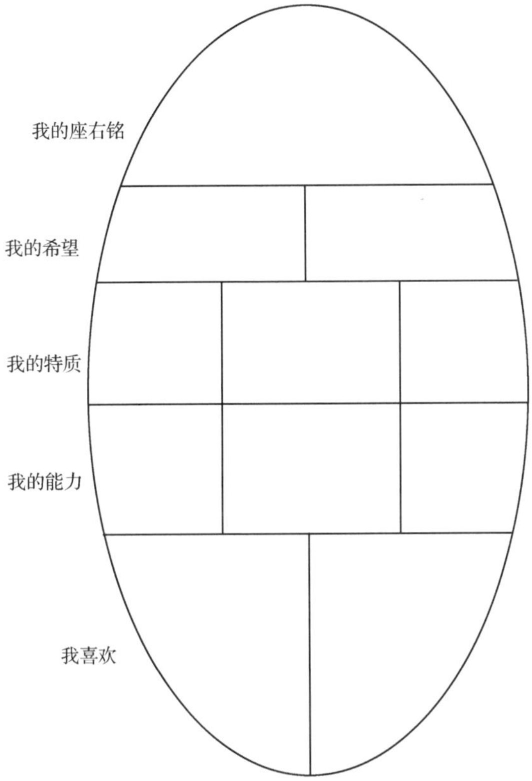

图 2-2 自我盾牌

［单元二］ 多维的我

目标：使成员深入地、多角度地认识自己、了解他人，发现自己独特的个人魅力。

活动内容与操作（表 2-3）：

表 2-3 “多维的我”活动内容与操作

序号	目的	时间	内容
1	热身，引入主题。	约 10 分钟	看图想象。 准备：不规则图片一张（知识链接 2-2）。 场地：有黑板的活动室。 操作： （1）根据你所看到的，给这幅图起个名字。 （2）将这幅画的名字写在黑板上。 （3）提问：我们看到的是同一幅图，但是我们起的名字却是千差万别的。大家想一想：为什么对同一事物，人们的看法却有如此大的差异？ 小结：这就像在生活中，不同的人对我们的认识和看法是不同的。我们不可能令周围的每一个人都喜欢自己、欣赏自己。事实上最了解你的人只有你自己。所以，我们每一个人都要充分认识自己的每个方面，给自己做出客观的评价。别人的评价只是一个参考。

续表

序号	目的	时间	内容
2	自我内视，使气氛安静下来，引入主题。	约 10 分钟	意象小实验。 场地：有桌椅的活动室。 操作： （1）各个成员全身放松，做表象训练。 （2）教练说到某一人物时，成员就闭目再现出此人的音容笑貌和形态特征：A. 电影明星 XXX；B. 自己的妈妈；C. 自己。要求肃静并集中注意力，在教练语言的引导下进入状态，体会自我内视的感觉。再现每个人的时间各用 1 分钟。 分享小结：大家会发现前面两个人的音容笑貌很快就再现出来了，而对自己的再现却相当困难和模糊。这说明了人要“看清”自己是不容易的，要经常把自己当作客体来认识。
3	通过放松训练、浅催眠，让自我表象生动起来。	约 20 分钟	镜中的我。 准备：音乐、椅子、安静的活动室。 催眠词：听着音乐，跟着它的节奏，让自己逐渐放松并进入音乐的世界，让音乐带你进入更加放松的境界。你逐渐会感觉到，随着你越来越进入音乐，你的心越来越宁静，呼吸变得缓慢而深长，身体的肌肉变得很松弛，眼睛也慢慢地合上，静静地享受着这宁静的时刻。好的，现在请允许自己暂时地放飞想象，进入我们神奇的自我探索之旅。请想象在你的面前出现一道门，可能是一扇旋转门，也可能是其他的门，你可以选择你喜欢的一扇门，然后想象自己站起来，进到门里面，你将会看到有一个往下走的楼梯，你慢慢地往下走，一步、两步、三步，走到拐角处会有一面镜子，你站在镜子前，那是一面魔镜，从那面镜子里可以看到不一样的你。你看看你在镜子里长什么样？是男孩还是女孩？多少岁？正在做什么？再看看他/她的表情是怎样的，慢慢地观察……当你看完后，你可以以你的速度慢慢回来，回来的时候你可以先轻轻地动一动手或脚，或者是感受一下屁股坐在凳子上硬硬的感觉。好的，我看到很多成员逐渐地睁开眼睛了。好，我看到大部分的成员都醒来了。 分享：刚刚看到的镜中自己的模样是什么样的？你喜欢自己的模样吗？当下自己在想什么？感受如何？心情如何？
4	认识自我的独特性，学会评价他人。	约 20 分钟	独特的我。 准备：空白纸板、笔。 操作： （1）用 2 分钟仔细思考自己所具有的独特之处。 （2）在纸板上写出自己的独特之处，注意采取不记名的形式。 （3）成员围坐在一起，队长在所有纸板中随机抽取，大家对该成员的答案进行分析，依次猜猜他是谁。 （4）得到确认后，大家对该成员独特之处再次进行评价，包括好的、不好的地方，如此直至每一份答案都经过分析，每一成员都经过评价。 （5）每个成员总结自己的评价和其他成员的评价。 分享与讨论： （1）你是否意识到自己的独特之处？ （2）别人评价你的独特之处时，你有什么感受？

续表

序号	目的	时间	内容
5	感受自我在社会生活中的多重角色意义，达到对自我的全面认识。	约 30 分钟	我与“我”的碰撞。 准备：A4 空白纸、笔。 操作： (1) 分小队进行。小队长为每位成员分发 3 张白纸。首先请他们在第一张白纸上描述“理想的我”，时间为 5 分钟左右。然后请他们将已写好的第一张白纸搁置在一旁，暂时不看。接着在第二张和第三张白纸上分别具体描述“别人眼中的我”和“现实中的我”。每次各给 5 分钟的时间。注意，在描述“别人眼中的我”时，可以请其他成员来写。 (2) 当各人都完成前面部分之后，请各人将所有 3 张纸都放在桌上，各自对纸上的 3 个“我”做出检查，主要是看看 3 个“我”是否协调。如果不协调，则找出差异所在、原因所在，并做好记录。 (3) 随后分小队讨论，看看怎样使 3 个“我”更加协调一致。重点留意“理想的我”和“现实中的我”是否协调一致。再理性分析生理我、社会我、心理我中自己感到满意与不满意的地方。 (4) 最后分小队总结分享。 小结：通过多角度描绘自我，可以感受自我在社会生活中的多重角色意义，并掌握自我评价的具体方法，达到对自我的全面认识。同时，我们不必期待自己的 3 个“我”百分之百地协调一致，因为那是不切实际的期望，只会产生负面的影响。

知识链接 2-2

图 2-3 “看图想象”素材

[单元三] 悦纳自我

目标：使成员发掘自己及他人的正向特质，培养积极自我评价的习惯。

活动内容与操作（表 2-4）：

表 2-4　“悦纳自我”活动内容与操作

序号	目的	时间	内容
1	热身，调动现场气氛，促进团体间互相觉察。	约 10 分钟	好邻居。 准备：活动室或操场。 操作： （1）所有人围成一个圆圈，一人站在圆心上。 （2）教练宣布规则：站在圆心上的人随机问圆圈里的人“你喜欢长头发的人吗”，比如问 A，如果 A 回答“喜欢”，则长头发的人快速离开所在位置和站圆心者、A 一起抢新位置，这样有一个人就没有位置，那么就由他表演一个节目或做自我介绍，然后由他站在圆心上，开始下一轮。 （3）如果 A 回答“不喜欢”，则站在圆心的人将会继续问 A“那你喜欢什么”。如果 A 回答“我喜欢戴眼镜的人”，则场上所有戴眼镜的人都必须离开自己的位置寻找空位，而站在圆心上的人需要迅速地找一个位置，这样没有找到位置的人就要表演一个节目或做自我介绍，然后由他站在圆心上，开始下一轮。 （4）回答“不喜欢”之后，还可以回答如“我喜欢男人”，那么全场的男性必须全部换位，如果 A 是男性，他自己也要换位。为了增加难度和趣味性，还可以回答“我喜欢穿白袜子的人”等。
2	与他人分享自己的优点与长处，挖掘积极特质。	约 30 分钟	我很不错。 准备：镜子、“我很不错”自我分析表（练习 2-2）。 操作： （1）在黑板上示范说明什么是正面评价，然后发给成员“我很不错”自我分析表，让他们填写。 （2）故事启迪：每个平淡无奇的生命中，都蕴藏着一座丰富的金矿，只要你肯挖掘，就会挖出令自己都惊讶不已的宝藏来，那么你的宝藏是什么呢？（知识链接 2-3）。 （3）教练手持一面镜子，示范说出自己的 3 项优点。 （4）成员分组围成圆圈，每队发给一面镜子，各组成员轮流面对镜子并且说出自己的 3 项优点。其他成员也可补充一两项，直到全队说完为止。 （5）回到大团体中，由教练指名若干成员分享刚才参加小组活动时的感想。
3	自我肯定、肯定他人，增强成员自信心。	约 30 分钟	优点轰炸。 准备：小型毛绒玩具、秒表。 操作： （1）全体成员都在团体辅导教室中心聚集起来，先由教练示范，在教室前方背对成员向后抛毛绒玩具，同时大声地说：“我优秀，我自信!” （2）某个成员接到玩具后，全班成员迅速扩散围成一个圈，然后大家对该成员的优点（如性格、外貌、处事方式等）进行称赞，只说优点，态度要真诚，把优点作为“炸弹”，轮番向该成员“轰炸”，同时该成员说出哪些优点是自己以前知道的，哪些是未曾意识到的，时间持续 15 秒左右。 （3）该成员继续在教室前方背对成员向后抛毛绒玩具，其他成员再次聚集到教室中心接玩具，接到玩具的成员继续接受大家对其的优点“轰炸”，就这样按同样的方式接力下去，直到时间到为止。 备注：在优点轰炸活动中应注意，夸别人的优点时态度要真诚，不能毫无根据地吹捧，这样反而会伤害别人。参加者要注意体验被人称赞时的感受，怎样用心去发现别人的长处，怎样做一个乐于欣赏他人的人。

续表

序号	目的	时间	内容
			分享与小结： （1）当别人赞美你时，你的感觉如何？这些优势是否符合自己？ （2）你赞美别人时，自己有何感受？通常赞美哪些地方？你在赞美别人时，感到自然吗？为什么会这样？ （3）你能给所有人不同的赞美吗？ （4）通过活动，你是否发现了你以前所没有发现的优势？是否加强了对自身优点、长处的认识？
4	学会正视自己的不足，并换位思考，自我鼓励。	约 15 分钟	瑕疵积极赋义。 准备：故事素材、积极赋义表（练习 2-3）。 操作： （1）故事导入（知识链接 2-4）。 （2）请成员们思考一下自己的缺点或不足之处，并尝试对自己的瑕疵进行积极赋义，完成积极赋义表格。 分享与小结： （1）你以前是怎样看待自己的？ （2）通过这次活动，你对自己有了一个怎样的认识？
5	强化本单元团体效果，增强自我悦纳。	约 5 分钟	愉快地走开。 准备：小卡片、笔。 操作： （1）请每位成员为其他成员填写一张卡片，完成句子“我最喜欢 XXX（人名）的一点是……”或者“我在 XXX（人名）身上看到的最显著的优点是……” （2）把小卡片收上来，发给对应的成员，这样每个人都能带着对自己的正面评价愉快地离开。 讨论与总结： （1）如果你的时间充裕，可以大声朗读卡片上的内容，然后把卡片发给被评价的成员。 （2）通过这样的游戏，使成员继续保持他的优良品质并给其他人以鼓励。 （3）阅读材料并讨论（知识链接 2-3、知识链接 2-4、知识链接 2-5、知识链接 2-6）。 （4）在与他人的交往中，聪明的人总是关注他人的优点，因为他们知道，别人的缺点与自己没有关系。三人行，必有我师，学会欣赏他人、赞美他人，是让自己迅速成长的捷径！

练习 2-2

“我很不错”自我分析表

我的个性	朋友	我喜欢的	特长	家人	其他

练习 2-3

积极赋义表

序号	我的瑕疵	积极赋义
1		
2		
3		
4		
5		
6		

知识链接 2-3

我的优势在哪里

一位老人在湖边垂钓，旁边坐着一个愁眉不展的男青年。

老人问："为何垂头丧气?"

"唉，我是一个穷光蛋，一无所有，哪里能开心呢?"青年人非常郁闷地答道。

"那这样吧，我出20万元买走你的自信心。"老人想了想说道。

"没有那点自信心我就什么也做不了了，不卖!"青年头摇得像拨浪鼓。

"再出20万元买你的智慧，你可愿意?"老人继续出价。

"一个空空的头脑什么也做不了。"男青年想都没想一口拒绝。

"我再出30万元买走你的外貌。"老人望着青年人的面容说道。

"没有了外貌活着还有什么意思，不卖。"青年人答道。

"这样吧，最后再出30万元买走你的勇气，如何?"老人笑嘻嘻地询问道。

"我可不想成为一个一蹶不振的人。"青年人愤愤地欲转身离去。

老人忙挽留他，缓缓说道："慢着，你看，我分别用20万元买你的自信心，20万元买你的智慧，30万元买你的外貌，30万元买你的勇气，这些一共是100万元。年轻人，你拥有100万元，你还能说你是穷光蛋吗?"

男青年瞬间恍然大悟，他明白了，自己并不是一无所有，只是没有看到自己的优势，成天就知道埋怨命运，懈于奋斗，错失了很多成功的好时机。

知识链接 2-4

积极赋义故事素材

古时有个国王，梦见山倒了，水枯了，花也谢了，便叫王后给他解梦。王后说："大事不好！山倒了指江山要倒，水枯了指民众离心。君是舟，民是水，水枯了，舟也不能行了。至于花谢了，则是指好景不长了。"国王惊出一身冷汗，从此患病，且愈来愈重。一位大臣要参见国王，国王在病榻上说出他的心事，哪知大臣一听，大笑说："太好了，山倒了指从此天下太平；水枯指真龙现身，国王，你是真龙天子；花谢了，花谢见果子呀！"国王闻听此言，顿时全身轻松，很快痊愈。看来，事情都有两面性，问题就在于当事者怎样去看待它们。

知识链接 2-5

"滋补有方"

1. 尽可能不用贬义的自我描述，代之以鼓励性话语，如"我过去曾经认为自己不行……"代之以"看来也不一定都是这样，让我来试试……"。

2. 多使用积极的自我描述，如"我最近专业课学得比较轻松"。

3. 坚持写日记，将自己一周内使用挫败性语言的时间、地点、场合记下来。制订改变计划，并在以后记录下计划实施后的结果，及时给予奖励。

4. 每当发现自己又说否定自己的话时，大声告诫自己，不要说"我就是这样"，而是说"我曾经这样"；不要说"我不行"，而是说"只要我现在努力，是可以办到的"。

5. 所有消极的"自我标签"，都是害怕失败、回避尝试的结果。因此，你应该勇敢地找一些自己以前不愿干、不会干、不敢干的事情，去花一些时间认真做一做。让自己完全沉浸于崭新的活动中，品尝一下挑战生活、挑战自我给你带来的充实和快乐。

知识链接 2-6

瓦拉赫效应

奥托·瓦拉赫是诺贝尔化学奖获得者，他的成功之路极富传奇色彩。瓦拉赫在开始读中学时，父亲为他选择了一条文学之路，不料一学期下来，老师为他写下了这样的评语："瓦拉赫很用功，但过分拘谨，难以造就文学之材。"此后，父母又让他改学油画，可瓦拉赫既不善于构图，又不会润色，成绩全班倒数第一。面对如此"笨拙"的学生，绝大部分老师认为他成才无望，只有化学老师认为他做事一丝不苟，具备做化学实验的素质，建议他学化学。这下瓦拉赫智慧的火花一下子被点燃了，终于获得了成功。瓦拉赫的成功说明了这样一个道理：任何一个人，都有擅长某一方面的能力，只要找到这方面能力，智慧之火就会被点燃，成功也就如约而至，后人称这种现象为“瓦拉赫效应”。

在我们的日常生活中，在我们的身边，总是有一些人，一旦遇到一些挫折或者困难，就会想当然地认为自己一无是处，认为自己所做的一切都是无用功，从而自暴自弃，不去追求。或许这些人受到了别人消极的引导、错误的影响，或许这些人天生就有自卑心理，总之在这些人心目中，自己就是比别人低一等，什么事情都做不了。

很显然，这些人总是与成功的机会擦肩而过，甚至机会摆在面前，他们也会因为深信自己一无是处而不敢去抓住。由此可见，了解“瓦拉赫效应”将会给我们的生活带来两个方面的影响：第一，让你正视自己，找到自己的优势；第二，肯定自己的能力，不在乎别人的看法。

人最怕的并不是没有发现自己的能力，而是失去了发掘自己能力的信心，即对自己绝望了。特别是在经历一定的挫折之后，很多人对自己心灰意冷，认定自己一生无为，和成功无缘。在这种心态的误导下，这些人得过且过，浑浑噩噩地过日子，成功自然也不会光顾他们。

［单元四］ 挑战自我

目标：引导成员用实际行动去成就自己，勇于接受挫折和挑战。

活动内容与操作（表 2-5）：

表 2-5 “挑战自我”活动内容与操作

序号	目的	时间	内容
1	热身，调动现场氛围。	约 10 分钟	选出你心目中最可爱的女孩。 准备：空教室。 操作： （1）教练请一名男成员上台，请其面墙站立。 （2）教练讲解游戏规则，告知成员通过回答一连串二择一的问题，选出今天最可爱的美女。 （3）教练请全体女成员起立，待成员回答问题后，不符合条件的成员坐下。 （4）教练：你心目中最可爱的女孩身高超过 1.62 米，还是低于 1.62 米？ （5）教练：你心目中最可爱的女孩是长头发，还是短头发？ （6）教练：你心目中最可爱的女孩是单眼皮，还是双眼皮？ （7）教练：你心目中最可爱的女孩是穿浅颜色衣服，还是穿深颜色衣服？ （8）当只剩下最后一位女成员时，教练停止提问，请选手转过来，欣赏自己选出来的最可爱的女孩。 注意：教练结合现场具体情况，不断提问，直至剩下一位女成员为止。

续表

序号	目的	时间	内容
2	锻炼成员遇到突发状况时的应变能力，激发成员自我效能。	约 30 分钟	南极探险。 准备：笔、纸、3 张报纸、1 个装有水的水壶。 操作： （1）成员分组，按报数规则，将全班分为 10 个小分队。 （2）教练：现在我们团队需要 10 名成员参加一次南极科考，哪 10 位成员会成为幸运儿呢？ 从每个小分队中通过竞争演说的方式在组内产生一位准科考成员。 （3）教练：现在科考船已经驶向南极冰海，请大家乘坐直升机直接降落在科考船上。 （4）冰海遇险。由于在途中遭遇巨大风暴（将水洒在报纸上），科考船即将沉入海底，唯一的救生艇（报纸）只能容下 3 个人，其余的人将会沉入海底。为了给每一个人一个公平自救的机会，请每个人接受挑战：即兴演说。请每个成员准备一段 2 分钟的演说，内容必须从学业、社交、仪容、生活习惯 4 个方面中的某个或某几个方面来表达，说明为什么最应该留下你，如果你能打动现场成员，在最后的投票表决中留下来的很有可能是你。 （5）请 10 位成员开始演讲，由教练对演说者的演说理由进行统计，看谁的理由最多、最充分。 （6）教练：从刚才各位成员的演说中，我们已经看到了各位成员都在不同的方面有着自己独特的优势，那么他们谁能最终获救呢？现在我们投票表决。 （7）获得票最多的 3 名成员获救。 分享与小结： （1）“生还者”谈谈自己的感受和经验；“牺牲者”谈谈自己的情绪和感想。 （2）其他成员讨论：如果你是这艘船上的船员，你要怎样说服大众把你留下？ （3）活动可以很好地考查成员对自己的认识，为团队创造了一个需要做抉择的情境，可以激发学生的潜能和自我效能。 注意： （1）要对“牺牲”的科考成员进行情绪疏导，感谢他们为“获救者”作出的牺牲，也感谢他们出色的表演。 （2）要让没有参与的成员有事情可做，不要让他们感到无所事事，这也是此次活动获得成功的因素之一。
3	降低学生人际交往的过敏程度，增强自信心。	约 20 分钟	超级访问任务。 准备： （1）教练根据成员特点确定访问题目，最好是调查受访者一些比较个人而不涉及价值判断的问题，如“你最近做了什么梦？”“你觉得自己哪方面最有潜能？” （2）勇敢承诺书（练习 2-4）。 （3）访问记录单（练习 2-5）。 操作： （第一次）（1）教练：成员们每一天都在成长，在进步。当我拿到一个研究项目时，马上就想到要你们帮忙，做一个访问，但这可是个特别的访问任务，你敢接受挑战吗？（目的：引起兴趣） （2）在讲解访问任务之前，让学生签订勇敢承诺书，表示自己会认真、负责地完成访问任务，增强学生参加此次活动的责任感。 （3）讲解任务： ①采访题目，如“最近做了什么梦”。 ②采访对象：马路上的陌生人。 ③详细填写访问记录单。 ④完成时间：下次上团体活动课之前（注：时间可以调整，但建议不要相隔太久）。

续表

序号	目的	时间	内容
			(4) 教练在讲解任务过程中，观察成员的反应，然后集体提问成员：有把握完成任务吗？觉得有困难吗？会有哪些困难？最大的困难可能是什么？ (5) 鼓励成员按要求完成任务，实践承诺。 (第二次) (1) 访问成果展。让成员把自己采访得到的结果在小队内进行汇报，教练请小队代表简练地汇报组内搜集到的答案。 (2) 心情回忆。让成员回忆自己在这次采访活动中的经历和心情(参考)： ①自己是怎样进行访问的？ (如：如何找访问对象？怎样安排访问的时间、地点？做了些什么准备？有什么策略吗？……) ②被访问者各自有什么反应？ ③原来设想的困难真的出现了吗？ ④自己当时的感受怎样？ ⑤后来你是如何面对的？有什么效果？ ⑥在访问时，自己在哪些方面做得比较好？做得略微逊色的方面，你可以怎样改进？ 分享与总结： (1) 通过此次活动你最大的收获是什么？ (2) 阅读材料并讨论（知识链接 2-7、知识链接 2-8）。 (3) 一个人的自信心会影响到他在人际交往中的情绪体验和行为表现。自信程度低，在人际接触时往往会有过敏反应，会在自己的想象中把交往的困难、障碍夸大，表现出退缩行为；自信程度高的，则不会过于夸大地想象困难，敢于行动，在实践过程中及时调整自己以做出积极的适应。反过来，让成员通过与他人特别是陌生人接触的行为练习，在外控情况下使其主动与人交往，为其过敏反应“脱敏”，减轻以焦虑为主的消极情绪体验，从而增强自我意识，提高自信心。
4	增强自我控制与决断能力以适应不断变化的外部环境；克服心理压力，建立挑战困难的自信心与勇气。	约 60 分钟	高空断崖。 准备：有高空断崖设备（图 2-4）的户外素质拓展基地。 操作：站在离地 8 米，宽不足 30 厘米的一块木板上，向前奋力跃出，跳过人工“断崖”。  **图 2-4　高空断崖设备** 注意：有高空禁忌疾病的成员不能参加；成员以自己参与意愿为主，不强求参加；提前做好所有参与成员的安全提醒与保护工作，确保人身安全。 分享与总结：在断崖下自己是什么感受？走到高空，进行跨越前是什么感受？完成断崖跳跃后是什么感受？

练习 2-4

勇敢承诺书

我是勇敢的小记者！我愿意尽我的努力，认真完成这个访问。我可以很负责地接受挑战，就像一个真正的研究人员！

我承诺！

承诺人：

时间：

练习 2-5

访问记录单

受访者姓名		班级	
受访题目： 受访者回答内容：			
采访后记（包括对方反应、自己当时感受、如何克服困难、效果如何等）			

知识链接 2-7

自信=自我认识+悦纳自我+相信自我

自信不是一时的，而是恒定的；自信不是盲目的，而是理性的！自信不会受他人和外界环境的影响，是来自内心深处的坚定力量！

自信，首先要认识自己，了解自己的优缺点，客观地评价自己；然后要悦纳自己，接纳自己的缺点和不足，改变能改变的，接受不能改变的，尽量地完善自己，并发自内心地喜欢自己；最后要相信自己，坚信自己是独一无二的，坚信“天生我材必有用”！如果你自己都不相信自己，试想，别人又怎么会相信你呢？

知识链接 2-8

名言警句欣赏

1. 自古奇人伟士，不屈折于忧患，则不足以成其学。——方孝孺《答许廷慎书》

2. 志之难也，不在胜人，在自胜也。——《韩非子》

3. 像一支和顽强的崖口进行搏斗的狂奔的激流，你应该不顾一切纵身跳进那陌生的、不可知的命运，然后，以大无畏的英勇把它完全征服，不管有多少困难向你挑衅。——泰戈尔

4. 我要扼住命运的咽喉，它决不能使我完全屈服。——贝多芬

5. 我们一步一步走下去，踏踏实实地去走，永不抗拒生命交给我们的重负，才是一个勇者。到了蓦然回首的那一瞬间，生命必然给我们公平的答案和又一次乍喜的心情，那时的山和水，又回复了是山是水，而人生已然走过，是多么美好的一个秋天。——三毛

6. 顽强的毅力可以征服世界上任何一座高峰。——狄更斯

7. 所谓活着的人，就是不断地挑战的人，不断攀登命运险峰的人。——雨果

8. 生命的路是进步的，总是沿着无限的精神三角形的斜面向上走，什么都阻止他不得。——鲁迅

9. 命运压不垮一个人，只会使人坚强起来。——伯尔

10. 没有上天的云梯也就算了吧，但不能没有拥抱月亮的手臂。——刘墉

11. 即使翅膀断了，心也要飞翔。——张海迪

12. 患难及困苦，是磨炼人格的最高学府。——苏格拉底

13. 敌近而静者，恃其险也；远而挑战者，欲人之进也。——孙子

14. 万无一失意味着止步不前，那才是最大的危险。为了避险，才去冒险，避平庸无奇的险，值得。——杨澜

15. 生命中的挑战并不是要让你陷于停顿，而是要帮助你发现自我。——里根

16. 感激每一个新的挑战，因为它会锻造你的意志和品格。——佚名

17. 不敢冒险的人既无骡子又无马；过分冒险的人既丢骡子又丢马。——拉伯雷

18. 接受挑战吧，这样你才能感受到胜利的喜悦。——巴顿

19. 只有满怀自信的人，才能在任何地方都怀有自信沉浸在生活中，并实现自己的意愿。——高尔基

专题三

生涯规划——星河为盘落子明

名人诗句

路漫漫其修远兮，吾将上下而求索。

——屈 原

案例导入

四只毛毛虫

毛毛虫都喜欢吃苹果，有四只毛毛虫长大后结伴去森林里找苹果吃。

第一只毛毛虫跋山涉水，终于来到一棵苹果树下。它根本就不知道这是一棵苹果树，也不知道树上长满了可口的苹果。当它看到其他毛毛虫往上爬时，稀里糊涂地就跟着往上爬。没有目的，不知终点，更不知道自己到底想要哪一种苹果，也没想过怎样去摘取苹果。它的最后结局呢？也许找到了一棵苹果树，幸福地生活着；也可能在树叶中迷了路，过着悲惨的生活。不过可以确定的是，大部分的虫都是这样活着的，没想过什么是生命的意义，为什么而活着。

第二只毛毛虫也爬到了苹果树下。它知道这是一棵苹果树，也确定它的目标就是找到一棵苹果树。问题是它并不知道苹果会长在什么地方，但它猜想：苹果应该长在大枝叶上吧！于是它就慢慢地往上爬，遇到分枝的时候，就选择较粗的树枝继续爬，最后终于找到了一个苹果，这只毛毛虫刚想高兴地扑上去大吃一顿，但是放眼一看，它发现这个苹果是树上最小的一个，上面还有许多更大的苹果。更令它泄气的是，要是它上一次选择另外一个分枝，就能得到一个大得多的苹果。

第三只毛毛虫也到了一棵苹果树下。这只毛毛虫知道自己想要的就是苹果，并且研制了一副望远镜。还没有开始爬时就先利用望远镜搜寻了一番，找到了一个很大的苹果。同时，它发现当从下往上找路时，会遇到很多分枝，有各种不同的爬法；但若从上往下找路，就只有一种爬法。它很细心地从苹果的位置，由上往下反推至目前所处的位置，记下这条确定的路径。于是，它开始往上爬了，当遇到分枝时，它一点也不慌张，因为它知道该往哪条路走，而不必跟着一大堆虫去挤破头。比如，如果它的目标是一个名叫“教授”的苹果，那应该爬“深造”这条分支；如果目标是“老板”的苹果，那应该爬“创业”这条分枝。最后，这只毛毛虫应该会有一个很好的结局，因为它已经有自己的计划。但是真实的情况往往是，因为毛毛虫的爬行速度相当缓慢，当它抵达时，苹果不是被别的虫捷足先登，就是已熟透而烂掉了。

第四只毛毛虫可不是一只普通的虫，做事有自己的规划。它知道自己要什么苹果，也知道苹果将怎么长大。因此当它带着望远镜观察苹果时，它的目标并不是一个苹果，而是一朵含苞待放的苹果花。它计算着自己的行程，估计当它到达的时候，这朵花正好长成一个成熟的苹果。结果它如愿以偿，得到了一个又大又甜的苹果。

点评：

第一只毛毛虫是只毫无目标的糊涂虫，不知道自己想要什么。遗憾的是，我们大部分的人都像第一只毛毛虫那样活着。

第二只毛毛虫虽然知道自己想要什么，但是它不知道该怎么去得到苹果，在习惯中的正确标准的指导下，它做出了一些看似正确却使它渐渐远离苹果的选择。而曾几何时，正确的选择离它又是那么接近。

第三只毛毛虫有非常清晰的规划，也总是能做出正确的选择，但是，它的目标过于远大，而自己的行动过于缓慢，成功对它来说，已经是明日黄花。机会、成功不等人。同样，我们的人生也极其有限，单凭个人的力量，也许一生勤奋，也未必能找到自己的苹果。但如果制订一个适合自己的计划，并且充分借助外界的力量，借助许许多多的望远镜，也许命运会好很多。

第四只毛毛虫，不仅知道自己想要什么，也知道如何去得到自己的苹果，以及得到苹果需要什么条件，然后制订计划，在望远镜的指引下，它一步步实现了自己的理想。

一、理论导读

（一）理论基础

1. 帕森斯的特质因素理论

1909 年，美国波士顿大学教授弗兰克·帕森斯在其《职业选择》中提出了人与职业相匹配是职业选择焦点的观点，这就是帕森斯特质因素理论。特质因素理论是最早的职业辅导理论。

帕森斯的特质因素理论包含三大要素：（1）通过测试以及访谈等手段来对自身生理和心理特性进行评价；（2）了解有关职业对人的要求，包括职业的性质、工资待遇、工作条件以及晋升的可能性等；（3）根据自身的条件和职业的需要判定职业方向。

人职匹配分为两种类型：（1）因素匹配，例如，需要专门技术和专业知识的职业与掌握该种技能和专业知识的择业者相匹配；（2）特性匹配，如具有敏感、易动感情、不守常规、个性强、理想主义等人格特性的人，宜于从事审美性、自我情感表达的艺术创作类型的职业。

2. 舒伯的生涯发展理论

舒伯的生涯彩虹图（图 3-1）是职业生涯规划领域的经典理论工具。舒伯认为，人的职业生涯发展分为 5 个阶段，即成长阶段（14—15 岁）、探索阶段（16—24 岁）、建立阶段（25—44 岁）、维持阶段（45—64 岁）、衰退阶段（65 岁以上）。他认为，在人一生的生涯发展中，各个阶段都要面对成长、探索、建立、维持和衰退的问题，因而形成“成长—探索—建立—维持—衰退”的循环。如一个大学一年级的新生，必须适应新的角色与学习环境，经过“成长”和“探索”，一旦“建立”了较固定的适应模式，同时“维持”了大学学习生活之后，又要开始面对另一个阶段——准备求职。原有的已经适应了的习惯会逐渐衰退，继而对新阶段的任务又要进行“成长—探索—建立—维持—衰退”，如此周而复始。

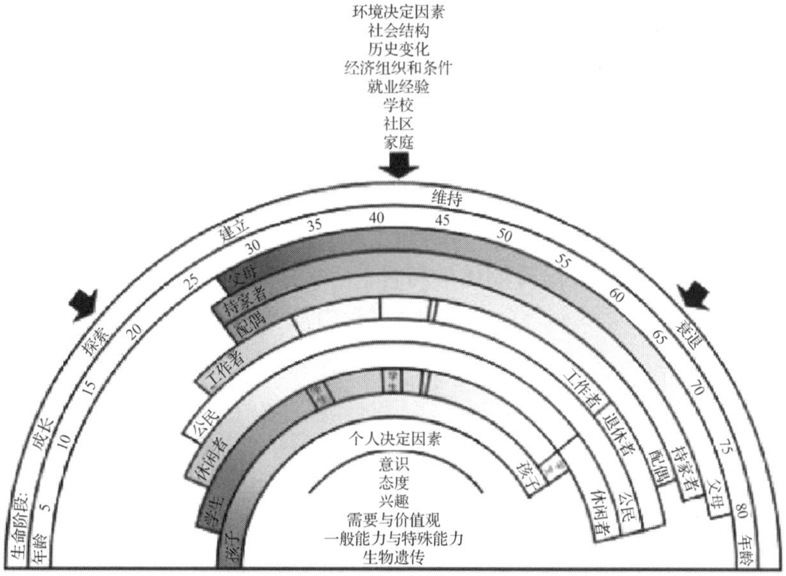

图 3-1 舒伯的生涯彩虹图

3. **霍兰德职业兴趣理论**

约翰·霍兰德是美国约翰·霍普金斯大学心理学教授，美国著名的职业指导专家。他认为人的人格类型、兴趣与职业密切相关，兴趣可以提高人们的积极性，促使人们积极地、愉快地从事该职业，且职业兴趣与人格之间存在很高的相关性。霍兰德认为人格与职业可分为现实型、研究型、艺术型、社会型、企业型和常规型等6种类型。所以，霍兰德职业兴趣理论也可称为六边形理论（图3-2）。

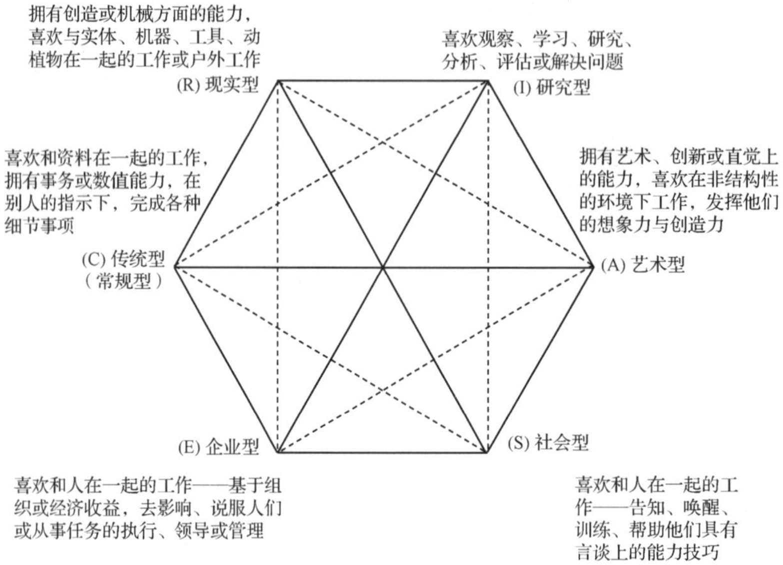

图3-2　霍兰德职业兴趣理论图

4. **团体动力学说**

库尔特·勒温是拓扑心理学的创始人，勒温认为团体是一个动力整体，这个整体并不等于各部分之和，整体中任何一个部分的改变都必将导致整体内其他部分发生变化，并最终影响到整体的性质。团体不是由一些具有共同特质或相似特质的成员构成的，特质相似和目标相同并不是团体存在的先决条件。团体的本质在于其各成员间的相互依赖，这种相互间的依赖关系决定着团体的特性。

二、团体设计

（一）团体成员招募

本团队活动方案适合所有学生，既可以作为大一新生和大二学生的职业规划训练，也适合想通过参加团体心理辅导了解自己、做出初步规划的学生。

（二）团体心理辅导方案的设置

1. 团体名称

宣传名称：遇见你自己。

2. 团体目标

本团体的整体目标是：辅导大学生进行职业生涯规划，在团体心理辅导中了解自己，发现自己的优点，提高大学生职业生涯规划的认知和实践能力，让大学生根据自己的特点做出初步的职业生涯规划。

3. 团体性质

本团体属于心理教育成长性团体，以成员的团队合作能力发展为目标；本团体属于半结构性团体，每次团体活动有明确的目标和方案设计，具体的团队活动可以在形式、难度系数等方面进行适度扩展；本团体是同质性团体，团体成员均为有参加团队合作训练意愿的在校大学生。

4. 团体活动时间和次数

团体活动分为 5 个单元，每个单元 1—2 小时。建议每周 1—2 次。

5. 团体活动场所

以户外活动为主。如遇雨、雪、雾等恶劣天气，可以改为在宽敞空阔的室内场地活动。

（三）团体领导者与团体成员

1. 团体领导者及其训练背景

团体领导者（教练）1 名，要求具有团体心理辅导、素质拓展或体育学等专业背景，以及团队建设活动经验。助理教练 1—2 名，要求参加过素质拓展训练并有活动组织经验，在团体活动前须接受教练的培训，提前熟悉团体活动操作要点。

2. 团体成员

如果是新生班级，可以以班级为单位，一个班级作为一个团体。如果是小组招募，可以控制在 20 人左右，根据各单元活动任务分为不同的组别。

（四）团体活动方案设计（表 3-1）

表 3-1 “遇见你自己”团体活动方案设计

活动名称	活动目的	活动内容安排	预计时间
单元一 缘聚你我他	促进团队成员之间的初步认识；初步建立团队之间的凝聚力和信任感，拟定团队规范和契约。	1. 滚雪球。 2. 五颜六色。 3. 我的“五个最”。 4. 讨论团队契约。	2 小时

续表

活动名称	活动目的	活动内容安排	预计时间
单元二 初见职业生涯	增强团队的信任度和凝聚力，在此基础上帮助成员了解职业生涯，培养学生对职业生涯探索的自觉性和主动性。	1. 合力取水。 2. 我们的团队契约。 3. 生涯知识头脑风暴。 4. 我的专业我做主。 5. 课后作业。	2 小时
单元三 我为我掌舵	协助成员认识自己，客观全面地结合自身的专业定位自己，让成员在分享中了解自己的兴趣和能力。	1. 手指游戏。 2. 分享作业时刻。 3. SWOT 分析报告。 4. 我们的秘密圈。 5. 课后作业。	2 小时
单元四 价值观探索	帮助成员了解影响职业规划的因素，让成员在思考和分享中得出自身的职业价值观。	1. 我来说，你来做。 2. 工作为我们带来什么。 3. 工作价值观大排序。 4. 课后作业。	2 小时
单元五 脚踏实地有规划	帮助成员进行初步的职业生涯规划，做出职业生涯规划表，鼓励成员在之后的学习中自觉总结和完善适合自身的职业生涯规划。	1. 挑战 60 秒。 2. 职业生涯初步规划。 3. 团体辅导总结。 4. 告别赠言。 5. 合唱《我的未来不是梦》。	2 小时

三、团体实施

[单元一] 缘聚你我他

目标：促进团队成员之间的初步认识；初步建立团队之间的凝聚力和信任感，拟定团队规范和契约。

活动内容与操作（表 3-2）：

表 3-2 “缘聚你我他”活动内容与操作

序号	目的	时间	内容
1	热身环节，让大家打破局限，认识新朋友，建立互动关系。	约 30 分钟	滚雪球。 准备：笔记本、笔。 操作：教练让成员们在教室内自由漫步，打破宁静，在 5 分钟内尽量多地和成员握手，介绍自己，用一句话和一个动作介绍自己，目的是让对方能记住自己。当领导者说“停”的时候，正在握手的人须坐下来互相介绍，内容包括姓名、专业、性格、爱好等，每人约 2 分钟，然后由成员上台用 1 分钟的时间来介绍刚认识的伙伴。接下来两两一组互相介绍，每位成员将自己刚才认识的朋友向另外两位新朋友介绍，每组 4 分钟，每个人用 1 分钟时间介绍刚刚认识的朋友。最后每个人带着笔记本离开座位，尽可能让全部成员在笔记本中写下评价。

续表

序号	目的	时间	内容
2	增进成员之间的友好关系，消除成员间的陌生感。	约 30 分钟	五颜六色。 准备：彩带。 操作：让成员围成一个圆圈，将彩带放在圆圈中间，让成员根据自己的性格选择相应的颜色代表自己，如果其他成员与自己所选颜色一样则选择一个地方站在一起。成员全部选择好后，任意挑选某一颜色，让成员说说选择这一颜色代表自己的原因，某一成员说完后问该队的其他成员是否与自己性格相似。完成一组后，由该组向其他组进行提问：为什么这个颜色代表你？其他组依次说明原因，让成员之间进一步互动。
3	帮助成员了解进入大学后的自己，通过“五个最”来分析成员的大学生活现状，通过分享进一步认识自己，并准备规划自身的未来。	约 30 分钟	我的“五个最”。 准备：A4 纸、笔。 操作：将成员进行分组，发给每名成员一张“进入大学后我的‘五个最’”练习表（知识链接 3-1），让成员在 10 分钟内进行填写，填写好后在组内进行交流，分享自己上大学后的感受。小组分享结束后，教练让每个组派代表上台分享自己进入大学后的感受。
4	为保证团体的正常运行，正常发挥团体的功能，实现团体成员之间的相互配合、相互尊重、相互信任，保守团队内的秘密，建立团体成员达成共识的团体契约和规范。	约 30 分钟	讨论团队契约。 准备：A4 纸或 A3 纸、大头笔。 操作：把成员分成小组，发给每个小组一张 A4 纸和一支大头笔，各组就团体的契约和规范进行头脑风暴，在 5 分钟内尽可能多地写出团体规范。每组派代表上台宣读自己组的团队规范，强调保密、守时、不可人身攻击等重要原则。由教练汇总各组的意见，形成统一的团队契约。最后用大头笔将团体契约写在大卡纸上。团体契约形成后，每位成员都需要在大卡纸上签名，保证契约的有效性（知识链接 3-2）。 契约形成后，教练和成员围成一个圈，抓住前面一人的小拇指依次排开，跟着教练重复契约书上的内容，并在最后说出自己的名字。然后每次团体活动时都将契约书挂在活动室内，可强化成员对契约的重视，增强团队的信任感。

知识链接 3-1

进入大学后我的“五个最”

进入大学后，我最满意的是________________________________。

进入大学后，我最感兴趣的是________________________________。

进入大学后，我最担心的是________________________________。

进入大学后，我最想做的是________________________________。

进入大学后，我最期待的是________________________________。

知识链接 3-2

团队契约书

我承诺：

在本次团体活动中，全程参与团体活动。我愿以真挚的情、热忱的心，遵守以下团队规范，若有违背，无条件接受自我检讨。

1. ______________________________。
2. ______________________________。
3. ______________________________。
4. ______________________________。
5. ______________________________。

承诺人：

______年______月______日

[单元二] 初见职业生涯

目标：增强团队的信任度和凝聚力，在此基础上帮助成员了解职业生涯，培养学生对职业生涯探索的自觉性和主动性。

活动内容与操作（表 3-3）：

表 3-3 “初见职业生涯”活动内容与操作

序号	目的	时间	内容
1	协助团队成员增进了解，增强信任度和凝聚力。	约 30 分钟	合力取水。 准备：矿泉水 10 瓶、牢固绳子 2 条。 操作： （1）要求：在直径一定的绳圈内放置许多矿泉水瓶。在规定的时间内，在不碰到界线的前提下取出矿泉水。在取出的过程中，水洒出即算任务失败。要求每组使用不同的方法取两次。 （2）活动规则： ①半年内动过大手术、有习惯性脱臼的成员不能参加此活动。 ②团队通力合作，依次从距离起点线 1.8 米的地方取到矿泉水。 ③每人只限一瓶。 ④每个小组成员在取水过程中，身体的任何部位都不能触碰到游戏区域，拿到水瓶后不能触到地，否则算犯规一次，矿泉水瓶往后移一段距离。 （3）注意事项：在取水的时候，没有取水的成员一定要保护好正在取水的成员，以免其摔倒在地，造成伤害；成员在取水的时候一定要听从教练的口令，严禁做危险动作。

续表

序号	目的	时间	内容
2	加强团体成员对团体契约书的认同度，并不断以此规范自身在团队中的行为。	约15分钟	我们的团体契约。 准备：团体契约书。 操作：团队成员围成一个圈，重新回顾上次团体辅导时所形成的团队契约书，复习团体契约书的内容，并交流讨论是否有需要完善之处。
3	帮助成员进行职业生涯认知，了解生涯知识及其重要性。	约35分钟	生涯知识头脑风暴。 操作：让成员按照5人一组分组交流，主题为“我眼中的职业生涯”。在小组内交流生涯的定义、生涯规划对大学生的重要性。讨论结束后所有人围成大圆圈，鼓励成员自愿分享自己的看法。团队成员分享后，领导者结合大学生案例介绍职业生涯相关定义，讲述大学生为什么要进行职业生涯规划（探索专业的求职目标与方向），讲述职业生涯发展的目的（了解自己，了解专业所对应的求职方向，了解未来的职业发展路径）。
4	让成员充分认识自身的专业，减少对专业发展前景的忧虑，树立正确的专业职业观，保持乐观的心理。	约30分钟	我的专业我做主。 准备：配套问卷（知识链接3-3）。 操作：让团队成员5人一组进行分组，先填写配套问卷，然后在组内进行分享，增强成员对自身专业的了解。小组分享结束后，教练引导成员在大组内进行交流。
5	让成员在课后学会探索职业生涯。	约10分钟	课后作业。 请每位成员阅读材料（知识链接3-4），并将读后感记录下来，不少于150字，下次团体辅导时分享。

知识链接 3-3

我的专业我做主问卷

1. 我的专业选择由来是什么？

____

2. 刚进大学，我对我的专业了解程度如何？

____

3. 我觉得我的专业适合的职业是什么？

____

4. 我为我的专业设置的发展路线是什么？

____

5. 如果重新选择专业，我的选择是什么？原因是什么？

____

6. 我受到的启发是什么？

____

知识链接 3-4

当你二十来岁的时候

如果你现在二十来岁，你会相信自己正面临人生中他人不曾面对过的种种问题。那么，现在你可以放松了，因为我们都有过二十来岁的时候。

二十来岁时，我们忙着寻找自我。如今长大成人，我们又在寻找一个生存的目标。这一目标将进一步把我们塑造成为善良的人和颇受欢迎的人。

无论你是否为那些问题所困扰——比如在大学里读某门课程，或在市场上谋某份工作——那都是你要经历的正常生活状态。这也是一个结识新朋友的时候，一个做出将影响你未来人生决定的时候，一个向父母证明他们成功养育了你的时候。害怕吗？是，但你会活下去。就像先于你经历了这个时候的我们都活着一样。

你是不是认为美国二十来岁的年轻人各不相同？其实不然。寻求自我、追求个性是世人共有的特点。也许由于机遇或某些挑战而会产生些许差别，但我们作为人都是相同的。美国的年轻人正如中国的年轻人一样，也在探寻。

问题是相同的。我该上哪所大学？我是不是应该找份工作？我应该现在结婚还是晚些时候？如果我选择了这些道路中的一条，我的人生将会有怎样的遭遇？

对你而言，重要的是放松。多花些时间去决定自己的未来，世界末日不会降临。试着自己去享受一点生活。去看场有趣的电影。想想所有那些不管你做出怎样的选择都会爱你的人。

最后，你将会长大一些，变得聪明一些，你的二十来岁终将过去，随之而去的还有你将会怀念的那一段困惑的时光。你将做出决定，满怀希望地成为一个幸福的人，并因而成为一个善良的人。

有朝一日，你自己的孩子们会问起你是怎样度过二十来岁的，确信到那时你会面带微笑地回忆从前。

[单元三] 我为我掌舵

目标：协助成员认识自己，客观全面地结合自身的专业定位自己，让成员在分享中了解自己的兴趣和能力。

活动内容与操作（表3-4）：

表 3-4 “我为我掌舵”活动内容与操作

序号	目的	时间	内容
1	团队热身，活跃团队气氛。	约 25 分钟	手指游戏。 操作：所有成员围成一个大圆圈，首先伸出左手的食指，放在胸前，然后打开右手五指，手心朝下，慢慢移动左手至左边一位成员的右手手掌下，勾勾手指问声好，再把右手稍微抬高。当教练说“抓”的时候，左手逃离右手抓。 游戏后被抓到的人为大家表演一场有要求的走秀。
2	分享作业，一方面督促团队成员完成作业，另一方面让成员学会探索职业价值，从而树立职业目标。	约 30 分钟	分享作业时刻。 准备：《当你二十来岁的时候》剧本。 操作：小组成员两两一组交流剧本，要求是一人表演退休后的自己，另一人表演二十岁的自己。退休后的自己描述二十岁的时候，另一人按照台词进行表演。 表演结束后，教练引导团队成员分享观看表演的心得和感悟，让大家从中发现自己想要探索的职业价值。
3	帮助团队成员了解自己，从各个方面对自己做出客观的评价。	约 35 分钟	SWOT 分析报告。 准备：“我的 SWOT 分析”（练习 3-1）。 操作：5 人一组先完成 SWOT 分析，然后在小组内进行分享。教练让全部成员组成一个大圆圈，积极鼓励成员在圆圈内分享自己的分析报告和评价。
4	让团队成员积极完成团队契约，遵守团队保密原则。	约 20 分钟	我们的秘密圈。 操作：团队成员围成一个大圆圈，每个人的右手握拳，大拇指伸出来，前一个人的手掌抓住右边成员的大拇指，形成一个小圆圈。每个成员跟着教练重复团队契约的内容，并认真守护每位成员的秘密，最后说出自己的名字。
5	让成员确定自己的职业类型。	约 10 分钟	课后作业。 操作：让团队成员利用课余时间完成霍兰德职业兴趣测量（练习 3-2），按照自己的意愿进行选择，并找出自己所属的职业类型。

练习 3-1

我的 SWOT 分析

S（优势）	W（威胁）
O（机会）	T（威胁）

练习 3-2

霍兰德职业兴趣测量

人的个性与职业有着密切的关系，不同职业对从业者的人格特征的要求是有差距的，通过科学的测试，可以预知自己的个性特征，这有助于选择适合于个人发展的职业。下面的自测问卷，可以帮助你做个性自评，从而获知自己的个性特征更适合从事哪方面的工作。

请根据对每一题目的第一反应作答，不必仔细推敲，答案没有好坏、对错之分。根据自己的情况，如果选择“是”，请打“√”，否则请打“×”

1. 我喜欢把一件事情做完后再做另一件事。(　　)
2. 在工作中我喜欢独自筹划，不愿受别人干涉。(　　)
3. 在集体讨论中，我往往保持沉默。(　　)
4. 我喜欢做戏剧、音乐、歌舞、新闻采访等方面的工作。(　　)
5. 每次写信我都一挥而就，不再重复。(　　)
6. 我经常不停地思考某一问题，直到想出正确的答案。(　　)
7. 对别人借我的和我借别人的东西，我都能记得很清楚。(　　)
8. 我喜欢抽象思维的工作，不喜欢动手的工作。(　　)
9. 我喜欢成为人们注意的焦点。(　　)
10. 我喜欢不时地夸耀一下自己取得的成就。(　　)
11. 我曾经渴望有机会参加探险。(　　)
12. 当我一个人独处时，会感到更愉快。(　　)
13. 我喜欢在做事情前，对此事情做出细致的安排。(　　)
14. 我讨厌修理自行车、电器一类的工作。(　　)
15. 我喜欢参加各种聚会。(　　)
16. 我愿意从事虽然工资少但是比较稳定的工作。(　　)
17. 音乐能使我陶醉。(　　)
18. 我办事很少思前想后。(　　)
19. 我喜欢经常请示上级。(　　)
20. 我喜欢需要运用智力的游戏。(　　)
21. 我很难做需要持续集中注意力的工作。(　　)
22. 我喜欢亲自动手制作一些东西，从中得到乐趣。(　　)
23. 我的动手能力很差。(　　)
24. 和不熟悉的人交谈对我来说毫无困难。(　　)

25. 和别人谈判时，我总是很容易放弃自己的观点。(　　)
26. 我很容易结识同性朋友。(　　)
27. 对于社会问题，我通常持中庸的态度。(　　)
28. 当我决定做一件事情后，碰到再多的困难，我也会执着地干下去。(　　)
29. 我是一个冷静而不易动感情的人。(　　)
30. 当我工作时，我喜欢避免干扰。(　　)
31. 我的理想是当一名科学家。(　　)
32. 与言情小说相比，我更喜欢推理小说。(　　)
33. 有些人太霸道，有时明明知道他们是对的，也要和他们对着干。(　　)
34. 我爱幻想。(　　)
35. 我总是主动向别人提出自己的建议。(　　)
36. 我喜欢使用榔头一类的工具。(　　)
37. 我乐于解除别人的痛苦。(　　)
38. 我更喜欢自己下了赌注的比赛或游戏。(　　)
39. 我喜欢按部就班地完成要做的工作。(　　)
40. 我希望能经常换不同的工作来做。(　　)
41. 我总留有充裕的时间去赴约会。(　　)
42. 我喜欢阅读自然科学方面的书籍和杂志。(　　)
43. 如果掌握一门手艺并能以此为生，我会感到非常满意。(　　)
44. 我曾渴望当一名汽车司机。(　　)
45. 听别人谈“家中被盗”一类的事，很难引起我的同情。(　　)
46. 如果待遇相同，我宁愿当商品推销员，而不愿当图书管理员。(　　)
47. 我讨厌跟各类机械打交道。(　　)
48. 我小时候经常把玩具拆开，把里面看个究竟。(　　)
49. 当接受新任务后，我喜欢以自己的独特方法去完成它。(　　)
50. 我有文艺方面的天赋。(　　)
51. 我喜欢把一切安排得整整齐齐、井井有条。(　　)
52. 我喜欢做一名教师。(　　)
53. 和一群人在一起的时候，我总想不出恰当的话来说。(　　)
54. 看情感影片时，我常禁不住眼圈红润。(　　)
55. 我讨厌学数学。(　　)
56. 在实验室里独自做实验会令我寂寞难耐。(　　)

57. 对于急躁、爱发脾气的人，我仍能以礼相待。(　　)

58. 遇到难解答的问题时，我常常放弃。(　　)

59. 大家公认我是一名勤劳踏实的、愿为大家服务的人。(　　)

60. 我喜欢在人事部门工作。(　　)

职业人格的类型（符合以下“是”或“否”答案的记1分，不符合的记0分）：

常规型“是”(7、19、29、39、41、51、57)，否（5、18、40)。

现实型“是”(2、13、22、36、43)，否（14、23、44、47、48)。

研究型“是”(6、8、20、30、31、42)，否（21、55、56、58)。

管理型“是”(11、24、28、35、38、46、60)，否（3、16、25)。

社会型“是”(26、37、52、59)，否（1、12、15、27、45、53)。

艺术型“是”(4、9、10、17、33、34、49、50、54)，否（32)。

将得分最高的三种类型从高到低排列，得出一个（或两个）三位组合答案，再对照“人格类型与职业环境的匹配表”得出与你的人格类型所匹配的职业（表3-5)。

表3-5　人格类型与职业环境的匹配表

类型	性格特点	适合职业
研究型I	具有分析、谨慎、批评、好奇、独立、聪明、内向、条理、谦逊、精确、理性、保守的特征，表现为： 1. 喜爱研究性的职业或情境，避免企业性的职业或情境。 2. 用研究的能力解决工作及其他方面的问题，即自觉、好学、自信，重视科学，但缺乏领导方面的才能。	科研人员 数学、生物方面的专家
艺术型A	具有复杂、想象、冲动、独立、直觉、无秩序、情绪化、理想化、不顺从、有创意、富有表情、不重实际的特征，表现为： 1. 喜爱艺术性的职业或情境，避免传统性的职业或情境。 2. 富有表达能力和直觉、独立、具创意、不顺从（包括表演、写作、语言)，并重视审美的领域。	诗人 艺术家
社会型S	具有合作、友善、慷慨、助人、仁慈、负责、圆滑、善社交、善解人意、善说服他人、理想主义等特征，表现为： 1. 喜爱社会型的职业或情境，避免实用性的职业或情境，并以社交方面的能力解决工作及其他方面的问题，但缺乏机械能力与科学能力。 2. 喜欢帮助别人、了解别人，有教导别人的能力，且重视社会与伦理的活动及问题。	教师 辅导人员
企业型E	具有爱冒险、有野心、独断、冲动、乐观、自信、追求享受、精力充沛、善于社交、追求知名度等特征，表现为： 1. 喜欢企业性质的职业或环境，避免研究性质的职业或情境，会以企业方面的能力解决工作或其他方面的问题。 2. 冲动、自信、善社交、知名度高、有领导与语言能力，缺乏科学能力，但重视政治与经济上的成就。	推销员 政治家 企业家

续表

类型	性格特点	适合职业
传统型 C	具有顺从、谨慎、保守、自控、服从、规律、坚毅、实际、稳重、有效率、缺乏想象力等特征，表现为： 1. 喜欢传统性质的职业或环境，避免艺术性质的职业或情境，会以传统的能力解决工作或其他方面的问题。 2. 喜欢顺从、规律，有文书与数字能力，并重视商业与经济上的成就。	出纳 会计 秘书
现实型 R	具有顺从、坦率、谦虚、自然、坚毅、实际、有礼、害羞、稳健、节俭的特征，表现为： 1. 喜爱实用性的职业或情境，避免社会性的职业或情境。 2. 用具体实际的能力解决工作及其他方面的问题，较缺乏人际交往方面的能力。 3. 重视具体的事务，如金钱、权力、地位等。	工人 农民 土木工程师

［单元四］ 价值观探索

目标：帮助成员了解影响职业规划的因素，让成员在思考和分享中得出自身的职业价值观。

活动内容与操作（表 3-6）：

表 3-6 “价值观探索”活动内容与操作

序号	目的	时间	内容
1	团队热身，活跃团队气氛。	约 20 分钟	我来说，你来做。 操作：两两面对面一组，双方各自双手伸平，与自己的掌心相对，一方的右手放置于对方双手之间，拍一下双手，看是否能打到对方的右手。两位伙伴任意举一下手，举手的人赋予另一人一个代号，如乌鸦。举手人代号是乌贼。接下来故事中会多次出现乌鸦、乌贼两个关键词，当出现乌鸦这个词的时候，代号为乌鸦的有权利打对方的手，而代号乌贼的设法躲避。当出现乌贼这个词时，代号为乌贼的有权利打对方的手，而代号乌鸦的设法躲避。 注意事项： （1）主动打的人只能原地打，不能离开原地追着对方打。 （2）打的人只能打手部，不能打对方的其他部位。 （3）躲避的人只能上下移动手，躲避的同时严禁反击。 故事的描述：从前，有一个动物园召开了一场奥林匹克运动会，所有的动物都参加了。在运动会上，乌鸦认识了很多的好朋友，其中有老虎、狮子、大象，还有乌贼。在运动会结束之后，它和乌贼成了一对好朋友，它们相约在周末一起去玩。有一天，乌鸦想起了好朋友的邀请，就准备出发，它飞呀飞，飞过了一片乌云，终于看到了一只乌龟，就问乌龟，乌贼的家住在什么地方？乌龟告诉它在大海的另外一边。于是，乌鸦继续向前飞呀飞，终于飞到了大海的另外一边，找到了它的好朋友乌贼，它们度过了非常快乐的一天！ 分享：教练组织成员谈一谈感受。

续表

序号	目的	时间	内容
2	让团队成员积极探索工作的好处，并初步形成属于自己的工作价值观。	约40分钟	工作为我们带来什么。 操作：所有成员围成一圈，教练引导成员一起探讨人们从工作中得到的好处，分享自己能想到的优点，积极大胆地在团队中发言。
3	让成员通过价值观排序和取舍的游戏，找出自己重视的工作价值观，了解个体工作价值观的差异。	约50分钟	工作价值观大排序。 准备：价值观排序练习。 操作： （1）教练给每位成员发一张“价值观排序练习”（练习3-3），让成员对自己的工作价值观进行排序。 （2）按5个人一个小组进行分组。 （3）思考排序和所选择的5种价值观对职业规划有什么影响。 分享与讨论： （1）通过这个活动，你对于自己的价值观有哪些了解？ （2）你的价值观会对你的职业选择和人生产生什么影响？
4	让成员确定自己的职业锚。	约10分钟	课后作业：完成职业锚测试问卷（练习3-4）。

练习3-3

价值观排序练习

（1）收入高。工作能够明显有效地改变自己的经济状况，将薪酬作为选择工作的重要依据。工作的目的或动力主要来源于对收入和财富的追求，并以此改善生活质量，显示自己的身份和地位。

（2）与自己兴趣和特长特别符合。以自己的兴趣和特长作为选择职业最重要的因素，能够扬长避短、趋利避害、择我所爱、爱我所选，可以从工作中得到乐趣、得到成就感。在很多时候，会拒绝做自己不喜欢、不擅长的工作。

（3）工作权力大。有较高的权力欲望，希望能够影响或控制他人，使他人照着自己的意思去行动；认为有较高的权力、地位会受到他人尊重，从中可以得到较强的成就感和满足感。

（4）工作自由独立。工作能有弹性，不想受太多的约束，可以充分掌握自己的时间和行动，自由度高，不想与太多人发生工作关系，既不想治人也不想治于人。

（5）能自我提高。工作能够给予受培训和锻炼的机会，使自己的经验与阅历能够在一定的时间内得以丰富和提高。工作能够提供平台和机会，使自己的专业和能力得以全面运用和施展，实现自身价值。

（6）人际关系融洽。将工作单位的人际关系看得非常重要，渴望能够在一个和谐、友好甚至被关爱的环境工作。

(7) 身心健康。工作能够免于危险、过度劳累，免于焦虑、紧张和恐惧，使自己的身心健康不受影响。

(8) 环境舒适。工作环境舒适宜人。

(9) 工作稳定。工作相对稳定，不必担心经常出现裁员和辞退现象，免于经常奔波找工作。

(10) 追求新意。希望工作的内容经常变换，使工作和生活显得丰富多彩，不单调枯燥。

上述10条职业价值观，请你进行排序，1代表最重视，10代表最不重视。

如果必须选择5种价值观，你会选择哪5种？为什么？

练习3-4

职业锚测试问卷

下面给出了40道问题，根据实际情况，从“A—F”中选择一项。

选“A”代表这种描述完全不符合自己的想法；

选“B”或选“C”代表自己偶尔或者有时这么想；

选“D”或选“E”代表自己经常或者频繁这么想；

选“F”代表这种描述完全符合自己的日常想法。

1. 我希望做我擅长的工作，这样我的内行建议可以不断被采纳。

A. 从不　B. 偶尔　C. 有时　D. 经常　E. 频繁　F. 总是

2. 当我整合并管理其他人的工作时，我非常有成就感。

A. 从不　B. 偶尔　C. 有时　D. 经常　E. 频繁　F. 总是

3. 我希望我的工作能让我用自己的方式，按自己的计划去开展。

A. 从不　B. 偶尔　C. 有时　D. 经常　E. 频繁　F. 总是

4. 对我而言，安定与稳定比自由和自主更重要。

A. 从不　B. 偶尔　C. 有时　D. 经常　E. 频繁　F. 总是

5. 我一直在寻找可以让我创立自己事业（公司）的创意。

A. 从不　B. 偶尔　C. 有时　D. 经常　E. 频繁　F. 总是

6. 我认为只有对社会作出真正贡献的职业才算是成功的职业。

A. 从不　B. 偶尔　C. 有时　D. 经常　E. 频繁　F. 总是

7. 在工作中，我希望去解决那些有挑战性的问题，并且胜出。

A. 从不　B. 偶尔　C. 有时　D. 经常　E. 频繁　F. 总是

8. 我宁愿离开公司，也不愿从事需要个人和家庭作出一定牺牲的工作。

A. 从不　B. 偶尔　C. 有时　D. 经常　E. 频繁　F. 总是

9. 将我的技术和专业水平发展到一个更具有竞争力的层次是成功职业的必要条件。

A. 从不　B. 偶尔　C. 有时　D. 经常　E. 频繁　F. 总是

10. 我希望能够管理一个大公司（组织），我的决策将会影响许多人。

A. 从不　B. 偶尔　C. 有时　D. 经常　E. 频繁　F. 总是

11. 如果职业允许自由地决定自己的工作内容、计划、过程时，我会非常满意。

A. 从不　B. 偶尔　C. 有时　D. 经常　E. 频繁　F. 总是

12. 如果工作的结果使我丧失了自己在组织中的安全稳定感，我宁愿离开这个工作岗位。

A. 从不　B. 偶尔　C. 有时　D. 经常　E. 频繁　F. 总是

13. 对我而言，创办自己的公司比在其他的公司中争取一个高的管理位置更有意义。

A. 从不　B. 偶尔　C. 有时　D. 经常　E. 频繁　F. 总是

14. 我的职业满足源自我可以用自己的才能去为他人提供服务。

A. 从不　B. 偶尔　C. 有时　D. 经常　E. 频繁　F. 总是

15. 我认为职业的成就感源自克服自己面临的非常有挑战性的困难。

A. 从不　B. 偶尔　C. 有时　D. 经常　E. 频繁　F. 总是

16. 我希望我的职业能够兼顾个人、家庭和工作的需要。

A. 从不　B. 偶尔　C. 有时　D. 经常　E. 频繁　F. 总是

17. 对我而言，在我喜欢的专业领域内做资深专家比做总经理更具有吸引力。

A. 从不　B. 偶尔　C. 有时　D. 经常　E. 频繁　F. 总是

18. 只有在我成为公司的总经理后，我才认为我的职业人生是成功的。

A. 从不　B. 偶尔　C. 有时　D. 经常　E. 频繁　F. 总是

19. 成功的职业应该允许我有完全的自主与自由。

A. 从不　B. 偶尔　C. 有时　D. 经常　E. 频繁　F. 总是

20. 我愿意在能给我安全感、稳定感的公司中工作。

A. 从不　B. 偶尔　C. 有时　D. 经常　E. 频繁　F. 总是

21. 当通过自己的努力或想法完成工作时，我的工作成就感最强。

A. 从不　B. 偶尔　C. 有时　D. 经常　E. 频繁　F. 总是

22. 对我而言，利用自己的才能使这个世界变得更适合生活或居住，比争取一个高的管理职位更重要。

A. 从不　B. 偶尔　C. 有时　D. 经常　E. 频繁　F. 总是

23. 当我解决了看上去不可能解决的问题，或者在必输无疑的竞赛中胜出，我会非常有成就感。

A. 从不　B. 偶尔　C. 有时　D. 经常　E. 频繁　F. 总是

24. 我认为只有很好地平衡了个人、家庭、职业三者的关系，生活才能算是成功的。

A. 从不　B. 偶尔　C. 有时　D. 经常　E. 频繁　F. 总是

25. 我宁愿离开公司，也不愿频繁接受那些不属于我专业领域的工作。

A. 从不　B. 偶尔　C. 有时　D. 经常　E. 频繁　F. 总是

26. 对我而言，做一个全面管理者比在我喜欢的专业领域内做资深专家更有吸引力。

A. 从不　B. 偶尔　C. 有时　D. 经常　E. 频繁　F. 总是

27. 对我而言，用我自己的方式不受约束地完成工作，比安全、稳定更加重要。

A. 从不　B. 偶尔　C. 有时　D. 经常　E. 频繁　F. 总是

28. 只有当我的收入和工作有保障时，我才会对工作感到满意。

1. 从不　2. 偶尔　3. 有时　4. 经常　5. 频繁　6. 总是

29. 在职业生涯中，如果我能成功地创造或实现完全属于自己的产品或点子，我会感到非常有满足感。

A. 从不　B. 偶尔　C. 有时　D. 经常　E. 频繁　F. 总是

30. 我希望从事对人类和社会真正有贡献的工作。

A. 从不　B. 偶尔　C. 有时　D. 经常　E. 频繁　F. 总是

31. 我希望工作中有很多机会，可以不断挑战我解决问题的能力（或竞争力）。

A. 从不　B. 偶尔　C. 有时　D. 经常　E. 频繁　F. 总是

32. 能很好地平衡个人生活与工作，比达到一个管理职位更重要。

A. 从不　B. 偶尔　C. 有时　D. 经常　E. 频繁　F. 总是

33. 如果在工作中能经常用到我的技巧和才能，我会感到特别满意。

A. 从不　B. 偶尔　C. 有时　D. 经常　E. 频繁　F. 总是

34. 我宁愿离开公司，也不愿意接受让我离开全面管理的工作。

A. 从不　B. 偶尔　C. 有时　D. 经常　E. 频繁　F. 总是

35. 我宁愿离开公司，也不愿意接受约束我自由和自主控制权的工作。

A. 从不　B. 偶尔　C. 有时　D. 经常　E. 频繁　F. 总是

36. 我希望有一份让我有安全感和稳定感的工作。

A. 从不　B. 偶尔　C. 有时　D. 经常　E. 频繁　F. 总是

37. 我梦想着创造属于自己的事业。

A. 从不　B. 偶尔　C. 有时　D. 经常　E. 频繁　F. 总是

38. 如果工作限制了我为他人提供帮助和服务，我宁愿离开公司。

A. 从不　B. 偶尔　C. 有时　D. 经常　E. 频繁　F. 总是

39. 去解决那些几乎无法解决的难题，比获得一个高的管理职位更有意义。

A. 从不　B. 偶尔　C. 有时　D. 经常　E. 频繁　F. 总是

40. 我一直在寻找一份能够尽可能减少个人和家庭之间冲突的工作。

A. 从不　B. 偶尔　C. 有时　D. 经常　E. 频繁　F. 总是

计分方法：

选 A 得 1 分，选 B 得 2 分，选 C 得 3 分，选 D 得 4 分，选 E 得 5 分，选 F 得 6 分。在 40 题中挑出 3 道得分最高的题，如果得分相同，挑出最感兴趣的题，在这 3 道题得分的后面再加 4 分。例如，第 40 题，得了 6 分，则该题应当加 4 分，变为 10 分。将每一题的分数填入表 3-7 中，然后按照“列”进行分数累加，得到一个分数，将每列总分除以 5 得到每列的平均分，填入表格。记住：在计算平均分和总分前，不要忘记将最符合日常想法的 3 项，额外加上 4 分。最终的平均分就是你的自我评价的结果，最高分所在列代表最符合你“真实自我”的职业锚。

表 3-7　职业锚测试计分表

类型	TF 型		GM 型		AU 型		SE 型		EC 型		SV 型		CH 型		LS 型	
加分项	1		2		3		4		5		6		7		8	
	9		10		11		12		13		14		15		16	
	17		18		19		20		21		22		23		24	
	25		26		27		28		29		30		31		32	
	33		34		35		36		37		38		39		40	
总分																
平均分																

职业锚类型说明：

TF 型：技术/职能型职业锚

如果你的职业锚是技术/职能型，你始终不肯放弃的是在专业领域中展示自己的技能，并不断把自己的技术发展到更高层次的机会。你希望通过施展自己的技能以获取别人认可，并乐于接受来自专业领域的挑战。你可能愿意成为技术/职能领域的管理者，但管理本身不能给你带来乐趣。你极力避免全面管理的职位，因为这意味着你可能会脱离自己擅长的专业领域。

GM 型：管理型职业锚

如果你的职业锚是管理型，你始终不肯放弃的是升迁到组织中更高的管理职位，这样你能够整合其他人的工作，并对组织中某项工作的绩效承担责任。你希望为最终的结果承担责任，并把组织的成功看作是自己的工作。如果你目前在技术/职能部门工作，你会将此看成积累经验的必需过程，你的目标是尽快得到一个全面管理的职位，因为你对技术/职能部门的管理不感兴趣。

AU 型：自主/独立型职业锚

如果你的职业锚是自主/独立型，你始终不肯放弃的是按照自己的方式工作和生活，并由自己来决定何时工作及如何工作。如果你无法忍受任何程度上的公司的约束，就会去寻找一些有足够自由的职业，如教育、咨询等。你宁可放弃升职加薪的机会，也不愿意丧失自己的独立自主性。为了能尽可能地自主和独立，你可能创立自己的公司，但你的创业动机与后面叙述的创业家的动机是不同的。

SE 型：安全/稳定型

如果你的职业锚是安全/稳定型，你始终不肯放弃的是稳定的职位。你希望有成功的感觉，这样才可以放松下来。你关注财务安全（如养老金和退休金方案）和就业安全。你对组织忠诚，希望以此换取终身雇佣的承诺。虽然你可以到达更高的职位，但你对工作的内容和在组织内的等级地位并不关心。任何人（包括自主/独立型）都有安全和稳定的需要，在财务负担加重或面临退休时，这种需要会更加明显。安全/稳定型职业锚的人总是关注安全和稳定问题，并把自我认知建立在如何管理安全与稳定上。

EC 型：创造/创业型职业锚

如果你的职业锚是创造/创业型，你始终不肯放弃的是凭借自己的能力和冒险愿望，扫除障碍，创立属于自己的公司或组织。你希望向世界证明你有能力创建一家企业，现在你可能在某一组织中为别人工作，但同时你会学习并评估未来的机会，一旦你认为时机成熟，就会尽快开始自己的创业历程。你希望自己的企业有非常高的现金收入，以证明你的能力。

SV 型：服务型职业锚

如果你的职业锚是服务型，你始终不肯放弃的是做一些有价值的事情，比如：让世界更适合人类居住，解决环境问题，增进人与人之间的和谐，帮助他人，增强人们的安全感，用新产品治疗疾病等。你宁愿离开原来的组织，也不会放弃对这些工作机会的追求。

CH 型：挑战型职业锚

如果你的职业锚是挑战型，你始终不肯放弃的是去解决看上去无法解决的问题，战胜强硬的对手或克服面临的困难。对你而言，职业的意义在于允许你战胜不可能的事情。有的人在需要高智商的职业中发现这种纯粹的挑战，例如仅仅对高难度、不可能实现的设计感兴趣的工程师。有些人发现处理多层次的、复杂的情况是一种挑战，例如战略咨询师仅对面临破产、资源消耗殆尽的客户感兴趣。

还有一些人将人际竞争看成挑战，如职业运动员，或将销售定义为非赢即输的销售人员。新奇、多变和困难是挑战的决定因素，如果一件事情非常容易，它马上会变得令人厌倦。

LS 型：生活型职业锚

如果你的职业锚是生活型，你始终不肯放弃的是平衡并整合个人的、家庭的和职业的需要。你希望生活中的各个部分能够协调统一向前发展，因此你希望职业有足够的弹性允许你来实现这种整合。你可能不得不放弃职业中的某些方面（例如，晋升带来的跨地区调动，可能打乱你的生活）。你与众不同的地方在于过自己的生活，包括居住在什么地方、如何处理家庭事务及在某一组织内如何发挥自己的才能。

[单元五] 脚踏实地有规划

目标：帮助成员进行初步的职业生涯规划，做出职业生涯规划表，鼓励成员在之后的学习中自觉总结和完善适合自身的职业生涯规划。

活动内容与操作（表 3-8）：

表 3-8 “脚踏实地有规划”活动内容与操作

序号	目的	时间	内容
1	团队热身，活跃团队气氛。	约 30 分钟	挑战 60 秒。 准备：卡片。 操作： （1）在直径 2 米的圆圈中放置 30 张代表 1—30 数字的卡片。 （2）每队有两次进场机会，每次进入圈中的时间为 60 秒。时间到，所有成员必须马上离开现场。 （3）在采集卡片信息时，只允许一名成员在圈内，只有绳圈内的成员能接触圈内的卡片，其他成员只能在圈外给予语言上的帮助。 （4）在 60 秒内，采集数字信息卡片且按照数字顺序交给站在圈边的教练确认，准确无误则胜出。 注意事项： （1）竞技场和准备场之间有 4 米距离。竞技场内有直径大约 2 米的圆圈，内有打乱的卡片。 （2）教练负责念规则，不负责提示。包括数字信息卡上是数字还是图片一律不能事先告诉成员。 （3）注意严格遵守时间规则。分三队两轮进行。每轮每队 60 秒。60 秒后立即回到准备场，超过 10 秒则取消竞技资格。

续表

序号	目的	时间	内容
2	让团队成员根据自身状况，做出职业生涯初步规划。	约45分钟	职业生涯初步规划。 准备：职业生涯初步规划（练习3-5）。 操作：请成员认真考虑后填写规划事项。 指导语：了解自己、认识自己对一生的规划很重要，请想一想自己的短期目标（1—3年）、中期目标（3—5年）和长期目标（5—10年）是什么，考虑一下自己想从事的工作，5人一组进行分享，也可以针对分享的内容提出合理化的建议。
3	让成员回顾团体辅导过程，总结收获和感悟。	约25分钟	团体辅导总结。 操作：全体成员围在一起，教练让每个人先谈一下自己在团体辅导过程中的感悟和收获，然后再用一句话分享自己参加团体辅导的感受。
4	互相表示感谢，见证彼此成长。	约10分钟	告别赠言。 准备：彩色卡纸。 操作：让大家选择自己喜欢的彩色卡纸，写上“留给XXX的祝福”，然后请团队其他成员在彩色卡纸上写下对自己的祝福。团队成员围成一圈分享自己卡片上的祝福，可以对送祝福的人进行提问，并表示真诚的感谢。
5	让团队成员对未来充满希望，对职业有信心。	约10分钟	合唱《我的未来不是梦》。 操作：全体成员一起站起来，跟着音乐合唱，结束团体辅导。

练习3-5

职业生涯初步规划

1. 我的特质是________________________________。
2. 我的工作价值观是________________________________。
3. 我最想要的工作是________________________________。
4. 我的短期目标是________________________________。
5. 我的中期目标是________________________________。
6. 我的长期目标是________________________________。
7. 我做规划的理由是________________________________。

专题四

时间管理——折叠朝暮入锦囊

名人诗句

及时当勉励，岁月不待人。

——陶渊明

案例导入

瓶子装水

在一次课堂上，教授在桌子上放了一个透明的宽口瓶子，然后又从桌子底下拿出一些正好可以放进瓶子里的鹅卵石。教授把鹅卵石放完后问班上的学生："你们说这个瓶子是不是满的?""是!"所有学生异口同声地回答道。"真的吗?"教授笑着问。然后再从桌子底下拿出一袋碎石子，把碎石子从瓶口倒下去，摇一摇，又加一些，又问学生："你们说，这个瓶子现在是不是满的?"这回学生不敢回答得太快。最后，班上有位学生怯生生地细声回答道："也许没满。""很好!"教授说完后，又从桌子底下拿出一袋沙子，慢慢地倒进瓶子里。倒完后，再问班上的学生："现在你们再告诉我，这个瓶子是满的，还是没满?""没有满……"全班同学这下学乖了，大家很有信心地回答道。"好极了!"教授再一次称赞这些"孺子可教"的学生们。而后，教授从桌子底下拿出一大瓶水，把水倒入看起来已经被鹅卵石、小碎石、沙子填满的瓶子里。这些事都做完之后，教授问班上的学生："你们从以上这些事情中得到什么重要的启示?"一阵沉默后，班上一位学生回答道："无论我们的工作多忙，行程排得多满，如果我们逼一下自己的话，还是可以多做些事的。"这位学生回答完后，心中很得意地想："这门课到底讲的是时间管理啊!"教授听到这样的回答后，点了点头，微笑着说："答案不错，但这并不是我要告诉你们的重要信息。"说到这里，教授故意停顿了一下，用眼睛向全班学生扫了一遍说："我想告诉各位的最重要的信息是，如果你不先将大的鹅卵石放进瓶子里，你就再也没机会把它们放进去了。"

点评：

我们的时间和精力有限，如同瓶子的容量，这个故事启发我们：合理安排时间，优先处理最重要的事，才能让生活更充实；先处理琐碎事务会占据大量时间，导致最重要的事情被忽视。

一、理论导读

学习中总有很多琐碎的事情会分散你的精力，甚至阻碍你的成功，你要做的就是分清哪些事情是“石块”，哪些事情是“沙子”。同样，对于工作中林林总总的事情，你需要按照重要性和紧急性的不同确定处理的先后顺序，只有这样才能把“鹅卵石”“碎石子”“沙子”“水”都放到“罐子”里去。生活又何尝不是如此呢？如果你不先把重要的事情做好，那些琐碎的事情就会占据你所有的时间。

时间对于每个人来说都是公平的，所以我们要抓住自己人生中的“大石块”，不让时间白白溜走。古人云：“一寸光阴一寸金，寸金难买寸光阴。”时间就是金钱，时间就是生命。因此，每个人都要考虑如何分清主次，把有限的时间用在最有生产力的地方，真正地管理好自己的时间。

时间是一种重要的资源，具有不变性、无存贮性、无替代性和无法失而复得性，但我们可以对其进行管理和使用。从心理学角度来定义，时间管理是个体在时间价值和意义认识的基础上，在活动与时间关系的监控和评价中所表现出来的心理及行为特征。通俗一点说，时间管理就是指在同样情况下，为提高时间的利用率和有效性而进行的控制工作。时间管理不是要把所有事情做完，而是要更有效地利用时间。时间管理不是完全掌控，而是降低变动性，时间管理最重要的功能是提醒与指引。

著名管理学家史蒂芬·R. 柯维为我们提出了关于时间管理的一个重要理论，即“四象限法则”。四象限法则是时间管理的有效方法之一，就是把工作按照重要程度和紧急程度进行划分，可以分为四个象限，如图 4-1 所示。

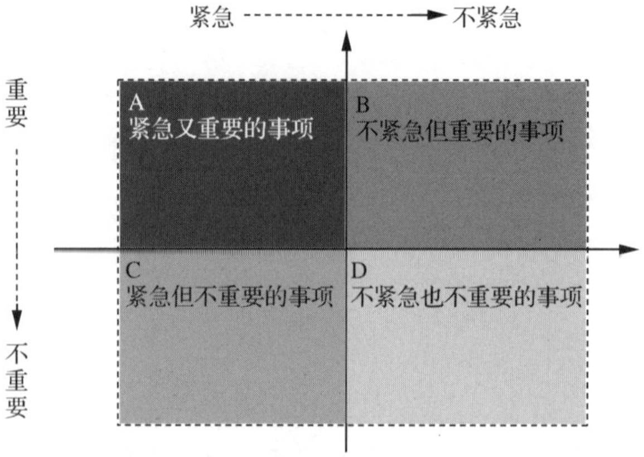

图 4-1　时间管理四象限矩阵

（一）A 象限：紧急又重要的事项

这一象限的事情要马上去做。这是考验我们的经验、判断力的时刻，也是可以用心耕耘的领域。事实上，很多重要的事都是因为一拖再拖或事前准备不足，而变得迫在眉睫；缺乏有效的工作计划会导致本来“重要但不紧急”的事情变成“重要又紧急”的事情，这也是传统思维状态下的管理者的通常状况，就是“忙”。

（二）B 象限：不紧急但重要的事项

这一象限的事情要有计划地去做。荒废这个领域将使 A 象限日益扩大，使我们陷入更大的压力之中。反之，多投入一些时间在这个领域将有利于提高实践能力，缩小 A 象限的范围。做好事先的规划、准备与预防措施，很多急事将无从产生。在四个象限中，B 象限的工作是最重要的，也是最体现时间管理质量的。这个象限的事情不会对我们造成催促压力，所以必须主动去做，这是发挥个人领导力的领域，更是区分低效管理者与卓越管理者的重要标志。因此，建议大家要把 80% 的精力投入该象限的工作，以使 A 象限的“急”事变少，不再瞎“忙”。

（三）C 象限：紧急但不重要的事项

这一象限的事情可以交给别人去做。因为这一象限迫切的呼声很容易让我们产生“这件事很重要”的错觉——实际上就算重要也是对于别人而言的。如果时间安排没有计划性，没有将事情按重要性进行排序，那么你就容易把一些紧急的事当成重要的事来处理，颠倒了主次。如果确认这项工作确实属于你的职责范围，也要尽最大能力将其转化为不紧急的事。值得注意的是，在划分 A 和 C 象限时要特别小心，紧急的事很容易被误认为重要的事，其实二者的区别就在于这件事是否有助于达成某种重要的目标，如果答案是否定的，便应归入 C 象限。

（四）D 象限：不紧急也不重要的事项

这一象限的事情尽量别做。不要为不紧急也不重要的事花费宝贵的时间与精力，如阅读令人上瘾的无聊小说、看毫无内涵的电视节目、办公室闲聊等，这些活动根本不值得花费半点时间。但我们往往在 A、C 象限来回奔走，忙得焦头烂额，不得不到 D 象限去疗养一番再出发。这部分活动倒不见得都是休闲活动，因为真正有创造意义的休闲活动是很有价值的。

事实上，在实际工作和学习中，所有的事情既有紧急程度的不同，也有重要程度的不同，事情与设定的目标吻合度越高就代表越重要，紧急程度的判断标准是事情完成的时间要求。我们在面对各种事情时，一定要结合自身的目标设定及身心状态来确定各种事情的象限归类，只有这样才能达到时间管理的最优化。

表 4-1 是对时间管理四象限内容做的汇总和思考。

表 4-1　时间管理四象限内容汇总

A 象限：紧急又重要的事项 处理方法：立即去做。 饱和后果：压力无限增大，产生危机。 原则：越少越好。很多 A 象限的事情之所以存在是因为它们在 B 象限时没有被很好地处理。 举例：有期限压力的计划、紧急的问题、工作危机。 思考：真的有那么多重要且紧急的事情吗？	B 象限：不紧急但重要的事项 处理方法：有计划地去做。 饱和后果：忙碌但不盲目。 原则：集中精力处理，做好计划，先紧后松。 举例：制订工作计划、改进工作效能、建立良好的人际关系。 思考：我能在无人监督的情况下，自觉完成这些重要的事情吗？
C 象限：紧急但不重要的事项 处理方法：交给别人去做。 饱和后果：忙碌且盲目。 原则：放权交给别人去做。 举例：不速之客来访、闲聊电话。 思考：我们如何尽量减少 C 象限的事？	D 象限：不紧急也不重要的事项 处理方法：尽量别做。 饱和后果：浪费生命。 原则：可以用来调节身心，但是一定不能沉溺于这个象限的事。 举例：无聊的事、盲目的事。 思考：我们在工作中是否有必要进入这个象限？

同时，列出成功人士和普通人士的四象限时间安排占比（图 4-2、图 4-3），供大家对比分析。

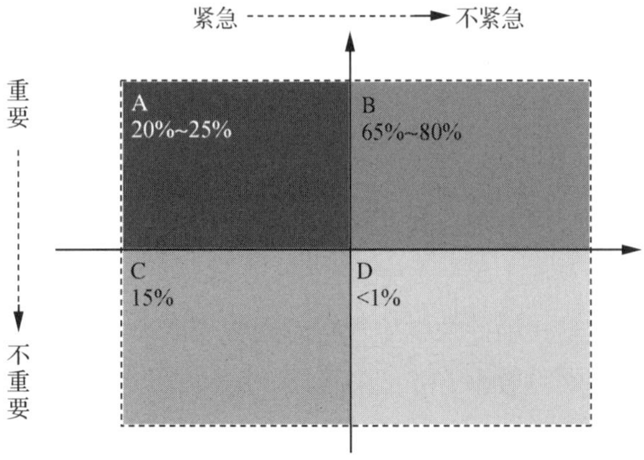

图 4-2　成功人士的四象限时间安排占比

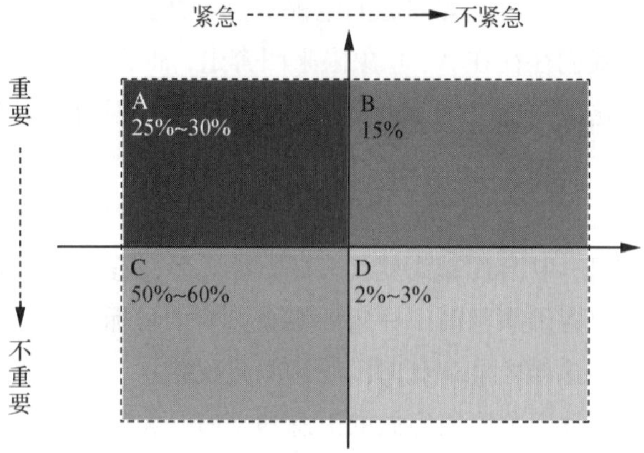

图 4-3　普通人士的四象限时间安排占比

二、团体设计

孔子曰："逝者如斯夫，不舍昼夜。"过去的时间就像手中的流沙，已随风逝去，无法追回，未来的时间我们又无法把握，能把握的只有当下。因此，我们需要进行时间管理。时间管理得好，你就是时间的主人；时间管理得好，你的生活品质就能得到提升；时间管理得好，你虽然是一个忙碌的人，但忙而有序，忙而有效。

因此，本次团体活动的主题设计就在于通过一系列任务，使成员认识到时间管理的重要性，协助成员提升自己的时间管理能力，使其可以更有效地工作、学习和生活。

（一）团体成员招募

本团体活动方案适合所有大学生，既可以作为大一新生入学教育环节的适应系列团体辅导活动，也可以通过小组招募的形式为想提高自己的时间管理能力、规划自己生活的大学生提供一定的帮助。

（二）团体心理辅导方案的设置

1. 团体名称

宣传名称：拾光。

学术名称：大学生时间管理成长团体。

2. 团体目标

本团体的整体目标是：辅导大学生进行时间管理能力训练，提高自我管控能力，改善自身时间分配，提高学习效率。

本团体的具体目标是：

（1）增强成员对时间的感知，提高成员的时间管理意识。

（2）引导成员发现自己在时间管理方面存在的问题和阻碍因素。

（3）激励成员积极探讨如何高效管理时间。

（4）让成员总结分享自己的收获和感受，帮助成员建立时间管理的信心。

3. 团体性质

本团体属于心理教育成长性团体，以发展成员的团队合作能力为目标；本团体属于半结构性团体，每次团体活动有明确的目标和方案，具体的团体活动可以在形式、难度系数等方面进行适度扩展；本团体是同质性团体，团体成员均为有提升时间管理能力意愿的在校大学生。

4. 团体活动时间和次数

本团体活动分为 5 个单元，每个单元 1—2 小时。建议每周 1—2 次。

5. 团体活动场所

团体辅导活动室或户外宽敞空阔的场地，具体以活动需要选择。

（三）团体领导者与团体成员

1. 团体领导者及其训练背景

团体领导者（教练）1 名，要求具有团体心理辅导、素质拓展或体育学等专业背景，以及团队建设活动经验。助理教练 1—2 名，要求参加过素质拓展训练并有活动组织经验，在团体活动前须接受教练的培训，提前熟悉团体活动的操作要点。

2. 团体成员

如果是新生班级，可以以班级为单位，一个班级作为一个团体。如果是小组招募，可以控制在 30 人左右，根据各单元活动任务分为不同的组别。

（四）团体活动方案设计

在活动方案设计上，先是通过热身活动使成员消除陌生感，拉近心理距离，引入主题；之后设计一系列任务活动，从时间的感知到时间管理意识的激发，再到高效时间管理的训练和拓展体验，使个体时间管理能力逐步提升(表 4-2)。

表 4-2 “拾光”团体活动方案设计

活动名称	活动目的	活动内容安排	预计时间
单元一 时间是什么	消除陌生感，使成员对时间有初步认识。	1. 谜语猜一猜。 2. 扮时钟。 3. 匆匆那年。 4. 争分夺秒。	1 小时
单元二 时间感知	感受时间，激发时间危机意识。	1. 感受 1 分钟。 2. 人生折纸。 3. 时间流水账。 4. 三分钟	1.5 小时

续表

活动名称	活动目的	活动内容安排	预计时间
单元三 做时间的主人	学会高效地掌握及分配时间。	1. 故事启迪。 2. 时间管理不佳的征兆。 3. 时间管理策略大放送。 4. 理想时间馅饼。 5. 时间管理合同。	1.5 小时
单元四 对拖延说“不”	克服拖延，提高时间自控能力。	1. 信任摔跤。 2. 你是哪种拖延类型。 3. 家族成员大聚会。 4. 拖延处理技巧对对碰。 5. 爱的大回环。	2 小时
单元五 拓展体验	巩固、深化对时间管理的认识，升华主题。	1. 抢时间。 2. 急速 60 秒。 3. 假如生命还有三天。 4. 生命年轮。 5. 告别拥抱。	2 小时

三、团体实施

[单元一] 时间是什么

目标：使成员对时间有初步认识。

活动内容与操作（表 4-3）：

表 4-3 “时间是什么”活动内容与操作

序号	目的	时间	内容
1	热身，引入主题。	约 10 分钟	谜语猜一猜。 准备：PPT、多媒体团体活动室。 操作：PPT 呈现伏尔泰的一段话，让大家猜一猜： 世界上哪样东西最长又是最短的， 最快又是最慢的， 最能分割又是最广大的， 最不受重视又是最值得惋惜的， 没有它，什么事情都做不成， 它使一切渺小的东西归于消灭， 使一切伟大的东西生命不绝。 ——伏尔泰 答案：时间。 讨论与分享： （1）从伏尔泰的话中，大家看到了时间有哪些特性？ （2）大家觉得时间是什么？没有时间意味着什么？ （3）对于时间，你有什么想对它说的话？ （4）分享自己和时间的一段故事。

续表

序号	目的	时间	内容
2	通过扮演时钟，训练反应能力和协调性，同时对时间有立体的体验。	约25分钟	扮时钟。 准备：白板、笔、长度不一的棍子。 操作： （1）在白板（或墙壁）上画一个大的时钟模型，并将时钟的刻度标识出来。 （2）3个成员一组分别扮演时钟的秒针、分针和时针，手上拿着3根长度不一的棍子或其他道具（代表时钟的指针）在时钟前面站成一纵列（扮演者看不到时钟模型）。 （3）当教练任意说出一个时刻，如10时25分4秒，3个扮演的成员要迅速将代表指针的道具指向正确的位置，错误的或反应慢的人被淘汰（注意淘汰成员的情绪和感受）。 （4）其他成员替补被淘汰的成员。 分享：通过活动体验，你对时间有没有新的认识？
3	感受时间、感受成长。	约15分钟	匆匆那年。 准备：自制个人成长手册、多媒体团体活动室、背景音乐。 操作：（1）播放《匆匆那年》背景音乐，分享个人成长手册，感受成长。 （2）讨论：时间对大家意味着什么？ 小结：时间是一只孤寂的沙漏，一点一点地漏掉我们静默的年华，剩下的是比年华更加静默的回忆。
4	进一步感受时间的意义和价值。	约10分钟	争分夺秒。 准备：《当你老了》沙画视频、多媒体团体活动室。 操作： （1）播放《当你老了》沙画视频。 （2）讨论：沙画中父母的形象在1分钟内变老，你有什么感受？ （3）教练指导语：1分钟有时很无聊，1分钟有时很无奈，1分钟有时也很精彩。1分钟对你意味着什么？在1分钟里，你能做些什么？ （4）头脑风暴、讨论分享。 延伸举例：因为1分钟，一位乘客刚刚延误了登机；因为1秒钟，一位幸运儿刚刚死里逃生；因为1毫秒，一位运动员刚刚与金牌失之交臂。 小结：生命是由每分每秒组成的，热爱生命就要从珍惜每分每秒开始。利用好每一分钟，在有限的时间里创造出其应有的价值。

［单元二］ 时间感知

目标：进一步感受时间及其价值。

活动内容与操作（表4-4）：

表4-4 “时间感知”活动内容与操作

序号	目的	时间	内容
1	热身，同时让成员真真切切地感受1分钟	约10分钟	感受1分钟。 准备：嘀嗒声音频、多媒体团体活动室、秒表。 操作： （1）全体成员先单脚站立，教练喊“开始”，成员闭上眼睛，静听嘀嗒声。 （2）到声音结束为止，全体成员感受刚才过了多长时间。 讨论分享：体验1分钟的感受。

续表

序号	目的	时间	内容
2	帮助成员认识时间的稀缺和宝贵。	约 25 分钟	人生折纸。 准备：印有 1—100 刻度的纸条。 操作： （1）分发印有 1—100 刻度的纸条给成员。 （2）教练指导语：上天分配给每个人的时间是绝对公平的，有时候你会觉得“光阴似箭”，有时候你会觉得“度日如年”。在我们的学习和生活中，认识时间、把握时间、科学管理好时间非常重要。那么，我们可以管理的时间到底有多少呢？现在我们来折算一下。假设我们的人生有 100 年，你手上的长纸条代表你长长的一生。 第一步：按照你的年龄，假如 18 岁，请将 18 个格子折到后面去，因为这些时间已经逝去。 第二步：目前我国居民人均寿命约为 77 岁，所以请再折下去 23 个格子。 第三步：一天 24 个小时中假设我们睡觉 8 个小时，三餐合计 1 个小时。休闲运动、坐车走路、聊天交友等每天算 3 个小时，现在合计每天有 12 个小时不能用于工作和学习，请将余下的时间对折。 第四步：另外一些如个人爱好占用的时间，周六、周日、节假日、寒暑假等休息的时间，无聊或拖延的时间，请根据自己的情况折下去。 现在，请看看我们手中所剩下的可利用的时间还有几年。 讨论与分享：原来那么长的纸条，被折成这么短，你心里是什么感受？有没有后悔自己曾浪费时间，没有好好利用？（具体说说）面对如此有限的时间我们接下来应该怎么做？ 小结：100 年看起来很长，但是其实我们真正用来学习和工作能产生价值的时间只有这么一点点，因此，面对如此有限的时间，我们需要对其进行有效的管理。
3	帮助成员进一步审视自己使用时间的情况。	约 30 分钟	时间流水账。 准备：“我的时间流水账”练习纸（练习 4-1）。 操作： （1）给每位成员发一张“我的时间流水账”练习纸。 （2）让大家根据实际情况填写。 （3）分析自己使用时间的情况，并在小组内分享感受。
4	激发成员产生时间紧迫感。	约 25 分钟	三分钟。 准备：短片《三分钟》（陈可辛导演）、 计时器。 操作： （1）观看短片《三分钟》。 思考：假如和家人相逢的时间只有 3 分钟，你会怎么过？ （2）3 分钟计时小组交流。 （3）集体分享。 小结：时不我待，分分秒秒的时间就是分分秒秒的生命，时间管理的本质就是生命管理。 

练习 4-1

我的时间流水账

单位：小时

事情	每天花费时间	每周花费时间	备注
睡眠（包括午睡）			
吃饭（每日三餐）			
个人卫生（洗漱、上卫生间、洗澡等）			
上课			
上网			
阅读书籍、报纸杂志			
运动、锻炼			
娱乐（看电视等）			
社团和社会工作			
朋友聚会（聊天等）			
打电话、发短信			
兼职工作			
其他			
合计	24	168	

做完流水账后，你的发现是：

［单元三］做时间的主人

目标：学习时间管理策略，提高时间管理能力。

活动内容与操作（表 4-5）：

表 4-5 “做时间的主人”活动内容与操作

序号	目的	时间	内容
1	用故事启迪时间管理的必要性和重要性。	约 5 分钟	故事启迪。 准备：时间管理小故事（知识链接 4-1）。 操作： （1）呈现故事。 （2）小组讨论：分享阅读时间管理小故事后的感受。

续表

序号	目的	时间	内容
			小结：我们每个人都有这样一个银行，那就是“时间银行”。每天早上它总会为你在账户里存入86400秒。一到晚上，就会自动把你当日虚度的光阴全数注销，没有分秒可以结转到明天。可见，我们每个人每天的时间是一样的，如何利用时间却千差万别。良好的生活和学习习惯首先要从珍惜时间、学会管理时间开始！
2	发现时间管理上存在的问题，共同探讨解决途径。	约15分钟	时间管理不良的征兆。 准备：“时间管理不良的征兆”自查练习纸（知识链接4-2）。 操作： （1）分发“时间管理不良的征兆”自查练习纸，让成员自查。 （2）交流自己具体的时间管理不良征兆，小组讨论解决措施。 （3）集体分享与总结。
3	深入学习并掌握时间管理的规律、方法。	约30分钟	时间管理策略大放送。 准备：PPT、多媒体团体活动室。 操作： （1）学习有关时间管理理论（知识链接4-3）。 （2）头脑风暴：除上述策略外，各成员就时间管理策略进行头脑风暴，集思广益。例如，利用记事簿、日历等工具来协助自己做好时间管理等。 总结与分享：大家集体分享，教练总结。
4	让成员思考理想生活的时间安排，确定时间管理的具体目标和改变途径。	约30分钟	理想时间馅饼。 准备：“理想时间馅饼”练习纸（练习4-2）。 操作： （1）发给每位成员“理想时间馅饼”练习纸。 教练指导语：你可曾想过每天忙碌的生活里，你理想的时间安排应该是什么样子的？假如我们把一天的时间当成一块大馅饼，这块大馅饼中有目前生活中的读书、学习、睡眠、社团活动、朋友聊天、休闲活动、用餐、独处等每项活动所花费的时间。小组讨论： ①你对自己目前使用时间的情形满意吗？ ②在你的理想中，应该怎样使用时间？ ③你希望能花更多的时间做什么？ ④你希望减少做哪些事的时间？ ⑤你想要去做却一直还未去做的三件事是什么？ 将自己期待的时间安排填入“理想时间馅饼”里。 （2）小组分享自己的“理想时间馅饼”并讨论： ①你理想中的时间安排与现实的时间使用情况有哪些不同？ ②你将采取哪些行动来改变你目前的时间使用情况，让它更接近你理想中的生活？ （3）全体交流分享： ①你在认真了解了自己使用时间的情况，并了解了其他同学的时间分配后，是否想要调整一下自己的生活步调？ ②在你理想的生活安排中，哪些是你生活的重心？ ③对于学业、社团、亲情、爱情，你将如何排出轻重缓急，分配你的时间，让你的大学生活充实愉快、收获良好？

续表

序号	目的	时间	内容
5	通过仪式感，督促成员将时间管理付诸行动。	约 10 分钟	时间管理合同。 准备：“时间管理合同”练习纸（练习 4-3）。 操作： （1）每人分发“时间管理合同”练习纸。 （2）全体成员集体写下时间管理合同，集体承诺有效管理时间。

知识链接 4-1

时间管理小故事

（一）三只钟的故事

一只新组装好的小钟放在两只旧钟当中，两只旧钟“嘀嗒、嘀嗒”一分一秒地走着。其中一只旧钟说：“来吧，你也该工作了。可是我有点担心，你走完 3200 万次以后，恐怕便吃不消了。”“天哪！3200 万次。”小钟吃惊不已，“要我做这么大的事？办不到，办不到。”另一只旧钟说：“别听他胡说八道。不用害怕，你只要每秒‘嘀嗒’摆一下就行了。”“天下哪有这样简单的事情。”小钟将信将疑，“如果这样，我就试试吧。”小钟很轻松地每秒“嘀嗒”摆一下，不知不觉中，一年过去了，它摆了 3200 万次。

启示：

（1）把握现在，不要一味地懊悔昨天发生的事，更不必过分忧虑未来，重要的是把精力集中在今天要干的事情上，如此，才能改变你的现状。

（2）每个人都希望梦想成真，成功却似乎远在天边，遥不可及，倦怠和不自信让我们怀疑自己的能力，放弃努力。其实，我们不必想以后的事，比如一个月甚至一年之后的事，只要想着今天我要做些什么，明天我该做些什么，然后努力去完成，就像那只小钟一样，每秒“嘀嗒”摆一下，成功的喜悦就会慢慢浸润我们的生命。

（二）时间布

彼得是个 9 岁的小男孩，他总是痛恨时间过得太慢。他日夜祈祷，希望时间快点过去，而且最好是跳过去，省略掉他可能面对的所有困难，比如说考试。

于是有一天，一位白胡子老头出现在他的面前，拿出一卷布和一枚针，告诉他：“孩子，你渴望能够自己选择时间。现在，我把属于你的时间交给你，你自己选择吧。”

时间布的样子很平常，只不过每隔一米就标上了年龄，从一岁到两岁，再到十岁、二十岁……一直到生命的尽头。时间布的用法也很简单，只需要一枚针，把想省略的时间缝起来就可以了。只是，缝好的布永远都不能再打开了，时间布是很容易起皱的。

彼得得到了时间布，他很兴奋。应该省略哪一天呢？当然是明天，因为明天要考试。他拿起针，缝起了明天。于是，他站在了操场上和同学们一起追逐一个足球。

明天已经过去了，这是后天了，该死的考试已经和明天，啊不，应该是昨天一起缝进时间布里了。彼得得意万分。之后呢，应该把这一学期都缝上，可以直接到暑假；应该把做功课的时间都缝上，可以一直玩下去。因为打碎了窗子的玻璃，母亲责备了彼得。唉，当一个孩子可真不容易，算了，把童年、少年时代都缝起来，把那些讨厌的唠叨和无休无止的功课都缝起来。这样，他直接成了一个青年。在这一年里，家里发生了很大的变故，母亲去世了，只剩下一个孤零零的他。把孤独和贫穷都缝起来吧，把奋斗也缝起来吧，这样在几年后，他成了一个商人，金钱像流水一样向他涌来。可是，这太慢了，彼得拿起针，还在不停地缝下去、缝下去，他要钱，他要更多的钱……这样，时间布缝到了尽头，彼得发现自己成了一个老人，老得已经拿不动针了。

这一生就这样过去了吗？是的，白胡子老头已经说过，时间布既然缝上了就不能再打开了，因为它很容易起皱。

启示：我们总觉得一生中最美的风景是在前面，于是匆匆赶路。就这样一路风尘，我们遗漏了多少属于自己的记忆，而时间布打开后就不能再合上，缝合上了就再也不能拆开。

知识链接 4-2

时间管理不良的征兆

你是否有时间管理不良的征兆？看看以下这些问题：

1. 你是否同时在进行几项工作，但似乎无法全部马上完成？
2. 你是否因为顾虑其他的事，而无法集中精力来做目前的事？
3. 如果工作被中断，你是否会特别生气？
4. 你是否每天回宿舍（或回家）都累得筋疲力尽，但又觉得好像没做完什么事？
5. 你是否觉得老是没有时间作运动或者休闲，甚至只是随便玩玩也没空？

对于以上问题，只要有两个回答“是”的话，那你的时间管理就出了问题。

知识链接 4-3

时间管理的十一条金律

金律一：要和你的价值观相吻合

你一定要确立个人的价值观。时间管理的重点不在于管理时间，而在于如何分配时间。你永远没有时间做每件事，但你永远有时间做对于你来说最重要的事。

金律二：设立明确的目标

时间管理的目的是让你在最短时间内实现更多你想要实现的目标；你必须把今年的

4—10个目标写出来，找出一个核心目标，并按重要性对它们进行排序，然后依照你的目标设定一些详细的计划，对于你来说，最关键的就是依照计划执行。

金律三：改变你的想法

当你有了动机，迅速踏出第一步是很重要的。不要想立刻推翻自己的整个习惯，只需强迫自己现在就去做你所拖延的某件事。

金律四：遵循“二八定律”

花最多时间做最重要但不是最紧急的事，而一般人通常都是做最紧急但不重要的事。

金律五：安排“不被干扰”的时间

每天至少要保证有半个小时到1个小时的时间是“不被干扰”的。假如你每天能有1个小时的时间完全不受任何人干扰，你在这1个小时里待在自己的空间里思考或者工作，这1个小时的工作成果可能抵得上你1天的工作成果，有时甚至比你3天的工作成果还要好。

金律六：严格规定完成期限

诺斯科特·帕金森在其所著的《帕金森法则》一书中写下了这样一句话：“你有多少时间完成工作，工作就会自动变成需要那么多时间。”如果你有一整天的时间可以做某项工作，你就会花一整天的时间去做它；而如果你只有1个小时的时间可以做这项工作，你就会更迅速有效地在1个小时内做完它。

金律七：记好时间日志

你花了多少时间做了哪些事情，把它们详细地记录下来，早上出门（包括洗漱、换衣、早餐等）花了多少时间，搭车花了多少时间，把每天花的时间一一记录下来，你会清晰地发现浪费了哪些时间。这和记账是一个道理。只有找到了浪费时间的根源，你才有办法去改变。

金律八：理解时间大于金钱

用你的金钱去换取别人的成功经验，一定要抓住一切机会向顶尖人士学习。仔细选择你接触的对象，因为这会节省你很多时间。假设与一个成功者在一起，他花了40年时间成功，你跟10个这样的人交往，你就浓缩了400年的经验。

金律九：学会列清单

把自己要做的每一件事情都写下来，这样做能让你随时都清楚自己手头的任务。不要轻信自己可以用脑子把每一件事情都记住。

金律十：同类事情最好一次把它们做完

假如你在做纸上作业，那段时间就都做纸上作业；假如你在思考，用一段时间只做思考。当重复做一件事情时，熟能生巧，效率一定会提高。

金律十一：用每分每秒做最有效率的事情

你必须思考一下哪几件事情是对你最有效率的，列出来，分配时间把它们做好。

6 点优先工作制

该方法是效率大师艾维·利在向美国一家钢铁公司提供咨询时提出的，它使这家公司用 5 年的时间，从濒临破产一跃成为当时全美最大的私营钢铁企业，艾维·利因此获得了 2.5 万美元咨询费，故管理界将该方法喻为“价值 2.5 万美元的时间管理方法”。

这一方法要求把每天所要做的事情按重要性排序，分别从“1”到“6”标出 6 件最重要的事情。每天一开始，先全力以赴做好标号为“1”的事情，直到它被完成或被完全准备好，然后再全力以赴做标号为“2”的事，依此类推。

艾维·利认为，一般情况下，如果一个人每天都能全力以赴地完成 6 件最重要的事情，那么他一定是一位高效率人士。

帕累托原则

帕累托原则又名二八定律，这是由经济学家维尔弗雷多·帕累托提出的。其核心内容是生活中 80% 的结果几乎源于 20% 的活动。比如，总是那 20% 的客户给你带来了 80% 的业绩，可能创造了 80% 的利润；世界上 80% 的财富被 20% 的人掌握着，世界上 80% 的人只分享了 20% 的财富。因此，要把注意力放在 20% 的关键事情上。

根据这一原则，我们应当对要做的事情分轻重缓急，进行如下排序：

A. 重要且紧急（如救火、抢险等）——必须立刻做。

B. 重要但不紧急（如学习、做计划、与人谈心、体检等）——只要没有前一类事的压力，应该当成紧急的事去做，而不是拖延。

C. 紧急但不重要（如有人因为打麻将“三缺一”而紧急约你、有人突然打电话请吃饭等）——只有在优先考虑了重要的事情后，再来考虑这类事。人们常犯的毛病是把“紧急”当成优先原则，而不是把“重要”当成优先原则。其实，许多看似很紧急的事，拖一拖，甚至不办，也无关大局。

D. 既不紧急也不重要（如娱乐、消遣等）——有闲工夫再说。

麦肯锡 30 秒电梯理论

麦肯锡公司曾经得到过一次惨痛的教训。该公司曾经为一个重要的客户做咨询，咨询结束的时候，麦肯锡的项目负责人在电梯间里遇见了对方的董事长，该董事长问麦肯锡的项目负责人：“你能不能说一下现在的结果呢?”由于该项目负责人没有准备，即使有准备也无法在电梯运行的 30 秒内把结果说清楚，最终麦肯锡失去了这一重要的客户。从此，麦肯锡要求公司员工要在最短的时间内把事情的结果表达清楚，凡事要直奔主题、直奔结果。麦肯锡认为，一般情况下人们最多能记住“一二三”，记不住“四五六”，所以凡事要归纳在三条以内。这就是如今在商界流传甚广的“30秒电梯理论”或称“电梯演讲”。

办公室美学

秩序是一种美。均匀、对称、平衡和整齐的事物能给人一种美感。简洁就是速度，条理就是效率。简洁和条理也是一种美，是一种办公室的美学、工作的美学。

我们应当养成如下良好习惯：

物以类聚，东西用毕，物归原处；

不乱放东西；

把整理好的东西编上号，贴上标签，做好记录；

好记性不如烂笔头，要勤于记录。

处理文件的三个环节：

第一，迅速回复。

第二，迅速归档，以免文件弄乱或弄丢。

第三，及时销毁。没用的文件要及时处理掉，以免继续浪费空间和时间。

连续分段时间管理法

连续分段时间管理法是一种时间法则，简单地说，就是先区别各种工作时间的性质，然后按“连续—分段—连续—分段”的组合公式进行处理。如此便能充分利用间隔或空当的时段，创造出更多可供利用的时间。

这种时间法则和农业上的“间作套种”的原理非常相似。“间作套种”是一种科学的种植方法。在长期的种植过程中，人们发现如果连续种植同一种作物，由于同一种作物需要相同的养分，土地的肥力会越来越差，从而产量也会越来越低。如果套种其他的作物，那么这两种作物的产量都会提高。我们也可以应用这种方法提高效率。为了防止在工作中出现疲劳感而减慢工作进度，我们可以经常改变工作方式，变换工作地点，或者几种工作互相交叉同时进行，使我们的大脑总是处在新鲜信息的刺激下。这样，我们就可以持续高效地工作。

时间管理目标设定——SMART原则

S代表具体（Specific）：用具体的、明确的语言清晰地说明要达成的行为标准。

M代表可度量（Measurable）：目标是可量化或质化的，应该有明确的数据。

A代表可实现（Attainable）：目标是基于现实的并具有一定的挑战性。

R代表相关（Relevant）：实现此目标与其他目标的关联。

T代表时限（Time-bound）：目标的达成是有时间限制的。

练习 4-2

理想时间馅饼

以大圆代表一天的24个小时，请根据你一天的平均活动状况，将理想的时间安排按比例在圆内画出，使之符合个人时间安排期望。

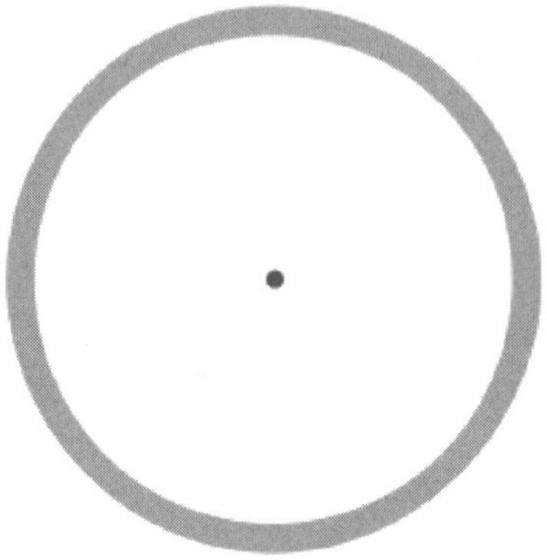

做完这个练习，你的发现是：

练习 4-3

时间管理合同

我（名字）________，决定从此以后有效管理时间，因为这样做会给我带来如下好处：____。

在日常生活中，我会用这一方法来管理时间，并严格执行。我会遵守自己的承诺，做一个说话算数的人。

我会邀请支持我的人（名字）________来监督我。当我能如实地兑现自己的诺言时，我会用（激励自己的东西）________奖励自己。

承诺人：

______年______月______日

［单元四］对拖延说“不”

目标：通过克服拖延训练，消除时间管理阻碍因素，进一步提升时间管理能力和信心。

活动内容与操作（表4-6）：

表4-6 “对拖延说‘不’”活动内容与操作

序号	目的	时间	内容
1	热身，活跃气氛。	约10分钟	信任摔跤。 准备：安全厚垫。 操作：一名同学在安全区域内自由歪倒，其他成员给予支持，确保安全，增加成员之间的信任。
2	提高对拖延特点的认知，了解拖延的种类。	约20分钟	你是哪种拖延类型。 准备：“拖延行为自查”测试纸（练习4-4）、若干空白纸板、彩笔。 操作： （1）进行拖延行为自查小测试。 （2）了解拖延的种类，讨论并分享。 教练指导语：现在告诉大家，在拖延的世界里有五大家族（知识链接4-4），分别是……大家思考并谈一谈自己属于哪一家族的成员，或者是不为人知的第六家族中的成员，又或者是与多个家族都有联系。 （3）分享结束以后，教练让成员按照不同的家族种类分成几个组。分组的多少要根据人数和家族种类的多少而定。 （4）每个家族选出自己的族长，在空白纸板上绘制自己家族的徽章，并写上每个家族克服拖延的口号。 （5）家族分享，格式为“我是……家族，我们的族长是……我们立志克服拖延，我们的口号是……”。
3	了解拖延的原因，分享拖延对自身的影响，探讨拖延的解决方法。	约40分钟	家族成员大聚会。 准备：A4纸、笔。 操作： （1）根据上一轮的分组，给每个组的每位成员发一张A4纸，要求每个成员完成自己的家族名片。 具体要求：每位成员在A4纸的中央写上在拖延家族中的名字。写完以后，在名字的左侧写出自己是如何归入这个家族中的，至少写出三点（即什么原因造成了拖延）；在名字的右侧写出自己在这个家族中快乐和不快乐的事情（即拖延带给自己的益处和苦恼）；在名字的上方写出苦恼是如何解决的（即自己克服拖延的方法）；在名字的下方写出自己所在的拖延家族中成员的共同点是什么，自己的独特之处是什么。 （2）大家都写完后，每个家族由族长带领成员分享自己的名片，在分享的过程中族长要将大家的分享分类整理。 （3）大家都分享结束后，小组成员回归集体，然后由每个家族的族长介绍自己的家族，包括家族成员的组成、家族的成因、大家的欢乐与苦恼、处理方法等。 （4）族长介绍完后，让每位成员谈一下自己在本轮活动中的感受。 （5）最后，教练总结活动。

续表

序号	目的	时间	内容
4	学习拖延应对技巧。	约 30 分钟	拖延处理技巧对对碰。 准备：写好 A/B 拖延处理技巧实例的 12 对纸板。 操作： (1) 由教练和助理教练同时呈现 2 块标有 A/B 拖延处理技巧实例的纸板（知识链接 4-5）。 (2) 让大家讨论辨别哪个技巧好，为什么。 (3) 教练总结拖延处理技巧。 例如，这是告诉我们：要克服拖延，应确立一个可操作的目标（可观察的、具体而实在的），而不是模糊而抽象的目标。 小结：你能够做出自己的选择。你可以拖延，你也可以行动。即便在你心里不舒服的时候，你也可以行动。你可以从学习、成长和挑战自己中获得快乐，不必等到完美之后才觉得自己具有价值。
5	互相做一个行动的支持者，彼此分享成长。	约 20 分钟	爱的大回环。 准备：彩色纸、笔。 操作： (1) 给每位成员发一张边长 5 厘米的正方形彩色纸，让成员在纸上写下克服拖延的时间计划和自己的名字。 (2) 折成纸飞机，然后抛入空中，起航。 (3) 每位成员收到一个降落后的纸飞机，替成员好好保管，并默默地在生活中给予对方支持。 (4) 一段时间后再看是否实现，并交流心得。

练习 4-4

拖延行为自查

请根据实际情况进行判断，符合你自身情况的记 1 分，不符合的记 0 分。

1. 上课或赴约时，我总是掐点才到甚至迟到。
2. 我经常不能及时归还借来的东西。
3. 我很少利用课间时间来做作业或练习。
4. 我常会在最后期限到来之前拼命地赶任务。
5. 当考试期限逼近时，我常发现自己仍在忙复习以外的杂事。
6. 要参加一个重要会议时，我总是当天早上匆忙现找要穿的衣服和要带的东西。
7. 总觉得时间还有，不必着急。
8. 别人怎么催，我也不为所动，习以为常了。
9. 我做一件事情之前总是要先磨蹭一会儿才开始干。
10. 写作业时我经常边吃零食边写。
11. 到任务最后期限时经常自我安慰：还来得及，不行就通宵赶工。
12. 总会出现这种情况：忙了半天，最紧要的事没做。
13. 总是“伪加班”，八九点能做完的事，却拖到很晚才做完。

14. 遇到困难时我总想着：明天再说吧。

15. 我常会过高地估计自己在指定时间内能完成的工作量。

测验结果分析：

1—4 分：轻度拖延。还在可控范围，但是要当心了！快点找到原因，将拖延症扼杀在萌芽中。

5—11 分：中度拖延。拖延可能已经成为你的一种习惯，改变要从现在做起。马上制订“摆拖”计划，严格执行吧！

12—15 分：重度拖延。建议参加团体成长辅导或向专业机构求助，重新审视和自我定位，改变需要大量的毅力和耐力！仅凭自身力量已经不够，请家人协助督促会有更好的效果。

知识链接 4-4

拖延五大家族

第一家族，小丑家族。这类族人的特点是将拖延经历作为笑料，他们会拿最近赶时间的戏剧性经历娱乐朋友，担心放弃拖延让自己失去个性和风趣。

第二家族，好人家族。这类族人的特点是帮助他人，失去自己。他们把照顾好别人作为自己生活的目标和价值，对待自己的事情却一拖再拖，牺牲所有业余时间以感觉自己被需要。

第三家族，万事通家族。这类族人的特点是无所不知，万事了解。他们想让自己看起来无所不知，从政治、哲学、技术到手工篮子的编织，忘记自己的本职工作，花费大量的时间沉溺于网络、下载资料。

第四家族，超人家族。这类族人的特点是最后关头拯救世界。他们制造了最后关头大难临头的局面，希望能扮演使世界转危为安的英雄角色，让奇迹般的解决方案使自己与众不同。

第五家族，白板家族。这类族人的特点是不清不楚，没有目标。他们不了解自己，也不知道自己想要什么，把拖延这个事实掩盖起来，为最后期限而忧心忡忡，充满焦虑，以此来填补内心的空白。

知识链接 4-5

拖延处理技巧

1. 确立一个可操作的目标（可观察的、具体而实在的），而不是模糊又抽象的目标。

A："我要停止拖延。"

B："我要在9月1日之前打扫和整理我的车库。"

2. 设定一个务实的目标。不要异想天开，要从小事做起。不要过于理想化，要选择一个自己能接受的程度最低的目标。

A："我绝不再拖延!"

B："我会每天花1个小时的时间学习英语。"

3. 将你的目标分解成小而具体的迷你目标。每一个迷你目标都要比大目标容易达成，迷你目标可以累积成大目标。

A："我打算要写那份报告。"

B："今晚我将花半个小时设计表格，明天我将花另外半个小时把数据填进去，后天我将根据那些数据花1个小时将报告写出来。"

4. 现实地（而不是按照自己的愿望）对待时间。问自己："这个任务事实上将花去我多少时间？我真正能抽出多少时间投入其中?"

A："明天我有充足的时间去做这件事。"

B："我最好看一下我的日程表，看看我什么时候可以开始做。上次那件事所花的时间超出了我的预期。"

5. 只管开始做！不要想一下子做完整件事，每次只要迈出一小步。

A："我一坐下来就要把事情做完。"

B："我可以采取的第一个行动是什么?"

6. 利用接下来的15分钟。你只有通过一个又一个15分钟才能完成一件事情。因此，你在15分钟时间内所做的事情是相当有意义的。

A："我只有15分钟时间了，何必费力去做呢?"

B："在接下来的15分钟时间里，这件事的哪个部分我可以上手去做呢?"

7. 为困难和挫折做好心理准备。当你遭遇第一个（或者第二个、第三个）困难时，不要放弃。困难只不过是一个需要你去解决的问题，它不是你个人价值或能力的反映。

A："老师不在办公室，所以我没办法写论文了。我想去看场电影。"

B："虽然老师不在，但是我可以在他回来之前列出论文提纲。"

8. 可能的话，将任务分派出去（甚至抛弃不管）。你真的是能够做这件事的唯一人选吗？这件事真有必要去做吗?

A："我是唯一可以做好这件事的人。"

B："我会给这件事找个合适的人来做，这样我就可以去做更重要的事了。"

9. 保护你的时间。学会说"不"，不要去做额外的或者不必要的事情。为了做重要的事情，你可以对“紧急”的事情置之不理。

A：“我必须对任何需要我的人有求必应。”

B：“在工作的时候，我没必要接听电话。我会收看留言，然后在我做完事情后再回电。”

10. 留意你的借口。不要习惯性地利用借口来拖延，而要将它看成再做15分钟的一个信号，或者把你的借口作为完成一个步骤之后的奖励。

A：“我累了（抑郁了/饿了/很忙/很烦），我以后再做。”

B：“我累了，所以我将只花15分钟写论文，接下来我会小睡片刻。”

11. 奖励你一路上的进步。将奖励聚焦于你的努力，而不是结果。小心非此即彼的思维方式：你可以说杯子是半空的，也可以说它是半满的。

A：“除非我全部完成，否则我就会感觉哪里不对。”

B：“我已经进行了几步，而且我做事非常努力，这感觉很好。现在我打算去看一部电影。”

12. 将拖延看成一个信号。停下来问自己：“拖延传递给我的是什么信息?”

A：“我又在拖延，我恨我自己。”

B：“我又在拖延，我的感受是怎样的？它意味着什么？我可以从中学到什么?”

［单元五］拓展体验

目标：素质延伸拓展，巩固时间管理训练效果，升华主题。

活动内容与操作（表4-7）：

表4-7 “拓展体验”活动内容与操作

序号	目的	时间	内容
1	再次认识到时间的短暂和时间管理的重要性	约20分钟	抢时间。 准备：每人至少26张扑克牌，一个计时器，一把尺子。 操作： （1）参与者分成几个小队。 （2）在规定的时间（10分钟）内将扑克牌房子建得尽可能高，计时结束，房子最高者获胜。 （3）大家就有效组织、讲究方法的工作和打好基础的重要性展开讨论。 （4）思考与分享： ①这个活动的结果能怎样应用到你的工作中？ ②你用什么方法来建你的扑克牌房子？ ③你是怎么管理时间的？为什么管理好时间对于实现你的目标是重要的？ 小结：日月如梭，人生短暂，工作是人生的重要组成部分，所以有效度过工作时间就是珍惜自己的人生。时间是稀缺资源，如何用有限的时间作出最大的贡献是值得每一个人思考的问题。

续表

序号	目的	时间	内容
2	在时间管理的过程中要掌握大局意识和发散思维，学会合作和沟通。	约 20 分钟	急速 60 秒。 准备：直径 4 米的绳圈、一套（30 张）急速 60 秒卡片、秒表。 操作： (1) 背景介绍：我们是解密特工队，接到上级命令，需要我们在 15 分钟内破解一组密码，只有此次任务完成，我们才能顺利进入下一个特战环节，完成保卫国家的终极任务。此次任务是数字破译，每张卡片以谐音、象形的方式或一些常识性的内容逐一表示 1—30 范围内的一个数字，且具有唯一性。基于场地的特殊性，每次只允许限定数量的破译员停留且时间只有 60 秒。因此，以我们目前成员的数量来看，需要分队进行任务派遣。那么，接下来，需要我们轮流进入战区进行破译，每次只有 1 名成员可以进入区域内并按顺序破译，而其他成员只能在区域外协助，不能进入区域内且不能触碰卡片。每个队只有 3 次机会。具体来说，就是在 60 秒内，一个队的一名成员将规定区域内的 30 张卡片按照从小到大的顺序依次找出并递交给教练，这样任务就算完成。 (2) 分组：按报数原则分为两个小分队。为自己的队伍取名字，选队长，进行任务分工。 (3) 说挑战口令，格式为“我们是 X X X 队，我们的队长是 X X X，我们队接受挑战”。助理教练说“挑战开始”后开始计时。 (4) 每轮时间只有 60 秒，时间一到，本轮立即终止，全部成员 5 秒内撤离场地。 (5) 每轮过后，所有卡片都会返回圈内，下一轮再从头开始逐一递交卡片。 (6) 60 秒内，按顺序找齐 30 张卡片递交给教练，才算任务完成。 注意： (1) 禁止使用任何高科技产品，如手机、相机进行拍摄和录像。 (2) 由教练统一口令开始，每轮间隔 3—5 分钟，再继续下一轮。 (3) 最后一轮可以设置 A 队给 B 队圈内摆放卡片的机会（看看两队选择合作还是竞争）。 讨论与分享： (1) 在有限的时间内，该如何应对突发状况？ (2) 团队决策与统筹意识及团队之间的相互合作重要吗？表现在哪些方面？ (3) 活动中，突破思维定式的地方表现在哪里？ 小结：小队在完成任务时面临一次次的挑战，只有突破思维定式，才能打破僵局。在工作中，同样也会遇到紧急突发情况，我们只有冷静应对，集中智慧想出应对策略，并在不断尝试中调整，才能最终取得胜利。以小见大，仅需短短 60 秒时间就可以见证大家的处事方法和态度。

续表

序号	目的	时间	内容
3	让成员明白时间是有限的、生命是短暂的，时间管理就是生命管理。	约20分钟	假如生命还有三天。 准备：每人一张纸和一支笔。 操作： (1) 给每位成员发一张纸和一支笔。 (2) 教练：假如生命还有三天，大家会去做什么？请大家慎重思考并写下来。 (3) 分享与鼓励：每个人写完后，依次向右传，请其他成员写下他们对这位成员的鼓励或建议。直到这张纸最后落到主人的手里。 成员仔细阅读、思考他人写给自己的话。 (3) 成员仔细阅读、思考他人写给自己的话。 (4) 大声念出自己的“三天生命规划”，并对他人表示深深的感谢。 (5) 教练总结分享。 小结：其实每个人的生命中都会有遗憾，我们也都曾想过去挽回，只是因为一些原因没有去做，与其将遗憾留到生命的尽头，不如现在就去做。如果我们把每一天都当作生命的最后一天来过，那么我们的生命一定会更加精彩。从现在开始去做自己想做的事，不要给自己的人生留下太多遗憾。
4.	让成员懂得生命可贵。	约40分钟	生命年轮。 准备：印有同心圆的纸张、彩笔。 操作： (1) 每人分发一张印有同心圆的纸张。 (2) 在同心圆上标注年龄，一圈可以代表一岁，也可以代表某个年龄阶段。最内圈代表最小的年龄，越往外圈年龄越大。 (3) 回忆过去并畅想未来，为每一个年轮确定一个成长主题，引导成员按照时间顺序先静静地回忆过去，之后再静静地思考对未来的憧憬，用一个词或者几个关键词概括这一年。依次确定成长主题，并在年轮上标注。 (4) 根据成长主题的不同，按自己的理解为每个年轮涂上不同的颜色。还可以根据自己的喜好做一些装饰，让成长年轮看起来更加漂亮。 (5) 经过思考，为自己的生命年轮命名，并写在年轮的下方。 (6) 在小组内分享自己的成长历程，感悟成长，并通过畅想未来为接下来的日子做好规划。 小结： (1) 时间管理的最高境界在于感悟生命，成员回忆自己的成长经历，可以更加了解生命的历程，加深对时间和生命历程的理解(知识链接4-6)。 (2) 生命年轮主题活动以曼陀罗绘画疗法为基础，可以治愈心理创伤、缓解压力、释放负面情绪。 (3) 通过人生回忆和畅想，成员把“过去的我”“现在的我”“未来的我”连起来，可以达到自我统一。
5.	彼此分享这几次团体活动的感受，处理离别情绪，告别团体。	约20分钟	告别拥抱。 准备：音乐。 操作：大家随意聊天、发言，分享团体活动感受，然后一起拥抱，处理离别情绪，最后告别团体，互相鼓励，以更好的姿态面对接下来的生活。

知识链接 4-6

如果你意欲享受生活中最大的奢华：有足够的时间，有时间休憩，有时间去思考问题，有时间去完成目标以及知道如何尽你所能完成此事，那么，记着，这里唯有一条路可走。要用足够的时间按事情的轻重去考虑、去规划，这样你的生活就有了新的热情……要让你所有的事情恰在其位，要让你所有的事情恰在其时。

——本杰明·富兰克林

专题五

挫折应对——淬火成刃展锋芒

名人诗句

不经一番寒彻骨，怎得梅花扑鼻香。

——黄 檗

案例导入

在一位农夫的果园里，紫红色的葡萄挂满了枝头，令人垂涎欲滴。这种美味自然逃不过附近狐狸们的眼睛，它们早就想享受一下了。然而，葡萄架要远远高于狐狸的身高，于是……

第一只狐狸来到了葡萄架下，它不愿就此放弃，机会难得啊！它发现了葡萄架旁边的梯子，突然灵机一动，学着以前农夫摘葡萄的样子爬上去，顺利地摘到了葡萄。(这只狐狸采用的是问题解决方式，它没有逃避，而是直接面对问题，最后解决了问题。)

第二只狐狸在葡萄架下转了几圈，自言自语地说："这个葡萄肯定是酸的，吃了也很难受，还不如不吃。"于是，它愉快地离开了。(这只狐狸运用了心理学中的"酸葡萄效应"，即合理化，当个人需要在现实中难以获得满足时，为了不使自尊心遭受打击，就弱化自己的期待或目标对自身的价值，以避免精神上的痛苦和不安。)

第三只狐狸禁不住葡萄的诱惑，下决心要吃到葡萄。它想："我可以向上跳，只要我努力，我就一定能够得到。"可是，事与愿违，它最后累死在了葡萄架下，献身做了肥料。(这只狐狸的行为说明，不是只要付出努力就一定会达到目标的，还要结合环境、努力的方向、能力等多种因素。)

第四只狐狸一看到葡萄架比自己高，便破口大骂，到处撕咬葡萄藤，正巧被农夫发现，一铁锹被拍死了。(这只狐狸应对挫折的方式为"攻击"，这是一种不可取的应对方式，于人于己都是有害无利的。)

第五只狐狸在葡萄架下号啕大哭。它为自己如此矮小而伤心，如果像大象那样，不是想吃什么就吃什么吗？它哭喊着："如果吃不到葡萄，我就不回家了！"（这种表现称为"退行"，即当遇到挫折时，个体会放弃成熟的态度和行为模式，而使用较幼稚的方式来满足自己的欲望。）

第六只狐狸想："既然我吃不到葡萄，别的狐狸肯定也吃不到，如果这样的话，我也没什么好遗憾的了，反正大家都一样。"（这种方式称为"投射"，即把自己的愿望与动机归于他人，断言他人有此动机和愿望。人正常的投射虽然可以保持自己内心的安宁，但是会影响对事物的正常观察和判断。）

第七只狐狸站在高高的葡萄架下，心情非常不好，它想："为什么我吃不到呢，我的命运怎么这么悲惨啊！"它越想越郁闷，最后郁郁而终。（这只狐狸因处于持久的心境低落状态而患上抑郁症。）

第八只狐狸尝试了很多办法也没有见效，它听说有别的狐狸吃到了葡萄，心情更加不好，最后一头撞死在葡萄架下。（这只狐狸"不患无，患不均"，因心理极度不平衡而选择了不适当的应对方式。）

第九只狐狸心想："听说柠檬的味道和葡萄差不多，既然我吃不到葡萄，何不尝一尝柠檬呢，总不能在一棵树上吊死吧！"因此，它心满意足地离开去寻找柠檬了。（这种行为称为"替代"，即以一种自己可以达到的方式来替代自己不能满足的愿望。）

第十只狐狸每天都去葡萄架下徘徊，渴望着有一天能独占所有的葡萄。然而，残酷的现实不能满足它内心的欲望，它感到非常痛苦。终于有一天，它振作起来，开始奋笔疾书，在诗歌的领域努力耕耘，唱响了对大自然的赞歌。从此，诗坛上升起了一颗闪亮的新星……（这在心理学上称为"升华"，指改变原来的冲动或欲望，用社会许可的思想和行为方式表达出来，从而创造性地施展自己的才华。"升华"是一种积极的挫折应对机制。）

一、理论导读

（一）抗逆力理论

1990年，理查德森及同事通过总结前人的成果和自己的实务研究，提出"抗逆力模型"，用于说明个体如何产生抗逆力、抗逆力与哪些因素有关及如何影响人的发展，得出的结论如下：

1. 抗逆力是激发的结果

抗逆力是个体与生俱来的一种潜力，人在平安顺利的时候抗逆力得不到激发，以一种潜伏的状态存在，犹如人格中的一种宝藏，没有逆境与压力的刺激，一直在沉睡着。当危机、困难袭来的时候，抗逆力被激活，迸发出巨大的力量，帮助个体面对危难，聚集力量，渡过难关。每个人都有抗逆力，也许被唤醒，也许被埋没，逆境与压力是帮助个体唤醒抗逆力、展示潜能的一种外在条件。

2. 保护因素对生命历程具有决定作用

当外在压力、危机袭来时，个体自身和环境中拥有的保护因素会自动做出反应，与外在压力构成交互作用。如果个体自身或其环境中具有适配的、得力的、恰当的保护因素，直接就可以产生两种能力：一种是自我平衡能力，保证个体在压力和逆境面前维持舒适、重构平衡；另一种是抗逆力的启动，促使个体调整自我、应对压力、重构生命，获得良性发展。

3. 功能失调不是逆境的唯一结果

心理扭曲、生命瓦解意味着个体保护因素作用不利，但并不意味着生命的终结，混乱之后的生命仍然需要重构，会出现四种可能：一是功能失调，如酗酒、吸毒、犯罪或企图自杀；二是丧失性重构，如自我价值感丧失、低自尊、自卑、自我否定、能力缺失等，这些都是非适应状态的重构，不利于个体走向良性发展；三是平衡性重构，个体保持稳定状态，继续拥有安宁舒适的生活；四是抗逆力的重构，激活生命潜能，积极应对，体现胜任力，战胜逆境，健康成长。

4. 抗逆力是个体与环境的交互作用

环境因素对个体抗逆力的形成至关重要，协助个体形成抗逆力的内在保护因素也是环境作用的产物。抗逆力犹如生命中的一粒种子，正向的、和谐的、健康的生活环境有利于这粒种子生根、发芽、开花、结果。如果个体在面对危机与挑战时表现出抗逆力，主动调整，积极应对，就会渡过难关。

（二）团体动力学说

库尔特·勒温是拓扑心理学的创始人，勒温认为团体是一个动力整体，这个整体并不等于各部分之和，整体中任何一个部分的改变都将导致整体内其他部分发生变化，并最终影响到整体的性质。团体不是由一些具有共同特质或相似特质的成员构成的，特质相似和目标相同并不是团体存在的先决条件。团体的本质在于其各成员之间的相互依赖，这种相互之间的依赖关系决定着团体的特性。

（三）绘画疗法

绘画疗法是心理艺术治疗的方法之一。艺术治疗又称艺术心理治疗，是一种心理治疗的介入方法，横跨艺术和心理两大领域。在艺术治疗的关系中，个案透过艺术题材使心像得以视觉艺术的方式呈现，能通过创作释放不安的情绪，澄清旧有经验，将意念具体化，传达心理需求。此心像表达反映与统合了个案的发展、能力、兴趣、人格、意念与内心的情感状态。绘画疗法是让绘画者通过绘画的创作过程，利用非言语工具，将潜意识内压抑的感情与冲突呈现出来，并且在绘画的过程中获得疏解与满足，从而达到诊断与治疗的良好效果。无论是成年人还是儿童，都可以在“欣赏自己”的过程中满足心理需求。

二、团体设计

（一）团体成员招募

本团体活动方案适合所有大学生。既可以作为大一新生班级和大二班级学生的抗挫折训练，又可以以小组招募的形式为想通过参加团体辅导了解自己、探索自我的大学生提供帮助。

（二）团体心理辅导方案的设置

1. 团体名称

宣传名称：在逆境中升华。

2. 团体目标

本团体的整体目标是：辅导大学生应对挫折，在团体辅导中提升自信心，能够在挫折面前积极调动自身的能量。

3. 团体性质

本团体属于心理教育成长性团体，以发展成员的团体合作能力为目标；本团体属于半结构性团体，每次团体活动有明确的目标和方案，具体的团体活动可以在形式、难度系数等方面进行适度扩展；本团体是同质性团体，团体成员均为有参加团体合作训练意愿的在校大学生。

4. 团体活动时间和次数

本团体活动分为 5 个单元，每个单元 1—2 小时。建议每周 1—2 次。

5. 团体活动场所

室内活动与户外活动相结合。户外活动时如遇雨、雪、雾等恶劣天气，可以改为在宽敞空阔的室内场地进行活动。

（三）团体领导者与团体成员

1. 团体领导者及其训练背景

团体领导者（教练）1 名，要求具有团体心理辅导、素质拓展或体育学等专业背景，以及团体建设活动经验。助理教练 1—2 名，要求参加过素质拓展训练并有活动组织经验者，在团体活动前须接受教练的培训，提前熟悉团体活动操作要点。

2. 团体成员

如果是新生班级，可以以班级为单位，一个班级作为一个团体。如果是小组招募，可以控制在 20 人左右，根据各单元活动任务分为不同的组别。

（四）团体活动方案设计（表 5-1）

表 5-1 “在逆境中升华”团体活动方案设计

活动名称	活动目的	活动内容安排	预计时间
单元一 大家一起来	初步建立团体、成员之间的互相信任感，消除陌生感，订立团体契约。	1. 有缘来相聚。 2. 订立团体契约。 3. 我们的团体。 4. 我们的保密圈。	2 小时
单元二 美妙心情	增强团体信任，让成员了解此次团体辅导的目标，明确需要解决的问题。	1.《当幸福来敲门》观感。 2. 积极暗示大轰炸。 3. 课后作业。	1 小时
单元三 能量探索	在领导者的指导下，成员找出自身的抗逆能量，并进行配对，重拾应对挫折的信心。	1. 才艺表演。 2. 我的抗逆圈。 3. 画出挫折经历。 4. 能量对对碰。 5. 课后作业。	2 小时
单元四 为己解忧	通过成员之间的互相建议，减少成员对挫折的恐惧心理，让成员学会放松训练，轻松应对挫折。	1. 放松训练。 2. 解忧杂货店。 3. 合唱《阳光总在风雨后》	1.5 小时
单元五 未来会更好	整理在团体辅导中的收获，分享自己的成长心得，巩固团体带给自己的能量，共同激励。	1. 挑战五分钟。 2. 放松训练。 3. 感受总结。	2 小时

三、团体实施

[单元一] 大家一起来

目标：初步建立团体成员之间的互相信任感，消除陌生感，拟订团体规范和契约，让团体成员谈谈参加此次活动的期望。

活动内容与操作（表 5-2）：

表 5-2 “大家一起来”活动内容与操作

序号	目的	时间	内容
1	团体热身，活跃团体气氛。	约 30 分钟	有缘来相聚。 工具：A4 纸、笔。 操作： (1) 分组介绍队友：按照报数将队伍分成两组，让两组面对面站立，首先让一名成员作为记者采访对方，5 分钟后双方互换身份。教练宣布结束后，每个成员在 1 分钟内说出自己获得的信息。 (2) 交换队友：让每组成员交换队友，互相介绍，然后与旁边的成员互相介绍，直到所有成员都相互认识。
2	加强团体成员对团体契约书的认同，并以此不断规范自身在团体中的行为。	约 30 分钟	订立团体契约。 工具：团体契约书（练习 5-1）。 操作：团体成员围成一个圈，回顾上次团体辅导所形成的团体契约书，复习团体契约书的内容，并讨论交流是否有需要完善之处。
3	增强团体的凝聚力，通过分工合作增进了解。	约 30 分钟	我们的团体。 工具：白色卡纸、彩笔、旗帜。 操作： (1) 根据团体人数进行分组，让每组推荐队长和助理，每组为团体取名，并在白色卡纸上写出如下信息：队名、团体标志、口号。在旗帜上画出团体标志，并设计团体的姿势，要求至少有一名成员脚不落地，时间为 30 分钟。 (2) 结束后每组的队长和助理来介绍团体的设计理念及由来，一同将口号喊出。
4	让团体成员达成共同守护秘密的协议，认识此次团体辅导的重要意义。	约 30 分钟	我们的保密圈。 操作： (1) 教练介绍此次团体辅导的目的，让成员认识保密在团体辅导中的重要意义。 (2) 团体成员围成一个大圆圈，每个人的右手握拳，大拇指伸出来，前一个人的手掌抓住右边成员的大拇指，形成一个小圆圈。每个成员跟着教练重复团体契约的内容，并认真守护每位成员的秘密，最后说出自己的名字。

练习 5-1

团体契约书

我承诺，全程参加此次团体辅导。我愿意以真诚的心遵守以下要求：

1. 成员之间应分工明确，明白自己的权利与义务。
2. 每个成员都是不同的个体，都有自己的独立行动能力。
3. 成员应准时出席小组会议。
4. 成员积极配合，团结一致，为本项目能够顺利进行而努力。
5. 成员应遵循人文主义精神，不将个人情绪带到活动中。

6. 成员应在本项目活动中，学会用不同的方式解决问题。
7. 成员应本着认真、负责的态度去完成每一次的任务。
8. 成员应做好相关的保密工作，尊重服务对象的隐私权。
9. 其他：本契约未尽事宜，由本项目成员本着友好协商的原则进行协调。本契约经签订后立即生效，到本项目结束时自动无效。每人各执一份，本契约最终解释权归小组成员所有，需表决的事情以“少数服从多数”决定，特殊情况，特殊对待。

承诺人：

日期：

[单元二] 美妙心情

目标：增强团体信任，让成员了解此次团体辅导的目标，明确需要解决的问题。

活动内容与操作（表5-3）：

表5-3 “美妙心情”活动内容与操作

序号	目的	时间	内容
1	通过相关影片的分享，让成员从他人经历的挫折中受益，思考如何面对挫折。	约20分钟	《当幸福来敲门》观感。 工具：影片《当幸福来敲门》片段、纸、笔。 操作：播放影片《当幸福来敲门》片段，按照之前的分组讨论以下问题： （1）主人公经历的挫折有哪些？ （2）主人公在面对挫折时是怎样表现的？ （3）主人公的心理经过几次变化？ （4）如果你作为主人公的孩子，你会如何跟主人公进行对话？ （5）你从中学会了什么？
2	通过积极暗示训练，让成员学会在面对挫折时给自己积极暗示。在分享环节让成员互相介绍自己的心得。	约30分钟	积极暗示大轰炸。 工具：镜子。 操作： （1）给自己一个微笑。 教练：我们要明白，自己的微笑，首先是让自己看的，也是给自己的。当你绽开笑脸时，实际上已经给自己一个暗示——我很快乐。微笑能驱走你的焦虑和烦闷，给你带来轻松、愉快和自信。因此，我们要以微笑面对人生。做一个快乐的自己，同时希望通过自己的微笑感染他人，给他人带来快乐！ （2）设计一套鼓励自己的常用语（练习5-2）。 习惯用语也能塑造人的性格，这些口头语反反复复地暗示自己，对人的心理产生着影响，一句豁达、乐观的口头语能让你在很丧气时马上释然。譬如：没事，我能行！ （3）教练设计不同的困难场景，让成员根据场景写出当下积极暗示的语句，结束后互相分享。
3	为下次活动预热。	约10分钟	课后作业。 为活跃团体气氛，让成员准备下次活动的才艺表演，在下次团体活动开始前进行，每次3个人，每次表演时间为10分钟。

练习 5-2

我对自己说

1. ______________________________
2. ______________________________
3. ______________________________
4. ______________________________
5. ______________________________

[单元三] 能量探索

目标：让成员找出自身的抗逆能量，重拾应对挫折的信心。

活动内容与操作（表 5-4）：

表 5-4 “能量探索”活动内容与操作

序号	目的	时间	内容
1	团体热身，活跃团体气氛。	约 40 分钟	才艺表演。 操作：积极鼓励成员表演，从中选出 3 个人进行展示，对其表示鼓励。
2	帮助成员整理自己的抗逆能量圈，通过仔细梳理让成员明白抗挫折的能量是从自身获取的。	约 35 分钟	我的抗逆圈（参考练习 5-3）。 操作： （1）在白纸中央画一个实心圆点代表自己。 （2）以这个实心圆点为中心画出 3 个半径不等的同心圆，代表 3 种不同的资源，同心圆内任意一点到中心的距离表示资源的优先程度。 （3）将你可利用的资源名称写在图上，越靠近中心点，表明你在遇到挫折时越愿意使用该资源。
3	帮助成员勇敢地面对挫折，敢于描述挫折、直面挫折。	约 20 分钟	画出挫折经历。 工具：白色大卡纸、水彩笔。 操作： （1）请成员画出一次挫折经历，内容不限，可自由发挥想象。 （2）思考一下画中的哪一部分让你感受最深？看到后你是什么感受？ （3）围成一个大圈，积极鼓励成员解释自己所画的东西。
4	让成员明白面对挫折时，能量永远多于挫折本身，保持乐观的心态。	约 15 分钟	能量对对碰。 操作：将团体成员分成不同的小组，让成员仔细观察抗逆圈，说出抗逆圈中有哪些资源可以对抗你所经历的挫折，并写在纸上。在小组中自由交流，每组派代表在大圆圈内进行分享。
5	让成员敞开心扉，说出自己内心最大的烦恼。	约 10 分钟	课后作业。 解忧杂货店又开放了，请将自己最烦恼的事情写成一封信寄给杂货店爷爷。

练习 5-3

我的抗逆圈

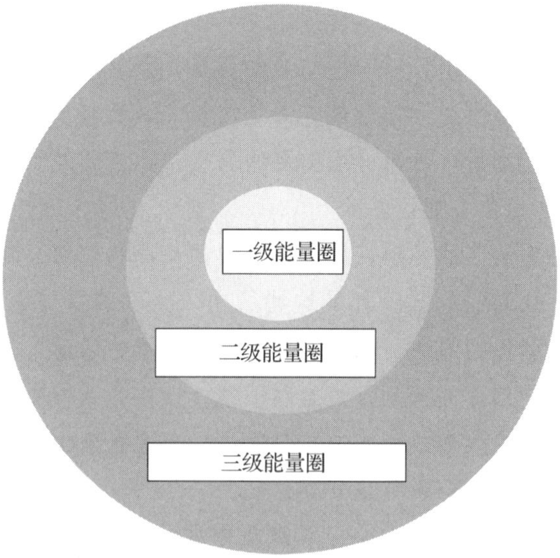

[单元四] 为己解忧

目标：通过成员之间的互相建议，减少成员对挫折的恐惧心理，让成员学会放松，冷静地应对问题。

活动内容与操作（表 5-5）：

表 5-5 “为己解忧”活动内容与操作

序号	目的	时间	内容
1	让成员在挫折训练中学会放松，冷静地应对问题。	约 30 分钟	放松训练（练习 5-4）。 操作：根据放松训练指导语，成员进行放松练习（练习 5-4）。
2	帮助成员解决当前的烦恼，互相提供建议。	约 50 分钟	解忧杂货店。 工具：团体活动上一单元作业“致解忧杂货店的一封信”。 操作：大家围成一个大圆圈，教练从成员写的信中随机选取 10 封信，匿名读出内容，让大家一起为这些信中的烦恼出谋划策，并将大家的意见一一写在信上，本次团体辅导结束后将信寄回给相应的成员。
3	让团体成员在歌声中鼓励自己。	约 10 分钟	合唱《阳光总在风雨后》。 工具：投影仪、歌曲伴奏。 操作：全体成员跟着音乐合唱《阳光总在风雨后》。

练习 5-4

放松训练材料

1. 选择一种舒适的姿势。

在一张舒适的椅子上坐下，做一些细微的调整，让身体放松、无拘束，让你的思绪掠过你的肢体及两颊，感受到每个地方都是放松的，没有被紧绷的衣物束缚，身体也没有不舒服的感觉。然后，再做一些必要的调整，让自己处于一种最舒服的状态。

2. 逐步放松身体的各个部位。

现在让你的注意力从你的头顶，慢慢来到你的头皮和前额，舒展头皮和前额的所有肌肉，任其自然，让它们放松。舒展这些肌肉，让你的头皮舒服地躺在你的头顶上。让这种放松扩散到你的眉头、眼睑，甚至你的眼睛的背面。让你的眼睛舒服地休息。继续让放松扩散，到你的两颊、嘴唇和下颌，让你的两颊变得舒服、放松，注意你的下巴，让支撑下巴的肌肉放松，任其自然。你会注意到由于重力的原因，你的下巴会微微下坠，而你的嘴唇会稍稍分开。

在你放松脸颊时，也要放松舌头、喉咙和声带，让你的舌头舒服地躺在嘴巴里。让放松继续扩散，扩展到你的脑后方，让所有的肌肉顺着你的颈部垂向你的双肩，舒展你颈部和肩部所有的肌肉。你可以把它们想象成有很多小结的绳子，而你打开了这些绳子上的结。它们松散而柔软地垂下来。舒平它们，让它们自由、柔顺、宽松地垂在那里。继续放松你的双肩与颈，让放松感扩散到你的胳膊，放松你上臂所有的肌肉，然后再到肘部和前臂，舒展开所有的肌肉，任其自然。放松你的手腕、手掌部所有的肌肉，再到你的指尖，让你的胳膊感到舒服、沉重和放松，让你的血液顺畅地流到你的指端，并且认识到你已经消除了你上肢与肩部的紧张，血液流动得更加顺畅，更加轻松地流到你的指尖。

继续放松你的头与脸，你的颈、肩膀与上肢，同时将你的注意力转移到你的后背上部，顺着你的肩膀和后背上部舒张开你所有的肌肉，沿着你的背脊继续放松，下移到你的后背中部，舒展你所有的肌肉，再下移到后背下部，再以相同的方式下移到你的腰部和臀部。让放松的感觉扩展到你的身体两侧，让围绕你肋弓的肌肉放松，注意你每一次的呼与吸，吸进的空气通过你的鼻孔，向下，再向下进入你的肺，当肺充满时，再将它呼出，让你的呼吸平稳、缓和而又富有节奏。伴随着每一次呼吸，让自己完全陷到椅子中去。让放松扩展到你的腹部、腰部，舒展你胃部所有的肌肉，让你的胃部变得非常放松，仔细注意并体会这种放松的感觉。

放松已围绕于你的臀部、腰部和骨盆的肌肉，你的整个骨盆放松舒展，继续让放松扩展到你的大腿、膝盖、胫部、腓部和脚，让你的腿变得十分沉重，放松你的脚腕、脚跟和脚板，甚至到你的脚底与脚趾。随着你的腿部变得舒服与沉重，血液更加顺畅地流进你的脚趾，你的脚变得更加温暖。

你的整个身体，从头到脚趾，都是放松的，平和而安静，内心极其平静。现在随着每一次呼吸，让你的躯体再放松一点，让你的身体深深陷到椅子中去，感到舒服的沉重感和放松感。尽管你越来越放松，但你始终明白清醒。尽管你明白清醒，却异常放松，放松让你的整个系统得到一个深层的休息。那些为紧张所消耗的能量，可以在你深度放松时被储存，正如你现在所体验到的。你的身体得到一种彻底的休息，使你精神焕发，恢复活力。

［单元五］未来会更好

目标：整理在团体辅导中的收获，分享自己的成长心得，巩固团体能量，共同激励前进。

活动内容与操作（表 5-6）：

表 5-6 “未来会更好”活动内容与操作

序号	目的	时间	内容
1	让团体成员明白在生活中可以相互鼓励，相互帮助，共同完成心理挑战。	约 1 小时	挑战五分钟。 准备：一块平整的空地，时光隧道呼啦圈一个，动感颠球一个，鼓一个，绳子 10 根，不倒森林杆子 10 根，移动高尔夫 PVC 半管 10 根，高尔夫球一个，数字城堡毯子一条，网球一个，计时秒表一个。 操作： （1）数字城堡（每人提高 10%，全队提高 100%）。 实施方法：全体成员分别手持网球依次进入数字毯内，用脚依次踩出 1—50 号的号码，用时越短越好。 规则：每名成员可以一次或多次进入区域踩号牌，但最少不能少于 3 个数字；必须按照 1—50 从小到大的顺序踩，同一时段在区域内只能有一名成员，必须手持网球，踩到号牌才为有效，然后大声喊出所踩号码。 （2）不倒森林（步调一致，默契配合）。 实施方法：在不使杆倒地的情况下移动到旁边人的位置，抓住旁边人的棒连续移动 5 次。 规则：10 名成员参加，人与人之间隔一杆远，分脚与肩齐宽，左手放到背后，右手拿杆立于两脚之间，逆时针换位 5 次，不可提前移动或转身，杆落地为失败，从头（第一次）再来。 （3）移动高尔夫（主动补位，保证目标达成）。

续表

序号	目的	时间	内容
			实施方法：把 10 个管子连接起来，使高尔夫球在上面移动到达 15 米前的杯子里。 规则：10 名成员参加，第一名成员站立，PVC 管与胸齐平，整个移动过程中，球不能回滚，球不能落地，球不能停止，手不能触球。球在自己 PVC 管上滚动时脚不能移动。手允许触碰杯子。出现任何犯规就从头开始。 (4) 动感颠球（同心协力，创造奇迹）。 实施方法：用绑着绳子的鼓把皮球不落地地一次性连续颠 15 个。 规则：手握绳距鼓 1 米以外的部分，球离开鼓面至少 20 厘米才算一个。10 名成员参加，每人手中至少一根绳子，必须使用鼓面颠球。 (5) 时光隧道。 实施方法：全体成员手牵手围成圆圈，将一个呼啦圈套在手上，在最短的时间内让呼啦圈穿过所有人回到起始位置。 规则：在传递过程中成员不能松开手。整个过程中不能借助手指。
2	让成员在挫折训练中学会放松，冷静地应对问题。	约 30 分钟	放松训练。 操作：根据练习 5-4“放松训练材料”内容指导成员进行放松训练。
3	让成员回顾团体辅导过程，总结收获和感悟。	约 30 分钟	感受总结。 操作：全体成员围在一起，教练先让每位成员谈一下自己在团体辅导过程中的感悟和收获，然后再用一句话分享自己参加团体辅导的感受。

专题六

情商训练——心田种月自生辉

名人诗句

各美其美，美人之美，美美与共，天下大同。

——费孝通

案例导入

剑桥女校长

剑桥大学首位女校长艾莉森·理查德7岁的时候，曾对她的父亲抱怨，说她的生命是如何痛苦、无助，她是多么想要健康地活下去，她已厌烦了抗拒、挣扎。但是问题似乎一个接着一个地来，让她毫无招架之力。

父亲二话不说，拉起心爱的女儿的手，走向厨房。他烧了三锅水。当水沸腾的时候，他在第一个锅子里放进了萝卜，在第二个锅子里放进了一枚蛋，在第三个锅子里则放进了咖啡粉。她望着父亲，不知所以，而父亲只是温柔地握着她的手，示意她不要说话，静静地看着沸腾的水。一段时间过后，父亲把锅里的萝卜、蛋捞起来放进碗中，把咖啡过滤后倒进杯子里，问："宝贝，你看到了什么?"女儿说："萝卜、蛋和咖啡。这有什么奇怪的吗?"父亲解释道："这三样东西面对相同的逆境，也就是沸腾的水，反应却各不相同：原本坚实的萝卜，在沸水中却变软了；鸡蛋原本脆弱，它那薄硬的外壳起初保护了它，但是在沸腾的水中，蛋的内部却发生了变化，由液体变成了固体；倒是粉末状的咖啡非常特别，在沸腾的水中，它竟然改变了水。""你呢? 我的女儿，你是什么?"父亲慈爱地摸着一时失去勇气的女儿的头，"当逆境来到你的门前，你做何反应呢? 你是看似坚强的萝卜，但在痛苦与逆境到来时却变得软弱，失去力量吗? 或者你是一枚蛋，有着柔顺且容易随波逐流的心? 又或者你就像是咖啡，可以将带来痛苦的沸水改变，当水的温度升高到100℃时，使水变成美味的咖啡? 如果你像咖啡，当逆境到来，一切都不如意时，你就会变得更好，而且会将外在的一切转变得更加令人欢喜。我的宝贝女儿，你要让逆境摧残你，还是你来改变它，让身边一切的人、事、物都变得更美好、更善良?”

点评：

改变逆境的奥秘在于，把逆境看成通向真我的旅程，你失去的都是身上的灰尘，得到的是那尘封已久的璀璨夺目的心。

一、理论导读

（一）团体心理辅导的理论基础

团体心理辅导，即团体心理咨询，又叫集体咨询、小组咨询、群体咨询，是在团体情境下进行的一种咨询。它通过团体中的人际交互作用，运用团体动力和场的理论及适当的心理咨询技能来帮助个体探索自我、改善人际关系，从而促进个体的自我发展、自我实现。

团体心理辅导对个体的情商训练具有较强的作用。首先，团体心理辅导给小组成员提供相互交流的机会，成员之间的相互认同对团体成员在性格和认知上的改变有巨大的支持作用。其次，团体心理辅导可以给缺乏人际交往的成员提供安全感。成员体验到自己在同伴中有所作为，自己的优势也可以吸引其他人，这些都可以增强个体的安全感。

积极心理学认为，人类美好的一面和病态的一面是同样真实存在的。正如泰勒研究所证实的一样，积极是人类天性的一部分。愉悦与快乐是积极心理学关注的话题。过于关注那些违反直觉的方面会使我们忽视人类美好的方面，从而导致我们看待自身的角度出现偏差。人生来就是偏向积极的，每个人都有整合自己的力量和克服困难的潜能。

（二）情商的含义

情商即“情绪智力”，它的全称是“情绪智力商数”，它是衡量一个人情绪智力水平的重要参考标准。情商是一个人感受、控制、使用和表达自己及他人感受的一种智力水平。智商高、情商也高的人，人生路上多一帆风顺；智商不高、情商高的人，人生路上好运常伴；智商高、情商不高的人，人生路上磕磕绊绊；智商不高、情商不高的人，人生或将一事无成。对于大多数人而言，智商属于流体智力，与文化的联系不密切，随着年龄的增长变化不大；情商属于晶体智力，与文化的联系密切，会随着年龄的增长及阅历的丰富而逐步变化。因此，情商是可以通过训练而逐步提升的。

（三）大学生常见的情商问题及表现

1. 情绪管理能力不强，容易受情绪左右

随着社会的高速发展，当代大学生面对的学习、就业、人际交往、情感等方面的困扰和压力是空前巨大的。在这种情况下，大学生的情绪、情感难免会产生巨大的波动，甚至会产生负面情绪，造成心理矛盾和困惑。适度的负面情绪，只要能得到及时释放，就不会产生太大的消极影响；如果得不到释放，淤积在心，一旦碰到导火索，就会陷入愤怒、焦虑，更严重的甚至会采取极端方式与过激行为。

2. 自我激励能力不足，心理承受能力较弱

现在的大学生基本为“00 后”的孩子，从小生活条件较好，较少遇到挫折。独自一人来到大学，在享受自由的同时，也失去了保护伞，稍遇挫折，就会被击垮。大学生在成长过程中遇到挫折不可避免，适当的挫折有助于大学生积累宝贵的人生经验和财富，也是对大学生忍耐力和意志力的一种考验。当前大学生往往遇到挫折就退缩，面对困境束手无策，满腹牢骚、怨天尤人。

3. 共情能力有待提高，存在自我中心倾向

进入大学校园后，面对的是来自全国各地的，生活习惯、成长经历、思想、观念、性格各不相同的同学，在相处中，难免会产生各种冲突，特别是在宿舍中，这些冲突更明显。很多大学生不能体会他人的情绪，喜欢以自我为中心，共情能力有待提高。在与人相处时，很多学生习惯以自己的价值观、标准去评判对方的感受，缺乏同理心，导致人际关系紧张。

（四）团体心理辅导对大学生情商训练的适宜性

团体心理辅导的理论之一是团体动力学。团体动力学指出，团体的力量来自团体成员内部建立起来的一种规范和价值遵从，它帮助个体的动机需求与团体目标紧密相连，进而使团体行为对个体行为产生深远的影响。团体作为一个具有内在关系组成的系统，对个体具有制约作用。大学生更关注同伴的评价，也更容易接受同龄人的建议，再加上团体心理辅导具有较高的情景性和参与度，学生在团体心理辅导中更容易获得思维、认知和行为的改变与保持。

（五）情商测试

情商包括以下几个方面的内容：一是认识自身的情绪，因为只有认识自己，才能成为自己生活的主宰；二是妥善管理自己的情绪，即能调控自己；三是自我激励，它能够使人走出生命中的低潮，重新出发；四是认知他人的情绪，这是与他人正常交往，实现顺利沟通的基础；五是人际关系的管理，即领导和管理能力。

情商测试

通过以下测试，你就能对自己的情商有所了解。但切记这不是一个求职询问表，用不着有意识地尽量展示你的优点、掩饰你的缺点。如果你真的想对自己做一个判断，那你就不应施加任何粉饰。否则，你应重测一次。

以下是一组国外流行的测试题，可口可乐公司、麦当劳公司、诺基亚公司等世界500强企业，曾以此为员工情商测试的模板，帮助员工了解自己的情商状况。本测试共31题，测试时间25分钟，最高情商为174分。如果你已经准备就绪，请开始计时。

第1—9题：请从下面的问题中，选择一个和自己最贴合的答案。

1．我有能力克服各种困难。(　　)

A．是的　　B．不一定　　C．不是的

2．如果我能到一个新的环境，我要把生活安排得（　　）。

A．和从前相仿　　B．不一定　　C．和从前不一样

3．一生中，我觉得我能达到自己所预想的目标。(　　)

A．是的　　B．不一定　　C．不是的

4．不知为什么，有些人总是回避或冷淡我。(　　)

A．不是的　　B．不一定　　C．是的

5．在大街上，我常常避开我不愿打招呼的人。(　　)

A．从未如此　　B．偶尔如此　　C．有时如此

6．当我集中精力工作时，假使有人在旁边高谈阔论，(　　)。

A．我仍能专心工作　　B．介于A、C之间　　C．我不能专心工作且感到愤怒

7．我不论到什么地方，都能清楚地辨别方向。(　　)

A．是的　　B．不一定　　C．不是的

8．我热爱所学的专业和所从事的工作。(　　)

A．是的　　B．不一定　　C．不是的

9．气候的变化不会影响我的情绪。(　　)

A．是的　　B．介于A、C之间　　C．不是的

第10—16题：请如实回答下列问题，将答案填入括号内。

10．我从不因流言蜚语而生气。(　　)

A．是的　　B．介于A、C之间　　C．不是的

11．我善于控制自己的面部表情。(　　)

A．是的　　B．不太确定　　C．不是的

12．在就寝时，我常常（　　）。

A．极易入睡　　B．介于A、C之间　　C．不易入睡

13. 有人侵扰我时，我（　　）。

A. 不露声色　　B. 介于A、C之间　　C. 大声抗议，以泄己愤

14. 在和人争辩或工作出现失误后，我常常感到震颤，精疲力竭，而不能继续安心工作。（　　）

A. 不是的　　B. 介于A、C之间　　C. 是的

15. 我常常被一些无谓的小事困扰。（　　）

A. 不是的　　B. 介于A、C之间　　C. 是的

16. 我宁愿住在僻静的郊区，也不愿住在嘈杂的市区。（　　）

A. 不是的　　B. 不太确定　　C. 是的

第17—25题：在下面的问题中，选择一个和自己最贴合的答案。

17. 我被朋友、同事起过绰号、挖苦过。（　　）

A. 从来没有　　B. 偶尔有过　　C. 这是常有的事

18. 是否有一种食物使我吃后呕吐。（　　）

A. 没有　　B. 记不清　　C. 有

19. 除了看见的世界外，我的心中没有另外的世界。（　　）

A. 没有　　B. 记不清　　C. 有

20. 我会想到若干年后让自己极为不安的事。（　　）

A. 从来没有想过　　B. 偶尔想到过　　C. 经常想到

21. 我常常觉得自己的家庭成员对自己不好，但是我又确切地知道他们的确对我好。（　　）

A. 否　　B. 说不清楚　　C. 是

22. 每天我一回家就立刻把门关上。（　　）

A. 否　　B. 不清楚　　C. 是

23. 我坐在小房间里把门关上，但我仍觉得心里不安。（　　）

A. 否　　B. 偶尔是　　C. 是

24. 当一件事需要我做决定时，我常觉得很难。（　　）

A. 否　　B. 偶尔是　　C. 是

25. 我常常用掷硬币、翻纸、抽签之类的游戏来预测凶吉。（　　）

A. 否　　B. 偶尔是　　C. 是

第26—29题：下面各题，请按实际情况如实回答，仅需回答“是”或“否”即可，在你选择的答案旁打“√”。

26. 为了工作我早出晚归，早晨起床时我常常感到疲惫不堪。　　是（　　）
否（　　）

27. 在某种心境下，我会因为困惑陷入空想，将工作搁置下来。　　是（　　）

否（　　）

28. 我的神经脆弱，稍有刺激就会使我战栗。　是（　　）

否（　　）

29. 睡梦中，我常常被噩梦惊醒。　是（　　）

否（　　）

第30—31题：本组测试共2题，每题有5种答案，请选择与自己最贴合的答案，在你选择的答案旁打“√”。答案标准如下：A、B、C、D、E分别代表从不、几乎不、一半时间、大多数时间、总是。

30. 工作中我愿意挑战艰巨的任务。　A（ ）　B（ ）　C（ ）　D（ ）　E（ ）

31. 我常发现别人好的意愿。　A（ ）　B（ ）　C（ ）　D（ ）　E（ ）

评分方法：

计分时请先算出各部分得分，最后将几部分得分相加，得到的那一分值即为你的最终得分。

第1—9题，每回答一个A得6分，每回答一个B得3分，每回答一个C得0分。

第10—16题，每回答一个A得5分，每回答一个B得2分，每回答一个C得0分。

第17—25题，每回答一个A得5分，每回答一个B得2分，每回答一个C得0分。

第26—29题，每回答一个“是”得0分，每回答一个“否”得5分。

第30—31题，从左至右分数分别为1分、2分、3分、4分、5分。

结果解析：

90分以下：你的情商较低，你常常不能控制自己，你极易被自己的情绪影响。很多时候，你容易被激怒、动火、发脾气，这是非常危险的信号。你的事业可能会毁于你的急躁，对于此，最好的解决办法是能够给不好的东西一个好的解释，保持头脑冷静，使自己心情开朗，正如富兰克林所说：“任何人生气都是有理的，但很少有令人信服的理由。”

90—129分：你的情商一般，对于一件事，你不同时候的表现可能不一，这与你的意识有关，你比前者更具有情商意识，但这种意识不是常常都有，因此你需要多加注意、时时提醒自己。

130—149分：你的情商较高，你是一个快乐的人，不易恐惧、担忧，对于工作，你热情投入、敢于负责，你为人正直，常常同情和关怀他人，这是你的优点，你应该努力保持。

150分以上：你是一个情商高手，你的情绪智慧是你事业有成的一个重要前提条件。

二、团体设计

（一）团体成员的招募

1. 口头招募

直接向学生口头宣传，招募合适的学生；还可以通过课堂、开会、讲座等途径，讲解活动的目的，吸引学生参加。

2. 纸媒招募

可以在公众出入的地方张贴海报、广告，吸引有意的学生参加。

3. 多媒体招募

利用大众传播媒介，如电视、微信、QQ 等方式宣传，吸引学生参加（图 6-1）。

情商训练营开营了！
想知道自己的情商有多高吗？
想提升自己的情商吗？

对象：全校学生（不分学院，自愿报名）
活动时间：X 年 X 月 X 日至 X 年 X 月 X 日，每周一次，每次 90 分钟，持续 6 次
活动形式：团体辅导、体验练习、分享讨论
活动地点：校内 X 教室、校外拓展基地
教练：XXX（背景介绍）
报名时间：X 年 X 月 X 日至 X 年 X 月 X 日
报名地点：XX
联系电话：XXXXXXXXXXX
QQ：XXXXXXXXX　　微信：XXXXXXXXX
联系人：XXX

图 6-1　团体成员招募电子海报

（二）团体心理辅导方案的设置

1. 团体名称

团体名称需要符合团体性质，针对团体目标设定，避免标签作用。本团体名称设定为“大学生情商训练营”。

2. 团体目标

本团体的总目标是：对大学生情商需要改善的情况进行干预，使学生能够明白情商的重要性；体验人际交往中的悦纳他人及亲密合作；体会生活中的美好；缓解压力及焦虑，帮助自己实现人生目标。

3. 团体性质

本团体属于以提升学生情商水平为主的发展性、结构性的同质团体，团体成员均为大一新生。

4. 团体活动时间及次数

团体心理辅导共6次，每周1次，持续6周。每次团体心理辅导时间定为90分钟。

5. 团体活动场所

根据不同需要选择室内或室外。室内需要有可活动座椅、电源、黑板，教室干净、安静、不受外界打扰；室外要求场地宽阔。

（三）团体领导者与团体成员

1. 团体领导者及其训练背景

团体领导者（教练）1名，助理教练1名。教练需要有心理咨询理论与实践专业背景，需要持有心理咨询师证书，个体与团体辅导经验丰富。助理教练需要经过心理相关知识的培训，能接受教练的指导。

2. 团体成员

如果是新生班级，可以以班级为单位，一个班级作为一个团体。如果是小组招募，可以控制在30人左右，根据各单元活动任务分为不同的组别。

（四）团体活动方案设计

本活动制订了针对大学生情商提升的团体辅导方案，包括认识他人、学会换位思考；控制自己、勇于承担责任；自我激励、学会逆境成长；学会欣赏、赞美他人；和平相处、真诚待人；有缘相识、总结成长6个单元。6次团体辅导都有各自的目标及活动内容，而6次团体活动的分目标之间又蕴含了逻辑顺序，为整体目标服务。大学生情商提升主要从“换位思考”“自我担当”“逆境崛起”“和谐人际”“感谢有你”“总结收获”6个部分展开，循序渐进地引导大学生提升情商。

团体建立初期，大家相互不认识，处在相互试探阶段，是建立信任及基本规范的阶段，所以单元一为“换位思考”，旨在营造团体气氛，建立相互信任，订立心理契约。

勇于承担责任是人际交往中的基础，也是团体成员进一步活动的切入点，所以在单元二安排了活动“对不起，我错了”。接下来就是找到自己生活中面对失误时的正确态度，为未来发展奠定基础，所以在单元三安排了活动“逆境崛起”。在未来的发展中，人际关系是特别重要的，所以在单元四安排了活动“赞美他人”。随着活动的推进，大家相处也有半个学期了，针对学生相处中出现的问题，在单元五安排了活动“真诚待人”。最后考虑到团体活动结束，成员会有离愁别绪，特别安排了活动“我们成长啦”，使成员能够收获满满，继续前行（表 6-1）。

表 6-1 “大学生情商训练营”团体活动方案设计

活动名称	活动目的	活动内容安排	预计时间
单元一 换位思考	帮助成员站在他人的角度思考问题。	1. 活动目的及意义介绍。 2. 热身活动：大风吹。 3. 坦克大战。 4. 讨论。 5. 课后作业及总结。	1.5 小时
单元二 对不起，我错了	帮助成员勇于承担责任。	1. 回顾上周活动完成情况。 2. 热身活动：雨点变奏曲。 3. 对不起，我错了。 4. 讨论。 5. 课后作业及总结。	1.5 小时
单元三 逆境崛起	消除不利于积极思维的“受害者”思维模式，帮助受害者发现自身的力量。	1. 回顾上周活动完成情况。 2. 热身活动：报数游戏。 3. 绝地反弹。 4. 分享讨论。 5. 课后作业及总结。	1.5 小时
单元四 赞美他人	让成员学会赞美他人，引导成员以欣赏的心态悦纳他人，学会愉快的相处之道。	1. 回顾上周活动完成情况。 2. 热身活动：南辕北辙。 3. 开放赞美花。 4. 分享讨论。 5. 课后作业及总结。	1.5 小时
单元五 真诚待人	帮助成员体验主动交往的乐趣。	1. 回顾上周活动完成情况。 2. 热身活动：互助拍拍背。 3. 快乐的六人组。 4. 分享讨论。 5. 课后作业及总结。	1.5 小时
单元六 我们成长啦	整理自己在团体活动中的收获，分享自己在团体活动中的进步，进一步激励自己。	1. 回顾上周活动完成情况。 2. 热身活动：照片回顾。 3. 我的成长与变化。 4. 告别寄语。 5. 课后作业及总结。	1.5 小时

三、团体实施

[单元一] 换位思考

目标：明白对方，学习沟通技巧，站在他人的角度思考问题，阐明团体心理辅导契约。

活动内容与操作（表6-2）：

表6-2 “换位思考”活动内容与操作

序号	目的	时间	内容
1	使成员以放松的心情投入团体活动中。	约10分钟	活动目的及意义介绍。 操作：教练向全体成员阐明本次团体心理辅导活动的目的及意义。
2	促进成员之间相互熟悉，进而引出本单元的主题。	约10分钟	热身活动：大风吹。 操作： （1）大家围坐在一起。 （2）一个成员开始说“大风吹”，集体问“吹什么?”中间的人可以说“大风吹，吹名字有相同某字的同学”（或者“吹穿同样颜色衣服的同学”等），要求这部分有共同特征的同学以最快的速度互换位置。 （3）被吹到的成员必须站起来摆一个姿势说“吹的就是我”。然后继续说“大风吹”，循环下去。 （4）出错的人表演节目。
3	促进成员之间的有效沟通，让成员学习换位思考。	约35分钟	坦克大战。 准备：绳子、矿泉水、沙包、眼罩。 操作： （1）团体的所有成员进行角色分配，每个队一个司令员、一个指挥员，其余为坦克手。司令员背对战场而坐，可以指挥，但不可以看战场；指挥员给司令员反馈战场情况，可以做手势，但不可以说话；坦克手戴上眼罩，可以在战场活动，但要听司令员命令才可以行动。 （2）进行角色分配后，坦克手蒙住双眼依次进入模拟战场，在躲避地雷的同时用炮弹尽可能击中对手，最终战场剩余人数最多的小组获胜。 （3）活动规则：每队成员同时蒙眼进入雷区，听场外成员指挥捡炮弹；中途如有触碰地雷，该成员视为中弹“身亡”，由下一名成员顶替；场内成员蒙眼听从场外成员的指挥，捡起炮弹，击中对方成员身体任意部位，即可淘汰对方成员，本人继续存活；场外成员只能在限定的区域内活动，不可触发到其他组的区域。

续表

序号	目的	时间	内容
4	探讨合作的方法，启发换位思考的重要性。	约 20 分钟	讨论。 坦克大战结束后，小组讨论：合作中怎样才能让对方明白你的意思？什么是换位思考？我们怎么通过换位思考使团体的利益最大化？ 坦克大战的启示：团体的发展离不开每位成员的努力，团体发展了，成员个人才能发展。团体顺利的发展，离不开高效率的沟通。要想让沟通效率提升，必须时刻换位思考。只有对方明白了你要传达的意思，才能取得双赢。
5	布置课后作业，让学生总结今天的活动及感受。	约 15 分钟	课后作业及总结。 完成课后作业（练习 6-1）并对本次活动进行总结。

练习 6-1

沟通能力之我见

请尝试回答以下问题，客观地评价自己是否具有良好的沟通能力：

1. 你真的相信沟通在生活中很重要吗？
2. 在日常生活中，你在寻求沟通的机会吗？
3. 当你站在演讲台上时，你能很清晰地表达自己的观点吗？
4. 你善于发表自己的观点吗？
5. 你是否经常与朋友联系？
6. 在休闲时间，你经常阅读书籍和报纸吗？
7. 你能自行构思，写出一份报告吗？
8. 对于一篇文章，你能很快区分其优劣吗？
9. 在与别人沟通的过程中，你能清楚地传达想要表达的意思吗？
10. 你觉得你的每一次沟通都是成功的吗？
11. 你觉得自己的沟通能力对未来的工作有很大帮助吗？
12. 你喜欢与你的老师一起进餐吗？

计分方法：

回答“是”得 1 分；回答“否”得 0 分。

结果解析：

得分为 8—12 分，说明协调沟通能力比较好；得分为 5—7 分，说明协调沟通能力一般，有待提高；得分为 1—4 分，说明协调沟通能力不太好，需要好好培养。

[单元二] 对不起，我错了

目标：使成员认识到勇于承担责任可以获得他人赞赏，而且有着能使内心获得安宁的积极意义，让成员学会在行动中做到有担当。

活动内容与操作（表6-3）：

表6-3 “对不起，我错了”活动内容与操作

序号	目的	时间	内容
1	使成员以放松的心情投入团体活动中。	约15分钟	回顾上周活动完成情况。 操作：请成员谈谈上周活动后的感想，谈谈过去几天发生的最让自己佩服的事情。
2	促进成员之间相互熟悉，进而引出本单元的主题。	约10分钟	热身活动：雨点变奏曲。 操作： （1）教练引导大家做出以下动作：“小雨”——手指互相拍打；“中雨”——两手轮拍大腿；“大雨”——用劲鼓掌；“暴雨”——跺脚。 （2）教练：现在开始下小雨，小雨变成中雨，中雨变成大雨，大雨变暴雨，最后雨过天晴。 随着手势的不断变化，成员发出的声音也会不断变化，场面非常热闹。 （3）教练：让我们以暴风雨的掌声迎接本单元！ 升级：可以引导成员用拍手表示小雨、中雨、大雨，根据需要改变力度和速度。 活动规则：成员根据不同的节奏要求发出相应的声音。
3	培养成员勇于承担责任的精神。	约30分钟	对不起，我错了。 操作： （1）所有成员相隔一臂距离站成几排（视具体人数而定）。 （2）活动开始，教练喊“1、2、3、4、5”中的一个数字并观察哪些成员做错了。 （3）当有人做错时，请做错的人走出队列，举起右手对大家高声说：“对不起，我错了。” 活动规则：教练喊“1”时，所有成员向左转；喊“2”时，所有成员向右转；喊“3”时，所有成员向后转；喊“4”时，所有成员向前跨一步；喊“5”时，所有成员不动。
4	讨论做错事的心理感受，启发成员勇于承担责任。	约20分钟	讨论。 游戏结束后，小组讨论：有的成员做错了，没有勇敢站出来；有的成员做错了，勇敢地站出来了；为什么会出现这样的情况呢？分别采访这些成员。 启示：面对错误时，少数人勇敢地站出来承认了自己的错误，并勇于担起责任。勇于承担责任的人，获得了周围人的赞赏及自己内心的安宁。
5	巩固活动成果。	约15分钟	课后作业及总结。 完成课后作业（练习6-2）并总结：承担责任是很简单的，勇于承担责任才会感觉自己有能力做得更好，做事情也会更踏实。

练习 6-2

看看我的信任度

你身边的朋友或者亲人对你的信任度有多高呢？在别人看来，你是一个说话算数、真实可靠的人吗？下面就来做个人际形象测试，看一下在别人眼中你是一个什么样的人。

如果要你去参加裸体瑜伽，你最在意的是什么？

A. 怕自己不能放松

B. 怕别人不能专心

C. 怕自己的身材被人批评

测试说明：

选 A 者，你说的话“别人都会自动打折扣”。因为爱面子又常夸大事实的你常让人搞不清你的话哪句是真，哪句是假，所以人们对你说的话总是半信半疑。这种类型的人很孩子气，常常会开玩笑。

选 B 者，你说的话“别人基本上不会当真”。因为天性喜欢开玩笑的你说话没半句正经，你说的话大家只当笑话听听，根本没任何可信度。这种类型的人越天马行空越开心，而且常常会制造一些紧张的情况去吓朋友，久了之后大家都会认为他完全没有可信度。

选 C 者，你说的话“别人是百分之百信服”。因为做人有原则又懂分寸的你会对自己说出来的话负责，所以只要是从你嘴里说出来的话大家都会从心底相信。这种类型的人在专业领域中有自己的坚持和原则，他会对自己说出来的话负责，因此大家听了他的话都觉得可信度很高。

［单元三］ 逆境崛起

目标：纠正成员的失败心理，帮助成员在失败中学会自我激励。

活动内容与操作（表 6-4）：

表 6-4 “逆境崛起”活动内容与操作

序号	目的	时间	内容
1	使成员以放松的心情投入团体活动中。	约 5 分钟	回顾上周活动完成情况。 操作：请成员谈谈上周活动后的感想，谈谈过去几天自己最失败的事情。根据成员情况，合理引导成员的情绪。
2	活跃现场气氛，使成员集中注意力，进而引出本单元的主题。	约 15 分钟	热身活动：报数游戏。 操作： （1）全体成员围成一个圈，依次报数，从 1—100；要求包含 5 或者 5 的整数倍时不说出来，而是要站起来。 （2）随机从一个成员开始，要求报数的速度加快。 （3）出错的成员表演节目。 升级：活动中可以随意变换数字，数字越小挑战越大。

续表

序号	目的	时间	内容
3	消除“受害者”的思维模式，使成员意识到自己有克服逆境的勇气，增强成员的自信心。	约35分钟	绝地反弹。 操作： 第一轮挑战 （1）从全体成员中选出一个挑战者。 （2）其他成员分成两组，扮演参与者的角色。 （3）挑战者站在两排人的中间，分别向每一个参与者打招呼，要求他们提供帮助。 （4）挑战者在请求时，所有参与者都要一脸严肃地拒绝他，不可以用语言，可以用手势或者表情。 （5）挑战者在要求帮助时，两排的参与者要不停地缓慢移动，向挑战者靠拢，缩小空间，将挑战者夹在中间。 第二轮挑战 （6）挑战者可以改变策略寻找突破口；参与者可以有适度松动（如轻微点头、显出犹豫表情等）。 （7）换一个挑战者进行活动。
4	分享活动感受，启发成员在逆境中保持心志，增强成员的自信心。	约20分钟	分享讨论。 采访挑战者：当你被拒绝且大家把你夹到中间时，你有没有压抑感，有没有想动手把人推开的感觉？是不是感觉到压抑和绝望？坚持完成第二轮后是不是看到了同伴的友善的眼神？ 绝地反弹的启示：现实生活中都能找到这种困境的影子。当你很需要别人帮助，却不停遭到拒绝时，你该怎么办？这时你一方面要把自己的困难具体化，另一方面要抛弃愤怒的情绪坚持下去，相信一定有人愿意帮助自己。
5	巩固活动成果。	约15分钟	课后作业及总结。 完成课后作业（练习6-3）并总结。

练习 6-3

我是一个会自我激励的人吗？

如果你想知道自己在努力和不努力之间有哪些不同，你可以尝试问自己以下3个问题，与你的父母或朋友交流：

1. 假如我仍然维持现状，我会是最努力的那一位吗？
2. 假如我仍然不够努力，往后我会付出哪些代价呢？
3. 假如我现在开始成为最努力的人，我会获得什么呢？

［单元四］ 赞美他人

目标：学会发现别人的闪光点，懂得赞美他人，学会接纳他人。

活动内容与操作（表6-5）：

表 6-5 “赞美他人”活动内容与操作

序号	目的	时间	内容
1	使成员以放松的心情投入团体活动中。	约 5 分钟	回顾上周活动完成情况。 操作：请团体成员谈谈上周活动后的感想，谈谈过去几天自己最想得到别人赞美却没有得到的事情。根据成员情况，合理引导成员的情绪。
2	促进成员之间相互熟悉，活跃现场气氛，进而引出本单元的主题。	约 15 分钟	热身活动：南辕北辙。 操作： （1）成员坐在自己的位置上，请一个志愿者到讲台上。 （2）教练向志愿者宣布游戏规则：使用你的逆向思维，做与要求相反的事情。 （3）教练让志愿者做笑、哭、站、向后转、向前走、向左转等简单的动作，并且逐渐加快速度。志愿者的动作会引起全班同学大笑。 注意：在整个活动过程中，教练要选择好志愿者并把握好节奏，不断地给志愿者以鼓励，从而使本次活动顺利进行下去。
3	让成员学会赞美他人，以欣赏的态度接纳他人，体会被赞美的乐趣。	约 35 分钟	开放赞美花。 操作： （1）2 人一组，将成员分成若干组。 （2）2 人轮流当记者，就自己感兴趣的事采访对方。 （3）采访结束后，每个人当着对方的面，用 3 个词把对方的优点写到卡片上并大声说出来。 注意：每个学生都对对方以下方面进行正面评价： ①一个外貌方面特别漂亮的特征。 ②一个或两个特别令人欣赏的性格特征。 ③一个或两个特别令人欣赏的才能。 提醒：注意每个人要记录下其组员的感受、想法、反应。
4	分享活动感受，启发成员在人际交往中注意发现别人的优点，学会接纳别人。	约 20 分钟	分享讨论。 （1）为什么对于大多数人来说，真诚地给予他人赞美是困难的？ （2）为什么我们对他人总是很容易给出负面的评价，而正面赞扬却少之又少？ （3）在欣赏他人、悦纳他人方面，我们积累了什么有用的经验？在欣赏别人、接纳别人时，大家心情愉快、团体氛围愉悦吗？
5	巩固活动成果。	约 15 分钟	课后作业及总结。 完成课后作业（练习 6-4），阅读材料（知识链接 6-1）并总结：其实我们每个人都渴望得到他人的肯定和赞扬，我们在悦纳自我的同时，也要学会欣赏他人。

练习 6-4

我是一个会赞美他人的人吗？

你是一个懂得赞美他人的人吗？你可以尝试回答以下 3 个问题，和你的父母、朋友交流：

1. 你给人取过外号，或者挖苦过别人吗？有没有考虑过对方的感受？
2. 你真诚地赞美过别人吗？被赞美的人受到你的赞美后，对你的态度有改变吗？
3. 第一次听到别人赞美自己时，你心里的感觉是怎样的呢？

知识链接 6-1

你扫地真干净

真诚待人，学会悦纳他人，赞美他人。人内心强烈地渴望得到肯定，而赞美就是语言中最明显的肯定。赞美往往能产生四两拨千斤的作用。当你赞美别人时，你会发现自己也拥有了无限潜能去影响身边的人。有一个真实的故事发生在英国剑桥大学图书馆：布伦达·卡维尔是剑桥大学图书馆的清洁工，他的存在很普通，也经常被人忽视。有一天图书馆发生大火，卡维尔奋不顾身地去扑救大火。事后，有记者采访他："你当时怎么有勇气及时出来救火?"他说："当很多学生从我旁边经过时，总会不时地赞美我'你扫地真干净'，这就是我奋不顾身救火的原因。"

赞美是博取好感和维系好感最好的方式之一，也是促进人不断努力、超越自我的强烈的助推剂。用赞美去改变自己和别人，把话说到别人的心坎上。赞美是人际交往中最能打动人的语言，也是人际关系的润滑剂，是与己有利，与人无损的事。

[单元五] 真诚待人

目标：真诚待人，帮助他人，提升自我素质。

活动内容与操作（表6-6）：

表 6-6 "真诚待人"活动内容与操作

序号	目的	时间	内容
1	使成员以放松的心情投入团体活动中。	约 5 分钟	回顾上周活动完成情况。 操作：请成员谈谈上周活动后的感想，谈谈最近几天有没有得到过别人的帮助。根据成员情况，合理引导成员的情绪。
2	促进成员之间相互熟悉，进而引出本单元的主题。	约 15 分钟	热身活动：互助拍拍背。 操作： （1）全体成员站立，围成一个圈，每个人将双手搭在前面成员的背上。 （2）当教练说"开始"时，所有人开始为前面成员按摩背部。 （3）约 2 分钟后，教练说"停"，所有人向后转，双手搭在前面成员的背上，并用同样的方法为其按摩。 （4）2 分钟后，教练说"开始"，所有人开始敲打前面成员的肩部。 （5）2 分钟后，教练说"停"，所有人向后转，双手搭在前面成员的肩上，并用同样的方法回报刚才的成员。
3	（1）让成员体会脱离集体，不被集体接收的无奈，从而刺激学生对集体产生归属感及认同感。（2）让成员学会发现别人的优点，接纳他人，从而使人际关系更和谐。	约 35 分钟	快乐的六人组。 操作： （1）准备"我们是一家"短语卡片，每个短语 6 张。另外准备 1—5 张短语互不相同的卡片。 （2）将短语卡片分别放到统一的信封里装好，每个成员一个信封。 （3）成员打开自己的信封并阅读里面的短语，然后在房间里到处走动，向别人逐个小声介绍并重复那条短语。 （4）当一个人发现另外一个人和他有相同短语的时候，他们就组成了一个小组。 （5）除了几个"孤独者"外，所有人都找到了自己的小组。

续表

序号	目的	时间	内容
4	分享活动感受，启发成员在人际交往中真诚待人。	约20分钟	分享讨论。 （1）没有被任何人或者小组接受，你的感受如何？ （2）当你发现别人和你的短语一样时，你的感受如何？ （3）为什么已经组成了团体的人不去帮助那些被排斥在团体之外的人呢？站在圈外的人，没有被小组接受时，内心是恐慌与失落的，这时小组的人伸手去拉一把，是对他极大的鼓舞与安慰。大家在自己的学习与生活中，应真诚待人，乐于帮助别人，从而提升自己的综合素质。
5	巩固活动成果。	约15分钟	课后作业及总结。 完成课后作业（练习6-5）并总结：其实每个人都希望得到别人真诚的帮助。只有真诚地帮助别人，才能得到别人真诚的帮助。

练习6-5

我会帮助别人吗？

金鱼缸里只有一条金鱼，现在需要在金鱼缸里加入一些东西，你觉得放进去什么东西比较好呢？请在如下答案中选择。

A. 放入一条金鱼

B. 放入空气泵

C. 放入旋转的小水车

D. 放入海螺等贝壳

测试说明：

选A的，你的同情心指数为70%。你是个很注重感情的人，也很有责任感。但是，你有些时候考虑问题很犹豫，总是想："怎么办最好呢？""这样也没有关系吗？"这会让你错过很多机会，你要注意一下。

选B的，你的同情心指数为95%。平时就考虑周全的你如果看到有困难的人，会毫不犹豫地去帮忙，而且不会计较回报，所以你是个被很多人信赖的人。但是，要注意不要被别人利用。

选C的，你的同情心指数为15%。你平常总是忙于自己的事情而很少有时间去为别人考虑。有些时候你在无意当中会给别人增添麻烦，所以你要学会尽量考虑一下大家的心情。

选D的，你的同情心指数为45%。遇到有困难的人你会觉得很麻烦，想帮忙又很迟疑，时间就这样被浪费了。你应该果断一些，走过去询问："有什么需要帮忙的吗？"

[单元六] 我们成长啦

目标：整理自己在团体中的收获，分享自己在团体中的成长。

活动内容与操作（表 6-7）：

表 6-7 “我们成长啦”活动内容与操作

序号	目的	时间	内容
1	使成员以放松的心情投入团体活动中。	约 5 分钟	回顾上周活动完成情况。 操作：请成员谈谈上周活动后的感想，谈谈过去几天学习中最开心的事情。根据成员情况，合理引导成员的情绪。
2	回顾团体活动历程。	约 15 分钟	热身活动：照片回顾。 操作： （1）整理活动中的照片，配上合适的音乐。 （2）播放准备好的照片及音乐，回顾团体的 5 次活动。
3	成员分享在情商方面的成长，聆听他人的故事并从中学习。	约 35 分钟	我的成长与变化。 操作： （1）准备“我们成长啦”短语卡片。 （2）所有成员围成一个圈，轮流就自己在本次训练中的收获发言。 注意：发言前，教练要提醒，这是最后一次团体聚会，请每个人就自己在本次训练中的进步向大家做汇报，并听听其他人的心声。
4	分享活动感受，处理离别情绪。	约 20 分钟	告别寄语。 操作： （1）每人在“我们成长啦”卡片上写下一句寄语，给你最想给的 3 个人。写完后，想一想谁会写给你，会给你写什么。 （2）分享寄语。
5	巩固活动成果。	约 15 分钟	课后作业及总结。 完成课后作业（练习 6-6）并总结，表达对所有成员积极配合的感谢，并祝福所有成员实现自己的理想。

练习 6-6

团体辅导评估表

1. 团体辅导结束，你的感受和心得是什么？
2. 团体辅导给你留下最深的印象是什么？
3. 你喜欢团体辅导的哪些方面？不喜欢团体辅导的哪些方面？
4. 如果你没有参加这次团体辅导，你的生活与现在会有什么不同？
5. 你对团体领导者、团体老师带领团体有什么意见与想法？
6. 如果用一两句话来说明团体辅导对你的意义，你将如何回答？

推荐阅读

［1］阳志平，等. 积极心理学团体活动课操作指南［M］. 2版. 北京：机械工业出版社，2016.

［2］杨文宇，李鹏. 高情商生长：剑桥最受欢迎的青少年情商训练［M］. 北京：现代出版社，2014.

专题七

人际交往——织网连心渡沧溟

名人诗句

万人丛中一握手，使我衣袖三年香。

——龚自珍

案例导入

六尺巷

清朝时，在安徽桐城有一个著名的家族，父子两代为相，权势显赫，这就是张英、张廷玉父子。

清康熙年间，张英在朝廷当文华殿大学士、礼部尚书。老家桐城的老宅与吴家相邻，两家府邸之间有块空地，供双方来往使用。后来邻居吴家建房，要占用这个通道，张家不同意，双方将官司打到县衙门。县官考虑纠纷双方都是官位显赫的名门望族，不敢轻易了断。

在这期间，张家人写了一封信给在京城当大官的张英，要求张英出面干涉此事。张英收到信件后，认为应该谦让邻里，在给家里的回信中写道：

"千里来书只为墙，
让他三尺又何妨？
万里长城今犹在，
不见当年秦始皇。"

家人阅罢，明白其中意思，主动让出三尺空地。吴家见状，深受感动，也让出三尺房基地，这样就形成了一个六尺的巷子。两家礼让之举和张家不仗势压人的做法传为美谈。

点评：

宽容、谦让不仅是美德，更是人际关系的调节器。俗话说"远亲不如近邻"，处理好与周围人的关系，关系着我们自身的幸福。在大力提倡和弘扬社会主义核心价值观的今天，人与人之间更要保持一种和谐的人际关系。

一、理论导读

（一）人际关系

1. 人际关系的定义

“人际关系”这个词是在20世纪初由美国人力资源管理协会率先提出的，也被称为人际关系论，1933年由美国哈佛大学教授乔治·埃尔顿·梅奥创立。人际关系是指人与人在交往过程中所形成的心理关系，人与人交往的关系包括亲属关系、朋友关系、学友（同学）关系、师生关系、雇佣关系、战友关系、同事关系、领导与被领导关系等。这个概念可以从以下三个方面理解：

（1）人际关系表明人与人相互交往过程中心理关系的亲密、融洽和协调的程度。

（2）人际关系由三种心理成分组成，即认知、情感和行为。

（3）人际关系是在人与人交往的过程中建立和发展起来的。

2. 人际关系建立和发展的过程

欧文·奥尔特曼认为，良好的人际关系的建立和发展需要经历以下四个阶段。

（1）定向阶段。包括对交往对象的注意、选择、初步沟通等心理活动。

（2）情感探索阶段。随着双方共同情感领域的出现，双方沟通越来越广泛，自我暴露的深度与广度也逐渐增加。人们的话题仍避免触及别人私密性的领域，自我暴露也不涉及自己基本的方面。

（3）感情交流阶段。人际关系发展到这个阶段，双方关系的性质开始出现实质性变化，此时的人际关系的安全感已经确立，谈话也开始广泛涉及自我的许多方面，有较深的情感投入。

（4）稳定交往阶段。人们心理上的相容性会进一步增加，自我暴露也更加广泛、深刻，可以允许对方进入自己高度私密性的领域，分享自己的生活空间和财产。

3. 人际关系建立的原则

（1）相互原则。人际关系的基础是彼此间的相互重视与支持。任何个体都不会无缘无故地接纳他人。喜欢是有前提的，相互性就是前提，我们喜欢那些也喜欢我们的人。人际交往中的接近与疏远、喜欢与不喜欢是相互的。

（2）交换原则。人际交往是一个社会交换过程。交换的原则是：个体期待人际交往对自己是有价值的，即在交往过程中的得大于失，至少等于失。人际交往是双方根据自己的价值观进行选择的结果。

（3）自我保护原则。自我价值是个体对自身价值的意识与评价；自我价值保护是一种自我支持倾向的心理活动，其目的是防止自我价值受到否定和贬低。

（4）平等原则。在人际交往中总要有一定的付出或投入，交往双方的需要和这种需要的满足程度必须是平等的，平等是建立人际关系的前提。人际交往作为人们之间的心理沟通，是主动的、相互的、有来有往的。人都有被爱和受人尊敬的需要，都希望得到别人的平等对待，人的这种需要，就是平等的需要。

（5）相容原则。相容是指人际交往中的心理相容，即指人与人之间的融洽关系，与人相处时的容纳、包涵、宽容及忍让。要做到心理相容，应注意增加交往频率，寻找共同点，谦虚和宽容。为人处世要心胸开阔，宽以待人。要体谅他人，遇事多为别人着想，即使别人犯了错误，或冒犯了自己，也不要斤斤计较，以免因小失大，伤害彼此的感情。

（6）信用原则。信用即指一个人诚实、不欺骗、遵守诺言，从而取得他人的信任。人离不开交往，交往离不开信用。要做到说话算数，不轻许诺言。与人交往时要热情友好，以诚相待，不卑不亢，端庄而不过于矜持，谦逊而不矫揉造作，要充分显示自己的自信心。一个有自信心的人，才可能取得别人的信赖。处事果断、富有主见、精神饱满、充满自信的人就容易激发别人与其交往的动机，赢得别人的信任。

（7）理解原则。理解主要是指体察了解别人的需要，明晰他人言行的动机和意义，并帮助和促成他人合理需要的满足，对他人生活和言行有价值的部分给予鼓励、支持和认可。

上述这些人际交往的基本原则，是处理人际关系不可分割的几个方面。运用和掌握这些原则，是处理好人际关系的基本条件。

4. 建立良好人际关系的意义

研究人际关系的兴趣、建立良好的人际关系有以下几方面意义。

（1）有利于生活幸福、心理健康和身体健康。

（2）有利于促进和谐社会的建设。和谐社会中的精神文明建设，需要提高全体人民的素质，而这建立在良好的人际关系的基础上。

（3）有利于发展社会生产力，增强群体的凝聚力。在生产力诸要素中，建立和维持良好的人际关系，才能使社会和各种组织的生命力增强，最终提高劳动生产率，促进社会生产力的发展。

（4）有利于形成一个良好的人际关系环境。现代社会要求人不仅要拥有健康的体魄、健康的心理，还要拥有健康的人际环境。良好的人际关系对于人们的生活和工作环境产生很大的好处。

（5）有利于促进个体素质的提高和个体全面发展。人际关系对人的影响是潜移默化的，时间久了，人会把建立和维持人际关系的原则化为自己的价值体系，以调节、支配自己的行为，获得正确的社会文化规范和社会角色，从而提高自身的素质（知识链接 7-1、知识链接 7-2）。

知识链接 7-1

美国某大学曾对一万多个案例的记录进行分析，结果发现“智慧”“专门技术”“经验”只占成功因素的15%，其余的85%则取决于人际关系。

戴尔·卡耐基在阅读了数百名古今中外人物的传记、走访了近百位名人之后写出的《成功之道》一书中，总结出了一个公式：个人成功 = 15% 的专业技能 + 85% 的人际关系和处世技巧。

吉米·道南和约翰·麦克斯韦尔合著了《成功的策略》，他们花了超过20年的时间观察成功人士，总结出的也是同一个公式：个人成功 = 15% 的专业技能 + 85% 的人际关系和处世技巧。

知识链接 7-2

将相和的故事

战国时期赵国舍人蔺相如奉命出使秦国，不辱使命，完璧归赵；又陪同赵王赴秦王设下的渑池会，使赵王免于受辱。为奖励蔺相如的功劳，赵王封蔺相如为丞相。老将廉颇居功自傲，对此不服，屡次故意挑衅，蔺相如以国家大事为重，始终忍让。后廉颇终于醒悟，向蔺相如负荆请罪。将相和好，共同辅国，国家无恙。

5. 人际关系的测量方法

（1）社会测量法。社会测量法是由心理学家莫里诺提出的一种测量团体（特别是小团体）内成员之间人际关系和人际相互作用模式的方法。

社会测量法的基本假设是团体内部存在不同程度的相互作用，使得各个成员在不同程度的积极与消极人际情感的基础上形成了一种非正式组织，这种相互偏爱与疏远的关系会对团体的士气和效率产生显著的影响。

（2）参照测量法。参照测量法是苏联心理学家彼得罗夫斯基创立的方法，这是一种测量群体最能发挥作用和最有影响力的一种方法。它从个性品质、行为方式和意见、目标方式方面揭示出对被测量个体均有意义的权威人物，即把一个人所属的群体内部潜藏的参照体系揭示出来。它具有更为丰富的群体分化特征和群体中人际关系的价值标准。

（3）贝尔斯测量法。美国心理学家罗伯特·F. 贝尔斯在1950年创立了一种分析群体内人际关系的方法。他根据“相互作用理论”提出社会行为分类理论，他认为考察人们的相互作用的全过程，就能测量出群体内人际关系的性质。他将人的相互作用的变量划分为4类12项变量——①肯定情感：支持情感，表示满意和和睦；②否定情感：反对和贬低，表示不满和不和睦；③提出问题：询问资料，征求建议和请求指示；④解决问题：提供资料，表示意见和给予指导。

6. **人际关系行为模式（表7-1）**

表7-1　人际关系行为模式

需要行为倾向	主动性	被动性
包容需要	主动与他人交往	期待与他人交往
支配需要	支配他人	期待他人
支配情感需要	主动表示友好	期待他人情感表达

（二）人际交往

人际交往是指人在社会生活中直接相互作用的过程。人际交往的四个特征是：对象的具体性、目的的明确性、方式的多样性、信息的传递性。

1. **四种人际交往心理模式（表7-2）**

表7-2　四种人际交往心理模式

心理模式	价值观念	认知方式	行为习惯
我不行—你行	自卑心态。	认为自己是无能和愚蠢的，无论做什么都不行，似乎所有的人都比自己强。	有时表现出社交恐惧。
我不行—你也不行	不喜欢自己和别人，看不起自己和别人。	认为自己是低能的，觉得别人也不比自己高明多少，既不相信自己，也不崇拜他人。	比较孤僻。
我行—你不行	以自我为中心，自以为是。	总认为自己是对的，而别人是错的，把社会交往中的失败与挫折归结到他人身上。	固执己见、唯我独尊。
我行—你也行	积极、乐观、进取心态。	相信他人，能够接纳自己和他人，正视现实，并努力去改变能改变的事物，善于发现自己和他人的优点与长处。	成熟、健康。

2. **影响大学生人际交往的因素**

影响大学生人际交往的因素有认知因素、情感因素、人格因素、时空接近因素、相似或互补因素、外表和个性因素。

3. **大学生人际交往常见的心理障碍**

（1）认知障碍。认知障碍包括对自我的认知偏差及对他人的认知偏差（首因效应、近因效应、定势效应、晕轮效应、投射效应、刻板印象）。

（2）人格障碍。人格障碍指个体在认知、情感、行为模式上存在持久且显著的异常，这种异常会导致社交、职业或其他重要功能受损，并给自身或他人带来困扰。

4. **人际交往障碍的调适策略**

（1）客观、正确、全面地认识自我，悦纳自我。

（2）塑造良好的个性。

（3）树立正确的竞争意识。

（4）掌握人际交往危机管理的方法。

5. 大学生成功交往技能的培养

（1）成功交往的基本原则。

① 白金法则——在人际交往中要取得成功，就一定要做到交往对象需要什么，我们就要在合法、合情理的条件下满足对方什么。

② 3A 法则——在人际交往中要成为受欢迎的人，就必须注意善于向交往对象表达我们的善良、尊重、友善之意。如何表达呢？必须做到 3 个 A：Accept，接受对方；Appreciate，重视对方；Admire，赞美对方。

（2）成功的人际交往的技能。

① 掌握人际交往的艺术——语言艺术、非语言艺术，学会真诚微笑与赞扬，学会幽默。

② 提高人际交往的技能，努力增强自己的个人魅力，塑造个人的内外气质，加强交往主动性，在交往中要掌握好“礼仪”，学会与不同类型的人交往。

二、团体设计

（一）团体成员招募

本团体辅导方案基本适合所有的学生，对团体成员并无特殊要求，既可以以班级为单位进行，也可以以招募成员的形式为试图通过此团体辅导来提升自己人际交往能力的学生提供一定的帮助。同时，本团体辅导方案既可以作为大一新生入学教育环节的班级建设系列活动，也可以作为一般人际交往训练的辅助活动。

（二）团体心理辅导方案的设置

1. 团体名称

宣传名称：完善自我、和谐相处、共同进步。

学术名称：大学生人际交往能力的培养与训练。

2. 团体目标

本次团体辅导的总体目标是：帮助协调成员的人际关系，使成员拥有积极的交往心态，协助他们健康成长。

具体目标是：

（1）促进成员认识和接纳自我，增强自尊和自信。

（2）提高成员的人际交往能力，改善人际交往状况。

(3) 帮助成员改善与同学、老师的关系，树立正确的交往心态。

3. 团体性质

本团体属于心理教育成长性团体，以发展成员的团体合作能力为目标；本团体属于半结构性团体，每次团体活动有明确的目标和方案，具体的团体活动可以在形式、难度系数等方面进行适度扩展；本团体是同质性团体，团体成员均为有参加团体合作训练意愿的在校大学生。

4. 团体活动时间和次数

本团体活动共计5个单元，每个单元1—2小时，每周1—2次。

5. 团体活动场所

能容纳全部参与者的空教室或空旷的室外。

(三) 团体领导者与团体成员

1. 团体领导者及其训练背景

团体领导者（教练）1名，要求具有心理咨询理论与实践的专业背景，以及个体、团体咨询的丰富经验。助理教练1—2名，要求参加过素质拓展训练并有活动组织经验，在团体活动前须接受教练的培训，提前熟悉团体活动操作要点。

2. 团体成员

如果是新生班级，可以以班级为单位，一个班级作为一个团体。如果是小组招募，可以控制在30—40人，根据各单元活动任务分为不同的组别。

(四) 团体活动方案设计（表7-3）

表7-3 “完善自我、和谐相处、共同进步”团体活动方案设计

活动名称	活动目的	活动内容安排	预计时间
单元一 破除坚冰	使成员消除陌生感，获得初步相识的一些经验，体会与人交往的感受，培养小组气氛，初步建立信任。	1. 相见甚欢。 2. 松鼠和大树。 3. 友情对对碰。 4. 电波传递。 5. 缩小包围圈。	1小时
单元二 心有灵犀	培养团体成员之间的默契和配合能力。	1. 你画我猜。 2. 超级大头贴。 3. 默契大挑战。	1小时
单元三 敞开心扉	使成员敞开心扉，学会表达，在人际关系中占据主动地位。	1. 爱在指间。 2. 人际财富。 3. 勇敢大声说。	1.5小时
单元四 增强信任	使成员学会沟通和配合，相互信任，互帮互助。	1. 快乐人椅。 2. “盲”人拼图。 3. “瞎子”背“瘸子”。 4. 风雨同行。 5. 生死与共。	2小时

续表

活动名称	活动目的	活动内容安排	预计时间
单元五 交往技巧	使成员掌握人际交往中的一些基本技巧，提高人际交往能力。	1. 走出圈外。 2. “谢谢”大轰炸。 3. 对视3分钟。 4. 爱的拥抱。 5. 魅力测试站。	2小时

三、团体实施

[单元一] 破除坚冰

目标：消除陌生感，获得初步相识的一些经验，体会与人交往的感受，培养小组气氛，初步建立信任。

活动内容与操作（表7-4）：

表7-4 “破除坚冰”活动内容与操作

序号	目的	时间	内容
1	消除成员之间的陌生感。	约5分钟	相见甚欢。 操作： （1）全体成员按“1，2，1，2，…”进行报数，“1”为一组，“2”为一组，两组面对面站成两队。 （2）两队成员互相注视，面带微笑，配合“1”“2”“3”“4”的口令分别做动作。“1”：成员以右手握住对方右手，并说：“你好！我是×××。”“2”：成员两手与对方两手互握，并说：“朋友，你的气色很好！”“3”：成员互相伸出大拇指，并说：“朋友，加油！”“4”：成员右手轻拍对方双肩两下，并说：“让我们共创美好的明天！”
2	热身，活跃气氛，消除成员之间的陌生感。	约15分钟	松鼠和大树。 操作： （1）事先分组，按“1，2，3”报数，“2”为松鼠，其他为大树。3人一组，2人扮大树，面对对方，伸出双手围成一个圆圈；1人扮松鼠，并站在圆圈中间。教练或其他没成对的学员担任临时人员。 （2）当喊“猎人来了”时，扮演松鼠的人就必须离开原来的大树，重新选择其他的大树；教练或临时人员应临时扮演松鼠并插到大树当中，落单的人应表演节目。 （3）当喊“伐木工来了”时，扮演“大树”的人就必须离开原先的同伴重新组合成一对大树，并圈住松鼠，教练或临时人员应临时扮演大树，落单的人应表演节目。 （4）当喊“地震了”时，扮演大树和松鼠的人全部打散并重新组合，扮演大树的人也可扮演松鼠，扮演松鼠的人也可扮演大树，教练或其他没成对的人也插入队伍当中，落单的人应表演节目。 备注：成员在变化组合时，不能由隔壁的组合直接变过来，必须全场跑动；活动中注意不要撞伤同伴。

续表

序号	目的	时间	内容
3	让成员彼此相识，建立互动关系。	约 20 分钟	友情对对碰。 操作： （1）跟随着音乐，教练先让成员在指定的圆圈内自由摇摆，见到其他成员必须微笑着握手。给一定时间让成员自然相遇，并尽可能多地握手。 （2）当教练说“停”时，每个成员与面对的或正在握手的人就成了朋友，2 人一组互相做自我介绍，时间为 2 分钟。教练要鼓励成员尽可能记住对方的信息。 （3）各小组抽签，抽取相同数字的 2 人小组再组成新的小组，新组根据人数形成 4 人或 6 人一组。每位成员需将自己刚才认识的朋友向另外几位新朋友介绍，每人 2 分钟。 （4）各小组抽签，抽取相同数字的碰对组成新的小组，形成 8 人或 12 人一组。每位成员需将自己刚才认识的朋友向另外几位新朋友介绍，每人 3 分钟。 （5）直到所有小组都碰完，组成两大阵营。然后两大组成员面对面站立，双方握手，向对方介绍自己。
4	活跃气氛，消除害羞感。	约 10 分钟	电波传递。 操作： （1）让所有成员手拉手站成一圈。任选某一成员（如 A）作为“电波”传递的起点。当教练说“开始”时，A 按顺时针（或逆时针）方向向相邻的同伴传递“电波”（即一个信号，如轻捏一下相邻同伴的手）。每位成员收到“电波”后，要用最快的速度传递给下一位成员。照此类推，直到“电波”回到起点，即 A 处。当 A 收到电波时，大喊“收到”。 （2）在所有成员都熟悉操作之后，教练要求变更“电波”传递的方向，如由原来的沿顺时针方向传递变为沿逆时针方向传递。在“电波”沿着新方向被传递几次之后，再一次加大传递的难度，如要求成员们闭上眼睛或背向圆心站立。 （3）在游戏快要结束的时候，为了使游戏更加有趣，教练悄悄告诉 A，同时向两个方向传递“电波”，而且不要声张，看看这样会带来什么有趣的效果。
5	使小组充满活力；创造融洽的气氛；让成员们能够自然地进行身体接触及互相配合，消除害羞感。	约 10 分钟	缩小包围圈。 操作： （1）让成员们紧密地围成一圈。 （2）让每个成员把自己的胳膊搭在相邻同伴的肩膀上。 （3）告诉大家将要面临一项非常艰巨的任务，即大家要一起向着圆心迈三大步，同时要保持大家已经围好的圆圈不被破坏。 （4）等大家都搞清楚游戏要求之后，让大家一起开始迈第一步。迈完第一步后，给大家一些鼓励和表扬。 （5）接着开始迈第二步。 （6）最后迈第三步，其结果可能是圆圈断开，很多成员摔倒在地。尽管很难成功完成任务，但是这项活动会使大家开怀大笑，烦恼尽消。

[单元二] 心有灵犀

目标：培养团体成员之间的默契和配合能力。

活动内容与操作（表 7-5）：

表 7-5 “心有灵犀”活动内容与操作

序号	目的	时间	内容
1	了解人际沟通是一个双向的过程，需要双方的不断反馈和调节。	约 15 分钟	你画我猜。 操作： （1）将成员分成若干组。 （2）游戏开始，每组的第一位选手看提示板上显示的内容，其他人不可以偷看。 （3）第一位选手看完后有 20 秒的时间画出所提示的内容，接着后一位选手看前一位选手在纸板上所作的画，画画的人不可以说话，否则算整组输，后一位选手看过之后再根据自己所理解的进行作画，照此类推。 （4）最后一名选手根据前一名选手所作画的内容猜出图画内容，若最后一名选手猜不出来，则由前一名选手猜，依此类推。
2	熟悉团体成员，培养成员之间的默契。	约 15 分钟	超级大头贴。 操作： （1）分组，每组人数不限。 （2）每组各派出一人，两两面对面坐在中央（中间可放一把椅子）。 （3）教练在宣布题目后，分别把 2 张写有答案的纸放在 2 人头上。这 2 人只能看到对方头上的答案，不能看到自己头上的。 （4）当教练说“开始”时，2 人先拍打放在中央的椅子或地板来做抢“问”，问的问题只能为是非题，然后猜答案。 （5）成员可在旁边帮忙回答，但不能问问题或讲答案。 （6）每队有 30 秒到 1 分钟的时间来问问题（看题目难度而定），有 3 次机会猜答案（看题目难度而定）。
3	培养团体成员的表达和沟通能力。	约 30 分钟	默契大挑战。 操作： （1）分组。 （2）教练请各组选派一对选手上台，助理教练预先准备好写有成语的白纸（有几对选手，就准备几张）。 （3）教练讲解游戏规则，由成员 A 先看白纸上的成语，再用肢体语言表达给成员 B 看，B 猜出这个成语即为获胜。强调：A 只准做动作，不准出声；B 最多猜两个成语，两个都不对，即遭淘汰。 （4）教练请第一对选手中的 B 面对墙壁站立，打开白纸，把成语展示给 A 和观众看，请 A 向 B 表演他所看到的成语，若猜对，请这对选手站到教练的左侧；若猜错，则站到教练的右侧。第二对、第三对……依次进行。 备注：举例如龙飞凤舞、狗急跳墙、猛虎下山、饿虎扑食、螳螂捕蝉、眉目传情、暗送秋波、昂首阔步、掩耳盗铃。

［单元三］敞开心扉

目标：敞开心扉，学会表达，在人际关系中占据主动地位。

活动内容与操作（表 7-6）：

表 7-6 “敞开心扉”活动内容与操作

序号	目的	时间	内容
1	人际交往中要主动敞开心扉，接纳、肯定、支持他人，保持在人际关系中的主动地位。	约 30 分钟	爱在指间。 操作： (1) 将成员分成相等的两组，一组围成一个内圈，另一组站在内圈成员的身后，围成一个外圈。内圈成员背向圆心，外圈成员面向圆心，即内外圈成员两两相对而站。 (2) 成员在教练口令的指挥下，做出相应的动作。当教练发出“手势”的口令时，每个成员向对方伸出 1—4 根手指：伸出 1 根手指表示“我现在还不想认识你”；伸出 2 根手指表示“我愿意初步认识你，并和你做点头之交的朋友”；伸出 3 根手指表示“我很高兴认识你，并想对你有进一步的了解，和你做普通朋友”；伸出 4 根手指表示“我很喜欢你，很想和你做好朋友，与你一起分享快乐和痛苦”。 (3) 当教练发出“动作”的口令时，成员必须做出相应的动作：如果两个人伸出的手指不一样，则站着不动，什么动作都不需要做；如果两个人都是伸出 1 根手指，那么各自把脸转向自己的右边，并重重地跺一下脚；如果两个人都是伸出 2 根手指，那么微笑着向对方点点头；如果两个人都是伸出 3 根手指，那么主动热情地握住对方的双手；如果两个人都是伸出 4 根手指，那么热情地拥抱对方。 (4) 每做完一组“动作—手势”，外圈的成员就分别向右跨一步，和下一个成员相视而站，跟随教练的口令做出相应的手势和动作。照此类推，直到外圈的成员和内圈的每位成员都完成一组“动作—手势”为止。 (5) 分享：握手和拥抱的动作完成了几个？为什么？当你看到别人伸出的手指比你多时，你心里感觉如何？当你伸出的手指比别人多时，你心里感觉如何？
2	敞开心扉，正确认识自我，剖析人际关系。	约 30 分钟	人际财富。 操作： (1) 给每个成员发一张白纸、一支笔。请成员跟着教练的指导语，绘制自己的人际财富图。 (2) 首先在白纸的中央画一个实心圆点代表自己；然后以这个实心圆点为中心，画 3 个半径不等的同心圆，代表 3 种人际财富或者人际圈。同心圆内任意一点到中心圆点的距离表示心理距离。将亲朋好友的名字写在图上，名字越靠近中心圆点表明他与你的关系越亲密。 (3) 写在最小同心圆内的属于你的“一级人际财富”，你们彼此相爱，你愿意让对方走进你心灵的最深处，与对方分享你内心的秘密、痛苦和快乐。这样的人际财富不多，却是你最大的心灵慰藉，也是你生命中最重要的成长力量。 (4) 写在第二大同心圆内的是你的“二级人际财富”，你们彼此关心，时常聚在一起聊天、分享快乐，一起努力奋斗。虽然你们之间有些秘密无法分享，但这类朋友让你时常感到温暖。 (5) 写在最大一个同心圆内的属于你的“三级人际财富”，这些朋友可以是平时见面打个招呼，但是需要帮助时也愿意尽力帮忙的朋友；可以是曾经比较亲密但渐渐疏远，却仍然在你心中占有一席之地的朋友；也可以是平时难得见面，却不会忘记在逢年过节问候一声的朋友。 (6) 同心圆外的空白处代表“潜在人际财富”。尽量把那些虽然比较疏远但仍属于你的人际财富的人的名字写下来。 (7) 思考与分享：你的人际关系现状如何？是否合适？人缘好或不好的原因是什么？

续表

序号	目的	时间	内容
3	拒绝小声说话，学会大声表达。	约30分钟	勇敢大声说。 操作： (1) 热身。“钢琴”是坐下，“松树”是起立，由教练发布口令，成员根据口令做相应的动作。 (2) 教练让全体成员假装看到自己的偶像出现在了校园里，但是与自己相隔了一段距离。成员们要激动地大声呼唤自己的偶像，以吸引他的注意力，让偶像能看到自己。不大声不算过关。 (3) 以小组为单位，每个成员都要送给其他成员两句话，来表达自己对他人的看法，并要大声地吼出来。

[单元四] 增强信任

目标：学会沟通和配合，相互信任，互帮互助。

活动内容与操作（表7-7）：

表7-7 “增强信任”活动内容与操作

序号	目的	时间	内容
1	体验团体精神，增加成员之间的相互信任和理解。	约20分钟	快乐人椅。 操作： (1) 所有成员围成一圈，每位成员将自己的手放在前面一位成员的肩上。 (2) 前一个人的脚跟连着后一个人的脚尖，然后每位成员都慢慢坐在他后面成员的大腿上。 (3) 坐下之后，成员可以喊出相应的口号，如“齐心协力、勇往直前”。备注：可以以小组比赛的形式进行，看看哪个小组可以坚持最长的时间，获胜的小组可以要求失败的小组表演节目。
2	团体之间建立良好的沟通和信任关系，增强凝聚力。	约20分钟	“盲人”拼图。 操作： (1) 将成员分成人数相等的若干小组。 (2) 各小组讨论，各自选出一名成员充当“盲人”，其余当军师。 (3) “盲人”戴上眼罩听从军师的指挥，需要越过障碍，将拼板前面零散的拼图全部拼贴到拼板上，用时最短者获胜。 备注：拼图可以为人脸拼图、风景拼图、人物拼图等。
3	锻炼沟通、配合能力，活跃气氛。	约20分钟	“瞎子”背“瘸子”。 操作： (1) 分组。每组派出两位成员，最好是男女生搭配。 (2) 男生背女生，男生当“瞎子”，用纱巾蒙住眼睛，女生扮“瘸子”，为“瞎子”引路，让“瞎子”绕过路障，到达终点，最早到达者获胜。其中，路障设置可摆放椅子，须绕行；气球，须踩破；花朵，须拾起，递给女生。

续表

序号	目的	时间	内容
4	学会配合，学会包容别人的短处，取长补短，增加团体的信任感。	约30分钟	风雨同行。 操作： (1)分组。按6人一组分组，在6人中规定有2个“盲人”、1个“无脚人”、2个“无手人”、1个“哑巴”。 (2)角色分配完成后，按要求“盲人”戴上眼罩、“哑巴”戴上口罩、“无脚人”捆绑双脚、“无手人”捆绑双手。 (3)把他们带到比赛起点，让成员把所有物品搬运到终点，用时最少的组获胜。 (4)参与成员交流分享感受。 备注：活动道具为眼罩、口罩、短绳、篮球、雨伞、椅子、书包、水桶、抱枕等物品。
5	在困难面前要相互支持，互帮互助。	约30分钟	生死与共。 操作： (1)两两一组，教练在每组成员面前的地上铺开一大张报纸。 (2)讲解游戏规则，报纸将在游戏过程中逐渐变小，能在报纸上站到最后的一组获胜。 (3)各组成员站到报纸上，教练计时，数10下，坚持不住者被淘汰。 (4)把进入第二轮的各组成员面前的报纸撕掉一半，成员站上去，教练计时，数10下，坚持不住者被淘汰。 (5)把进入第三轮的各组成员面前的报纸再撕掉一半，成员站上去，教练计时，数10下，坚持不住者被淘汰，依此进行，坚持到最后的一组获胜。

[单元五] 交往技巧

目标：掌握人际交往中的一些基本技巧，提高人际交往能力。

活动内容与操作（表7-8）：

表7-8 “交往技巧”活动内容与操作

序号	目的	时间	内容
1	改善沟通方式，乐于分享自我。	约20分钟	走出圈外。 操作： (1)每位成员在纸上画一个大圈，里面有4个小圈，需要从外到内写下以下内容：生活中常让你开心，但你很少对别人说的话；生活中常让你不开心，但你很少对别人说的话；1个你个人的目标；3个形容你自己的词语。 (2)讨论：根据上述内容进行分组讨论。 (3)分享：你是否勇于与大家分享自我？和大家讨论之后，你的情感有何变化？你对自己的认知与别人对你的看法是否一致？
2	常怀感恩之心，常表感谢之意，拉近人与人之间的距离。	约30分钟	“谢谢”大轰炸。 操作： (1)成员按小组坐好，每个小组请一位成员坐在小组中央，接受小组其他成员的轰炸：小组每位成员要轮流说出对他（她）的感谢，如“感谢你一直以来都积极参与活动”，“感谢你在游戏中一直和我默契配合”……被轰炸者也要真诚地对感谢他的人表达谢意。小组所有成员均接受一次“谢谢”大轰炸。 (2)讨论与分享：被别人感谢时，你的感受如何？感谢别人时，你的感受又如何？ (3)一起学习手指韵律操《谢谢你》或者手语歌曲《朋友》。

续表

序号	目的	时间	内容
3	眼睛是心灵的窗户，用心去感受情感和真诚。	约 10 分钟	对视 3 分钟。 操作： (1) 全体成员分成 2 组，2 组面对面站立。 (2) 与对面成员手拉手，并与对方对视 3 分钟。 (3) 分享与讨论：把对视过程中的真实感受、想对对方说的话、从对方的眼睛中读出的东西都表达出来。
4	知道可以用拥抱来表达爱，体验与同伴拥抱的亲切感，并愿意用拥抱的方式表达爱。	约 30 分钟	爱的拥抱。 操作： (1) 展示有关拥抱的图片和视频，如父母与孩子拥抱、同窗好友离别前拥抱、中国运动员胜利时拥抱的图片和视频等。 (2) 讨论：从图片和视频中你看到了什么？体会到了什么？拥抱所表达的含义有什么？在什么情况下人们会选择拥抱？ (3) 分为若干小组，每个小组成员之间都互相拥抱。 (4) 游戏升级：全体成员手拉手围成一个圈，当音乐响起时，成员手拉手绕圈走，当音乐停下时，成员自由选择同伴抱一抱。 (5) 讨论与分享：被拥抱是什么感觉？没有人来主动拥抱是什么感觉？主动拥抱别人是什么感觉？
5	协助成员认识在人际交往中受欢迎的人格特质，使其明白好人缘来自好性格。	约 30 分钟	魅力测试站。 操作： (1) 教练描述情景：你参加了一个夏令营，在这个夏令营里，你结识了很多性格迥异的人，有真诚的、善解人意的、乐于助人的、体贴的、热情的、善良的、活泼开朗的、风趣幽默的、聪明能干的、自信的、心胸宽广的、脾气古怪的、不友好的、饶舌的、自私自利的、自负傲慢的、虚伪的、恶毒的、不可信任的、性情暴躁的、孤僻的、冷漠的、固执的、心胸狭隘的等。 (2) 成员讨论：你最不愿意和哪 3 种人做朋友？你最愿意和哪 3 种人做朋友？并简要说明理由。请每位成员对自己做一个评判：你认为你最类似于以上哪 2 种人？说出优缺点各一个。仔细倾听其他成员对此的评价，从而了解自己的性格在人际交往中的受欢迎程度。 (3) 教练根据成员的发言，记录下每种性格的魅力指数。根据喜欢程度的高低，把 3 种性格分别记 +3、+2、+1；反之，根据讨厌程度的高低，把 3 种性格分别记 −3、−2、−1。所有成员发言完后，计算每种性格的总分，得出该性格的人际魅力指数。 (4) 成员进行分组讨论：如何培养最受欢迎的 3 种性格？如何克服最不受欢迎的 3 种性格？并派代表发言。

专题八

亲密关系——两心同铸琉璃塔

名人诗句

众里寻他千百度，蓦然回首，那人却在灯火阑珊处。

——辛弃疾

案例导入

爱的启蒙课

校园里樱花开放的时节，粉白的花瓣在春风中簌簌飘落，铺满了图书馆前的小径。我每每看见那些手挽着手的情侣踏着花瓣走过，便想起爱情在大学时代所扮演的角色——它不仅仅是一段罗曼史，更是一堂重要的人生启蒙课。

大学生正值青春盛年，血液里奔涌着对爱情的渴望。这渴望本是极好的，像春天里萌动的嫩芽，带着生命最原始的真诚。可如今的校园里，爱情却常常变了味道。有人把它当作排遣寂寞的消遣，有人视之为炫耀的资本，更有人将其异化为一场精明的交易。宿舍楼下夜半的争吵声，朋友圈里精心摆拍的“甜蜜”照片，表白墙上那些轻浮的言语——这些都不是爱情应有的模样。

真正的爱情应当是一面镜子，照见我们最真实的自己。记得曾经有人说过：“爱情里最重要的不是你得到了什么，而是你成为什么样的人。”这话说得极是。我见过许多因爱情而成长的人：那个曾经自私的男孩学会了体贴，那个怯懦的姑娘变得勇敢，那个浮躁的少年开始沉淀。好的爱情就像春雨，润物无声地滋养着两个人的灵魂。

爱情更是一所学校。在这里，我们第一次真正学习如何与另一个独立的灵魂相处——要学会尊重对方的边界，要懂得包容差异，要在保持自我的同时为对方做出适当的调整。这些功课，比任何一门专业课都更难，却也更重要。可惜现在许多年轻人把这些功课都做错了：有的完全失去自我，像藤蔓般依附对方生长；有的则固执己见，不肯为爱情做出丝毫改变。

爱情固然需要热烈的情感，但也需要理性的约束。我们既要敢于表达爱，也要学会克制；既要享受甜蜜，也要承担责任；既要投入当下，也要着眼未来。那些在宿舍楼下大声表白的行为固然浪漫，而细水长流的相知相守更令人向往。

图书馆里那些一起学习的情侣，男孩对着电脑推导公式，女孩在笔记本上写写画画，偶尔抬头相视一笑，那笑容里藏着只有彼此才懂的密码。他们或许不说话，只是偶尔交换一个眼神，或是在对方困倦时递上一杯咖啡。这种默契比任何轰轰烈烈的告白都更动人。这样的爱情不喧哗，却自有其力量。它让枯燥的备考变得温暖，让繁重的课业有了分担。在知识的海洋里泅渡时，知道不远处有个同样在奋力划水的身影，这本身就是一种莫大的慰藉。爱情最美好的样子，不就是让两个人都成为更好的自己吗？

樱花终会凋谢，但那些在爱情中学到的知识却会长存。当我们离开校园时，带走的不仅是一纸文凭，还有那些关于爱的领悟：如何爱人，如何被爱，如何在保持独立的同时与另一个灵魂紧密相连。这些领悟，将照亮我们漫长的人生旅途。

点评：

爱情从来不是大学生活的必需品，但没有体会过真挚情感悸动的青春，总像一首未写完的诗。那些在自习室并肩温书的夜晚，在操场散步时的月光，在食堂分享一碗面的温暖，都是时光馈赠给年轻心灵最珍贵的礼物。

我们不必刻意追逐爱情，但当它来临时，也无需畏惧。就像春日里两株相邻的树苗，不必急于缠绕，只需在阳光雨露中自然生长。终有一天，你会发现彼此的枝叶在风中轻轻相触，根系在地下悄然相连——这种默契，远比刻意的依偎更为动人。

愿每个年轻的生命都能在成长的道路上，遇见一个能让彼此变得更好的人。不必是轰轰烈烈的传奇，只需是平凡日子里相互理解的陪伴。当你们回望这段校园时光时，记得的不只是图书馆的灯光，还有那个与你共享过梦想的身影。

一、理论导读

（一）大学生恋爱心理概述

恋爱是大学生心理发展的重要课题，处于成年初期的个体在情感需求、亲密关系建立及自我认同等方面都面临着新的挑战与机遇。埃里克森的心理社会发展理论指出，18—25 岁的青年正处于“亲密 VS 孤独”阶段，能否建立健康的亲密关系直接影响个体的心理健康与社会适应能力。大学生恋爱不仅涉及情感体验，还与自我认知、人际交往、价值观塑造等密切相关。

斯滕伯格的爱情三元论系统性地解析了爱情的复杂构成，认为完整的爱情包含三个基本成分（图 8-1）：亲密指情感联结中的温暖与理解，表现为深度自我表露和共同体验分享；激情作为动机维度包含生理吸引和情感唤起，通常呈现倒 U 型发展曲线；承诺则是维系关系的认知决策，包含短期选择和长期投入。这三种要素的不同组合形成了八种爱情类型：从三要素均缺失的"无爱"，到单一要素主导的"喜欢"（仅亲密）、"迷恋"（仅激情）和"空洞之爱"（仅承诺），再到双要素结合的"浪漫之爱"（亲密 + 激情）、"伴侣之爱"（亲密 + 承诺）和"愚昧之爱"（激情 + 承诺），直至三要素完备的"完美之爱"。该理论不仅为评估关系质量提供了诊断工具，还能指导关系发展，如帮助恋人理解激情自然消退后如何转向伴侣之爱，也可以有效解决承诺恐惧等问题。尽管存在文化适用性和测量方面的局限，这一理论框架仍深刻揭示了爱情的多元性和动态性，强调健康关系需要亲密、激情与承诺的平衡发展，为现代恋爱关系提供了重要的理论和实践指导。

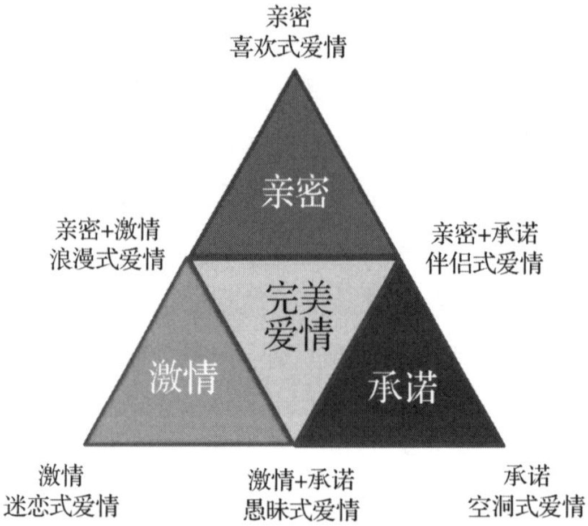

图 8-1　爱情的三个基本成分

（二）大学生恋爱心理特点

1. 情感需求强烈但认知不成熟

大学生处于生理与心理的活跃期，渴望亲密关系，但由于社会经验不足，容易将爱情理想化，或陷入冲动性恋爱（如快餐式恋爱、跟风恋爱等）。

2. 自我认同与恋爱关系交织

根据马西亚（James Marcia）的自我认同理论，大学生仍在探索"我是谁"，而恋爱关系可能成为自我价值的外在确认。部分学生可能因恋爱而过度依赖对方，或通过恋爱逃避个人成长问题。

3. 矛盾心理普遍存在

大学生渴望亲密又害怕失去自我；追求浪漫又面临现实压力（如学业、经济等）；性心理觉醒与道德观念的冲突同时存在。

（三）大学生常见恋爱心理问题

1. 过度依赖型恋爱

这种恋爱心理表现为情感过度依附对方，失去独立性，易产生焦虑、控制欲等问题，分手后可能出现抑郁倾向。

2. 回避型恋爱

这种恋爱心理因害怕受伤或自卑而回避亲密关系，长期可能导致社交退缩、孤独感加剧。

3. 功利型恋爱

这种恋爱心理将恋爱作为满足物质需求、社交地位或虚荣心的手段，违背爱情的本质，易引发心理失衡。

4. 失恋心理危机

失恋是大学生常见心理应激事件，可能引发自我否定、情绪崩溃甚至极端行为（如自伤、报复等）。

（四）大学生健康恋爱心理的构建

1. 树立正确的恋爱观

爱情是平等、尊重与共同成长，而非占有或拯救。处理好爱情与学业、自我发展的关系，避免“恋爱脑”。

2. 培养爱的能力

培养情绪管理能力，学会理性处理矛盾，避免情绪化冲突。培养沟通能力，学会表达需求与倾听对方。保持独立性，保持自我边界，不因恋爱失去个人目标。

3. 理性对待失恋

当恋爱过程中遇到失恋时，接受失恋是正常的人生经历，可通过倾诉、运动、社交等方式调节情绪，也可以运用埃利斯的理性情绪疗法纠正“失去‘Ta’我就一无所有”等非理性信念。

4. 性心理健康教育

学习青春期性知识，避免因无知导致身心伤害。懂得性行为中的责任、安全与相互尊重。

二、团体设计

（一）团体成员招募

本团体活动方案适合所有大学生，可以作为两性教育或恋爱成长相关的系列团体辅导活动。成员通过小组招募的形式，为想要了解自我，了解异性，探索恋爱关系，提升两性沟通能力的同学提供帮助和支持。招募过程中应注意男女比例均衡。

1. 招募方式

校园海报、公众号宣传；心理健康中心推荐（针对有恋爱困扰的学生）

2. 筛选标准

对恋爱话题有探索意愿，对两性交往主题有探索意愿。无严重心理障碍（如重度抑郁、人格障碍等）。

（二）团体心理辅导方案的设置

1. 团体名称

团体名称：火星人遇到金星人。

2. 团体目标

本团体的整体目标是：认识两性的心理与行为，学习与异性的沟通技巧，提高处理和维持异性人际技能的能力，探索爱情的真谛。

本团体的具体目标是：认识两性的心理与行为异同，培养和提高异性交往能力；学会接纳和信任对方，理解对方；学会认识自我和他人，澄清自我价值体系，树立自信心。提高处理和维持异性人际关系技能的能力；并通过今后不断的自我完善，形成具有健全人格特征和健康人际关系的个体，拥有和谐的自我与和谐的人际关系。

3. 团体性质

本团体属于心理教育成长性团体，以成员的自我探索与两性沟通能力发展为目标；本团体为结构性团体，每次团体活动有明确的目标和方案设计，不过具体的团队活动可以在形式、难度系数等方面进行适度调整；本团体是同质性团体，团体成员均为有提升自我认知能力以及两性交往能力的在校大学生。本团体为封闭性团体，团体成员一起进入团体，直至团体活动结束。

4. 团体活动时间和次数

团体分为 5 个单元，每个单元 1—2 小时。建议每周 1—2 次。

5. 团体活动场所

活动场所为团体辅导活动室或户外宽敞空阔的场地，具体以活动需要选择。

（三）团体领导者与团体成员

1. 团体领导者及其训练背景

团体领导者（教练）1 名，要求具有团体心理辅导、素质拓展等专业背景，以及团队建设活动经验。助理教练 1—2 名，要求参加过素质拓展训练并有活动组织经验，在团体活动前须接受教练的培训，提前熟悉团体活动的操作要点。

2. 团体成员

本团体成员为小组招募，可以控制在 25 人左右，根据各单元活动任务分为不同的组别。

（四）团体活动方案设计（表 8-1）

表 8-1 “火星人遇到金星人”团体活动方案设计

活动名称	活动目的	活动内容安排	预计时间
单元一 缘聚你我	帮助成员了解团体的性质、目标；促进成员相互认识并初步了解；培养和谐的团体氛围，增强成员之间的信任和团体凝聚力；明确并深化对团体规范的认识。	1. 活动介绍。 2. 刮风了。 3. 知你知我对对碰。 4. 团体规范。 5. 彩色光谱。 6. 理想的“Ta”。 7. 课后作业。	2 小时
单元二 认识爱情	价值观探索与澄清，帮助成员识别自己在亲密关系中最重视的特质和需求；促进自我觉察，反思过往恋爱经历与当前价值观的关联；增强团体互动，加速团体信任建立；在分享中理解多元价值观，培养包容心态。	1. 回顾上周活动完成情况。 2. 松鼠与大树。 3. 歌曲代表我的心。 4. 爱情价值观拍卖会。 5. 分享总结与课后作业。	2 小时
单元三 解码两性星球	了解男女差异，培养组员接纳和信任对方的技能；培养组员如何理解对方和站在对方角度看问题的方法；理解男女心理差异，从而改善异性交往方式。	1. 回顾上周活动完成情况。 2. 我是小厨师。 3. 情绪速递。 4. 性别星球登陆。 5. 男女差异初体验。 6. 解码实验室。 7. 分享总结与课后作业。	2 小时
单元四 恋爱危机	识别典型恋爱矛盾；学习处理恋爱矛盾，将冲突或分手转化为成长机会；帮助成员从破碎关系中提取积极遗产，实现认知重构和意义发现。	1. 回顾上周活动完成情况。 2. 头脑风暴。 3. 当爱情走到尽头。 4. 失恋急救箱。 5. 分享总结与课后作业。	2 小时
单元五 爱中成长	促进成员了解自己的恋爱观，以及思考对未来恋爱关系的期待；平衡爱情与自我成长，引导成员思考爱情与个人发展的关系；促进成员建立深层情感连接，送出对未来的美好祝福，处理分离情绪。	1. 回顾上周活动完成情况。 2. 小鸡进化论。 3. 生命线绘画。 4. 恋爱祝福大派送。 5. 团体告别。	2 小时

三、团体实施

［单元一］缘聚你我

目标：帮助成员了解团体的性质、目标；促进成员相互认识并初步了解；培养和谐的团体氛围，增强成员之间的信任和团体凝聚力；明确并深化对团体规范的认识。

活动内容与操作（表8-2）：

表8-2 “缘聚你我”活动内容与操作

序号	目的	时间	内容
1	促进成员了解团体辅导的目标和形式。	约5分钟	活动介绍。 操作： （1）成员围坐成一个圆圈，确保每个人都能看到其他成员。 （2）教练对此次团体辅导活动的目的、活动形式做介绍。
2	活跃团体气氛。	约10分钟	刮风了。 操作： （1）选一个宽敞场地，成员围坐成一个圆圈。教练起立，站在圈内，作为第一个发令人。 （2）发令人说“大风吹”，成员回“吹什么”，发令人给出特征指令（如“吹穿运动鞋的人”），符合该特征者交换座位，不可坐在原位不动，没抢到座位者成为新的发令人；全员符合则全体换位，强调注意安全。 （3）发出的特征指令可以是外显特征，也可以是内在特征、兴趣爱好、某种经历等。
3	促进小组成员相互认识并初步了解。	约30分钟	知你知我对对碰。 （1）教练进行自我介绍，包括自己的姓名、身份、兴趣爱好等基本信息，为成员树立一个榜样，让他们了解介绍的内容和方式。 （2）从教练开始，按照顺时针或逆时针方向，每位成员依次进行简单的自我介绍，让大家初步认识自己。 （3）成员两人一组自由组队。成员依次向队友进行自我介绍，介绍专业、学院、爱好、特长等。两人一起用一句话总结对方的特点或自己对对方的印象，写在便利贴上。 （4）每两个小组合并成一个四人小组。在新的小组中，每位成员先向其他三人介绍自己之前搭档的伙伴，包括对方的基本信息、特点以及自己写在便利贴上的总结。然后，四人小组一起交流，分享自己的一些情况。交流结束后，小组共同讨论并总结出一个最能代表小组特点的关键词、短语，或短句，写在一张便利贴上。 （5）所有四人小组重新集合，形成大组。每个小组选派一名代表，向大家介绍自己小组的关键词或短语或短句，并解释其含义，分享小组讨论过程中的一些有趣的故事或深刻的感悟。 （6）其他小组的成员认真倾听，可以进行提问、发表自己的看法或分享类似的经历，展开进一步的讨论。教练在这个过程中要积极引导讨论，鼓励成员充分表达自己的观点和情感，营造开放、包容的氛围。

续表

序号	目的	时间	内容
4	建立团体规范。	10 分钟	团体规范。 操作： （1）介绍团体规范并发放契约书（练习 8-1）。 （2）小组讨论为什么要做出上述规范，如何做到。
5	促进成员了解团体情况，促进成员相互了解，澄清团体目标和期待。	约 30 分钟	彩色光谱。 操作： （1）第一条光谱，了解你的异性朋友较多，还是较少。光谱的一端代表“非常多异性朋友”，另一端代表“没有异性朋友”。请在光谱线上找到合适的位置站立。确定好位置以后可以让光谱两端的同学互问问题，开展对话。 （2）第二条光谱，了解你来参加这个团体的期待，期望的主题是“泛化的异性交往”，还是“狭义的男女朋友交往”。光谱的一端代表“泛化的异性交往”，另一端代表“狭义的男女朋友交往”。请在光谱线上找到合适的位置站立。确定好位置以后可以让光谱两端的同学互问问题，开展对话。 （3）教练带领组员明确本活动的目标，协助组员调整活动期待。
6	讨论自己所欣赏的异性特质。	约 30 分钟	理想的“Ta”。 准备：练习纸、A4 纸、笔。 操作： （1）将成员分为两组：男生组和女生组。 （2）发给每位成员一张练习纸（练习 8-2），请成员根据自身情况填写。 （3）以“理想的异性特质”纸笔游戏带动讨论。每个成员依次分享自己填写的练习纸，并说明“理想的异性特质”有哪些。 （4）小组成员将本组提到的异性特质进行整理，写在 A4 纸上。 （5）小组代表将本组整理的“理想的异性特征”在大组内分享交流。
7	为下次活动做准备。	约 5 分钟	课后作业。 操作： （1）请团体成员准备一首歌，最能表达自己理想的异性交往模式，下次活动的时候以 MP3 格式带来与大家分享。 （2）请成员回去思考此次活动的体会，下次活动时分享。

练习 8-1

团体心理辅导契约书

为保障团体心理辅导顺利进行，营造安全、信任的团体氛围，全体成员自愿达成如下约定：

（1）严禁泄露团体中他人的个人信息及分享内容，团体外的任何场合不讨论成员隐私。

(2) 成员间互相尊重，不打断他人发言，不使用贬低性语言，尊重多元价值观。
(3) 准时出席每次活动，全程参与。如需请假需提前24小时告知领导者。
(4) 禁止任何形式的身体/语言暴力，讨论时聚焦自身感受（使用“我”句式）。
(5) 活动期间手机静音，非必要不使用电子设备。
(6) 鼓励开放分享，但允许保留隐私，不强迫自我暴露。
(7) 团体结束后成员间若需联系，须征得对方明确同意。
(8) 如遇心理危机，承诺及时寻求领导者帮助。
本人已阅读并同意遵守上述约定，理解违反契约可能被终止参与资格。

成员签名：________________

日期：

练习 8-2

理想的异性特质练习纸

A. 假如他（她）是一种动物，
我希望是____________，因为____________（这种动物的什么特性吸引了你?）
B. 假如他（她）是一棵树，
我希望是____________，因为____________（这种树的什么特性吸引了你?）
C. 假如他（她）是一种乐器，
我希望是____________，因为____________（这种乐器的什么特性吸引了你?）
D. 假如他（她）是一类电影，
我希望是____________，因为____________（这种电影的什么特性吸引了你?）

［单元二］认识爱情

目标：价值观探索与澄清，帮助成员识别自己在亲密关系中最重视的特质和需求；促进自我觉察，反思过往恋爱经历与当前价值观的关联；增强团体互动，加速团体信任建立；在分享中理解多元价值观，培养包容心态。

活动内容与操作（表8-3）：

表 8-3 “认识爱情”活动内容与操作

序号	目的	时间	内容
1.	强化活动的连贯性，帮助成员建立“成长历程”意识；促进经验整合、情感联结、相互理解，安全信任。	约 10 分钟	回顾上周活动完成情况。 操作： 请团体成员谈谈上周活动后的感想，谈谈对本次团体活动的期待。
2	活跃团体氛围，打破成员间的拘谨感；培养快速反应能力和团队协作意识；通过肢体接触建立初步信任关系。	约 15 分钟	松鼠与大树。 操作： （1）在宽敞场地中，参与者按“1，2，3”报数分组，报“1”和“2”的成员两两配对，面对面站立并双手搭成拱形作为“大树”，报“3”的成员则蹲在“大树”下方扮演“松鼠”。 （2）教练讲解三种指令规则：“松鼠搬家”（松鼠换组）、“森林大火”（大树重组）和“地震”（全员重新组合）。 （3）游戏开始后，教练随机喊出指令，成员需迅速按规则调整位置，未及时找到新组者暂时退出成为观察员。首轮先进行“松鼠搬家”，逐渐加入“森林大火”和“地震”。 （4）游戏结束后，引导成员分享感受，讨论活动中体现的信任建立、主动沟通。引导问题如下：“当你找不到组时是什么感受？作为大树，如何让松鼠更容易发现你？这个游戏让你联想到生活中的哪些情境？” （5）将游戏体验与实际生活情境相联系，深化活动意义。
3	帮助成员探索和表达理想的异性交往模式；通过音乐激发情感共鸣，促进成员间的理解和分享；增强团体凝聚力，营造开放、信任的交流氛围。	约 40 分钟	歌曲代表我的心。 准备：音乐播放器、A4 纸、笔。 操作： （1）教练简要介绍活动目的和规则，强调尊重与倾听。 发放 A4 纸和笔，请成员在纸上写下自己对这首歌曲的选择理由（如：歌词、旋律或情感表达如何体现理想的异性交往模式）。 （2）轮流播放歌曲，每位成员的歌曲播放 1—2 分钟（节选高潮或代表性段落）。 （3）分享环节，歌曲播放结束后，由准备者介绍“为什么选择这首歌？歌词或旋律中哪些部分反映了自己对异性交往的期待或价值观？是否有相关的个人经历或感悟？” （4）团体讨论，其他成员可回应或提问，教练引导讨论主题，例如：不同歌曲中体现的交往模式差异（如浪漫型、务实型、独立型等）。音乐如何帮助我们表达难以言喻的情感需求？ （5）教练归纳成员的分享，总结常见的异性交往理想模式。

续表

序号	目的	时间	内容
4	帮助成员澄清个人爱情核心价值观，理解价值观对恋爱关系的影响，通过互动增强团体参与感。	约 45 分钟	爱情价值观拍卖会。 准备：爱情价值观拍卖清单（练习 8－3）、虚拟货币（每人 100 万元“爱情币”，用彩纸打印）、拍卖槌、白板、笔。 操作： （1）活动现场桌椅布置成拍卖会场形式。 （2）规则说明：每人持有 100 万元虚拟货币，可竞拍清单上的价值观，每项价值观起拍价 1 万元，每次加价≥1 万元；拍卖结束后，需解释“为何高价拍此项”。 （3）教练作为“拍卖师”逐项展示价值观，成员自由竞拍，通过举牌叫价（可用编号牌或举手），拍卖师倒计时“100 万元第一次→第二次→成交！”中标者现场支付货币，教练记录中标信息。 （4）拍卖会结束后，分享讨论以下内容： ①你拍到了什么？ ②你最昂贵的投资是什么？ ③为什么愿意用如此高价拍得这一项目？ ④有没有后悔没拍到的项目？为什么？ ⑤若从人生目标来看，它会和爱情价值观冲突吗？工作、爱情、亲情、友情、爱好对你而言的重要性排序是什么？
5	巩固活动体验。	约 10 分钟	分享总结与课后作业。 （1）邀请成员用一句话总结今天参加活动的收获。 （2）推荐阅读两本书：《男人来自火星　女人来自金星》《亲密关系》。 （3）如果时间有充裕，可事先准备一个简单的 PPT，对书中精彩观点做介绍。

练习 8-3

爱情价值观拍卖清单

序号	爱情价值观	排序	底价	得标者金额
1	真诚专一——恋爱中保持忠诚，不隐瞒不欺骗			
2	情绪稳定——能理性沟通，不乱发脾气			
3	互相成长——能督促彼此变得更好			
4	尊重包容——接受对方的不同习惯和观点			
5	信任空间——给彼此适当的个人时间和自由			
6	共同兴趣——至少有 1—2 个共同爱好			
7	幽默有趣——能让日常相处充满欢笑			
8	浪漫细胞——会准备惊喜和仪式感			
9	消费观念——对花钱的看法一致			

10	学习互助——能一起自习，互相督促学业			
11	毕业去向——能接受同城/异地的发展选择			
12	婚姻态度——对是否结婚、何时结婚的看法			
13	职业支持——愿意为对方职业发展做出调整			
14	经济观念——对兼职/理财的基本态度			
15	父母态度——在意还是不考虑父母的意见			
16	颜值要求——对外形有明确标准			
17	前任联系——能否接受与前任保持朋友关系			
18	异性社交——对伴侣有异性朋友的接受度			
19	游戏时间——能接受对方打游戏的时长			
20	公开程度——是否需要在社交平台频繁秀恩爱			

[单元三] 解码两性星球

目标：了解男女差异，培养成员接纳和信任对方的技能；培养成员如何理解对方和站在对方角度看问题的方法；理解男女心理差异，从而改善异性交往方式。

活动内容与操作（表8-4）：

表8-4 “解码两性星球”活动内容与操作

序号	目的	时间	内容
1.	强化活动的连贯性，促进经验整合、情感联结、相互理解，安全信任。	约10分钟	回顾上周活动完成情况。 操作： 请团体成员谈谈上周活动后的感想，谈谈对本次团体活动的期待。
2	活跃团体气氛，增加成员互动。	约10分钟	我是小厨师。 操作： （1）大家围坐成一圈，教练站在圈外说明规则：“现在我是一个小厨师，准备制作一道菜，待会我会绕着大家走，并挑选我这道菜所需要的食材和调料，当我说到某样东西并拍到你的肩膀时，麻烦那位同学起立，大声说：‘☆☆（调料名）是○○（姓名），○○是☆☆’，并跟在我的后面走，我做什么动作，跟在后面的人也请跟着做，当我准备好我要烹饪的东西时，我会喊：‘下锅’，此时请大家以最快速度找到空位坐下，若没抢到位置的就当下一任小厨师。” （2）小厨师可以发挥想象力，想些有趣的调料及做些好玩的动作，游戏最后通常是把所有人都叫起来绕着圆圈跑，最后喊下锅时大家就会一起往中间挤着坐。为避免成员太贪玩，一开始就把所有同学叫起来“下锅”，限制一下调料数目，再逐渐放宽是必要的。

续表

序号	目的	时间	内容
4	练习快速切换情绪状态，提升情绪灵活性和反应速度；通过非语言互动建立轻松信任的团体氛围。	约 15 分钟	情绪速递。 准备：情绪卡（大笑、大哭、生气、嫌弃、困惑、害羞、困倦），方向遥控器（红牌和绿牌）。 操作： （1）起始成员抽取情绪卡，做出对应表情。 （2）根据教练“遥控器”指令传递表情。绿灯（向右传）：下一位成员模仿相同表情；红灯（向左传）：下一位成员做出不同表情。出错者暂停 1 轮，并重新抽卡启动下一回合。 （3）教练可以与 2 名成员演示“右传笑→左传哭”完整流程，帮助成员了解活动规则。 （4）可加入“表情冻结”惩罚，出错者保持最终表情 10 秒。 （5）遥控指令可以由慢变快。
4	呈现两性群体的典型特征描述，发现性别刻板印象。	约 10 分钟	性别星球登陆。 准备：白板、便利贴、笔。 操作： （1）全体围圈，用 3 个词描述“我眼中的异性”（匿名写在贴纸上）。 （2）将贴纸分类贴到“男性星球”和“女性星球”展板，成员总结并指出共性进行描述。
5	帮助成员超越性别标签，掌握更具适应性的跨性别沟通策略。	约 25 分钟	男女差异初体验。 操作： （1）根据性别分为两组。男生组：用 5 句话描述“如何安慰哭泣的女生”；女生组：用 5 句话描述“如何支持挫败的男生”。 （2）请两组用角色扮演的形式将本组列出的 5 句话表演出来。由异性组判断，这句话是否有效。
6	帮助成员识别日常生活中真实存在的差异模式；跳出自身性别框架，体验异性行为背后的逻辑与需求；学习将性别化表达转化为中性需求语言，突破沟通屏障。培养差异转化能力，建立差异资源观。	约 40 分钟	解码实验室。 操作： （1）差异卡片配对。每组抽取 3 张“两性差异现象卡”（如：倾诉方式/冲突反应/亲密需求），讨论“这种现象在我们身边是否存在？造成什么误解？” （2）情景剧场。分组演绎典型冲突场景（如：男生玩游戏不回消息 VS 女生连环 call），互换性别角色表演，体验对方视角。 （3）翻译官训练。学习“性别双语转换”，当女生说“你根本不懂我”→实际可能需要“肯定我的感受”；当男生沉默不语→可能是“需要空间整理思绪”。分组练习用“对方性别语言”表达需求。
7	巩固活动体验。	约 10 分钟	分享总结与课后作业。 操作： （1）每组合作绘制“两性和谐交往指南”海报：最需要对方理解的 1 个差异；最想建议对方的 1 个沟通技巧。 （2）推荐阅读两本书：《男人来自火星　女人来自金星》《爱的五种语言》。

［单元四］ 恋爱危机

目标：识别典型恋爱矛盾，学习处理恋爱矛盾，将冲突或分手转化为成长机会。帮助成员从破碎关系中提取积极遗产，实现认知重构和意义发现。

活动内容与操作（表 8-5）：

表 8-5 “恋爱危机”活动内容与操作

序号	目的	时间	内容
1	强化活动的连贯性，帮助成员建立“成长历程”意识；促进经验整合、情感联结、相互理解，安全信任。	约 10 分钟	回顾上周活动完成情况。 操作： 请团体成员谈谈上周活动后的感想，谈谈对本次团体活动的期待。
2	识别典型恋爱矛盾，聚焦团体最关注的议题。	40 分钟	头脑风暴。 准备：A4 纸、笔、彩笔。 操作： （1）每位成员通过头脑风暴，请回忆你经历或目睹的恋爱矛盾，每人用便签纸写下至少 3 个关键词（如：冷战、吃醋），1 个矛盾写 1 张。将便签贴到白板“矛盾收集区”。 （2）投票选出令人最困扰的 3 个矛盾：每人 3 票，给最想讨论的矛盾投票，统计出得票最高的 3 个矛盾。 （3）将成员分为 3 个组，每组抽取一个问题进行讨论。按照以下四步进行讨论：①定义问题（是什么/何时发生/谁受影响）；②生成方案（头脑风暴所有可能解法）；③评估选择（利弊分析）；④执行计划（具体步骤 + 备用方案）。 （4）讨论结束后在大组进行分享。通过角色扮演的方式，呈现问题及解决方案。
3	健康分手的认知重构，挑战“分手即失败”的认知偏差，建立“关系结束也是成长”的理性态度；失恋应对技能训练；团体支持系统构建。帮助成员建立对分手的掌控感，将“关系终结”转化为自我重构的契机。	40 分钟	当爱情走到尽头。 操作： （1）请两位成员扮演恋人，表演分手时的场景。 （2）教练与成员探讨：角色扮演中失恋者的处理方式是否得当。面对失恋的态度和解决策略是什么？ （4）讨论分享各种策略的有效性和可行性，帮助成员明确正确的应对方法。 （5）请成员列出分手后适合听的金曲库，邀请成员演唱代表性歌曲或全体成员一起唱。全体成员手牵着手，围成圆圈，伴随着音乐，一起哼唱。
4	通过结构化反思，帮助成员从破碎关系中提取积极因素，实现认知重构和意义发现。将失恋经历转化为智慧印记，实现自我价值感重建，强化新自我认同。	约 20 分钟	失恋急救箱。 准备：失恋急救箱模板卡（练习 8-4），笔、便利贴 操作： （1）发放失恋急救箱模板卡。 （2）引导成员思考“这段关系带给我的 3 个礼物”。教练：“请回忆这段关系，像考古学家一样挖掘 3 件‘文物’：它可能是一个技能、一种觉悟，甚至是一个教训……” 提示问题：这段关系让你更了解自己的什么需求？你获得了哪些过去没有的能力？这段关系让你学会了什么？

续表

序号	目的	时间	内容
			(3) 引导成员思考“我发现的3个自我优势”。 提示问题：这段关系中有没有你欣赏自己的时刻？这段关系让你发现自己有哪些能力？有哪些优势？至少写出3条。要求成员为每个优势补充具体事例。 (4) 引导成员思考“未来我想保留的1个改变”。 提示问题：5年后的你会感谢现在保留的哪个改变？
5	巩固活动体验。	约10分钟	5. 分享总结与课后作业。 (1) 邀请成员用一句话总结今天参加活动的收获：今天我要带走的宝藏是__________。 (2) 教练对活动进行总结反馈。 (3) 邀请成员将急救箱卡片贴于床头，每天添加1个新发现的“小确幸”。 (4) 推荐阅读两本书：《男人来自火星　女人来自金星》《亲密关系》。

练习 8-4

失恋急救箱模板卡

这段关系带给我的3个礼物：

1. ____________________

2. ____________________

3. ____________________

我发现的3个自我优势：

1. ____________________

2. ____________________

3. ____________________

未来我想保留的1个改变：

____

［单元五］ 爱中成长

目标：促进成员了解自己恋爱观的形成，以及思考对未来恋爱关系的期待。平衡爱情与自我成长，引导成员思考爱情与个人发展的关系。促进成员建立深层情感连接，送出对未来的美好祝福，处理分离情绪。

活动内容与操作（表8-6）：

表 8-6 “爱中成长”活动内容与操作

序号	目的	时间	内容
1	强化活动的连贯性，帮助成员建立“成长历程”意识；促进经验整合、情感联结、相互理解，安全信任。	约 10 分钟	回顾上周活动完成情况。 操作： 请团体成员谈谈上周活动后的感想，谈谈对本次团体活动的期待。
2	活跃团体气氛，促进成员互动。	约 10 分钟	小鸡进化论。 操作： （1）椅子围成圈表示鸡圈，每个成员站在圈内。模拟一个鸡蛋变成小鸡、小鸡变成大鸡，大鸡变成人的过程。 （2）在过程中，每个成员刚开始都是鸡蛋，蹲在地上，去找另一个鸡蛋，通过“石头—剪刀—布”的猜拳游戏，决定谁可以成长为小鸡，赢的成员变成小鸡，可以半蹲着行走。输的仍然是鸡蛋，需要找鸡蛋继续猜拳。 （3）小鸡可以去找另一只小鸡，通过“石头—剪刀—布”的猜拳游戏，决定谁可以成长为大鸡，赢的成员变成大鸡，可以半蹲着行走。输的退化为鸡蛋，继续找同类猜拳。 （4）大鸡需要找另一只大鸡，通过“石头—剪刀—布”的猜拳游戏，决定谁可以进化为人，赢的成员进化为人，站着行走，离开鸡圈，坐回座位。输的退化为小鸡，继续找同类猜拳。
3	促进成员了解自己恋爱观的形成，以及思考对未来恋爱关系的期待。	约 40 分钟	生命线绘画。 准备：A4 纸、笔、彩笔。 操作： （1）每人一张 A4 纸，在纸上画出“过去—现在—未来”的爱情与人生轨迹，标注出关键节点。 （2）绘制时间轴。在纸中央画一条横向线（代表生命轨迹），线的左端标注“过去”，右端标注“未来”，中点标注“现在”。可以使用不同颜色区分阶段（如过去用红色表示，现在用蓝色表示，未来用绿色表示）。 （3）标注关键节点。过去——画出影响你恋爱观的重要事件（如初恋、父母关系、重大挫折）；在事件点旁简单标注（如 18 岁高考后分手）；现在——标注当前情感状态（如正在学习独立），画出与恋爱相关的挑战/收获（如社团认识新朋友）；未来——画出 3—5 个期待的情感目标（如 25 岁前学会平衡爱情与事业）；用符号表示理想关系状态（如双人伞代表互相扶持）；可用自己的方式进行装饰或标记。 （4）找一个你感到信任的伙伴进行小组分享。请选择 1 个过去事件和 1 个未来期待与伙伴分享。可以分享如下内容：这件事如何影响你的恋爱观？未来期待的情感目标是什么？ （5）邀请 1—2 人自愿在全组分享。 （6）教练归纳共同点。

续表

序号	目的	时间	内容
4	促进成员建立深层情感连接，送出对未来的美好祝福，处理分离情绪。	40 分钟	恋爱祝福大派送。 准备：练习纸、笔。 操作： （1）每人一份“恋爱祝福派送单”（练习 8-5），每位成员填写“恋爱祝福派送单”，可以赠送其他成员一句恋爱祝福，也可以赠送一份礼物。 （2）填写完成后，依次给每位成员送出祝福。所有送礼物的成员依次给同一位成员送，收礼物者和送礼物者注视对方，真诚地送出和接收。对话示例：“XXX，我想送给你的礼物是……，我希望这个礼物能带给你……。”“谢谢你的礼物，我收到了。”
5	团体告别，结束团体活动。	20 分钟	团体告别。 操作： （1）每个人分享参加团体活动的收获和感想。 （2）教练总结团体收获。

练习 8-5　恋爱祝福派送单

（　　　　　）的恋爱祝福派送单

序号	成员姓名	送给成员的礼物	收到成员的礼物

推荐阅读

［1］约翰·格雷. 火星人和金星人相伴到永远：夫妻相爱的技巧［M］. 北京：中央编译出版社，1996.

［2］罗兰·米勒. 亲密关系［M］. 北京：人民邮电出版社，2015.

［3］安德鲁·G. 马歇尔. 好好恋爱［M］. 北京：中信出版社，2023.

［4］盖瑞·查普曼. 爱的五种语言［M］. 北京：中国社会出版社，2023.

专题九

自立自强——孤舟铸锚定星河

名人诗句

千磨万击还坚劲，任尔东西南北风。

——郑　燮

案例导入

忍一忍就过去了

曾宪梓他于1934年出生于广东梅县一个贫苦农民家庭。他小的时候，冬天连鞋都穿不上。中华人民共和国成立后，他依靠助学金念完了中学和大学。1961年毕业于中山大学生物系。

1963年，他经香港到泰国，侨居了5年。1968年，又从泰国回到香港。初回香港时，他两手空空，处境艰难。为了生活，他甚至为人照看过孩子。

生活的艰难，使他萌发了创业的念头。他利用晚上的时间认真钻研香港的市场状况，发现尽管香港的服装业发达，香港人也很喜欢穿西服，却没有一家生产领带的工厂。于是，他拿出平时省吃俭用积攒的6000港元，又腾出自家租住的房子，办起了领带生产厂。

万事开头难。起初，他和妻子两人只是手工缝制低档的领带。尽管夫妻两人起早摸黑，干得很辛苦，生意却非常不好。经过仔细考虑，他决定改做高档领带。他买来法国、瑞士的高档领带进行研究仿制，生产出了一批高档领带。为了打开销路，他下了狠心，把第一批产品放在一家商店里免费发放给顾客。

由于花色、款式对头，他拿出的这批产品深受欢迎。很快，他制作的领带便在香港小有名气了。1970年，他的领带已在香港十分走俏。也就在这年，他正式注册成立了“金利来（远东）有限公司”。第二年，他在九龙买了一块地皮，建起了一个初具规模的领带生产厂。

他是一个有远大志向的人。他心中的目标是要创世界名牌。他多次到西欧的领带厂参观，学习他们的制作工艺和经营方法，然后集众家之长，引进先进的生产设备和严格的管理、检验制度，从而使金利来领带逐渐占领了香港市场，成为男人们庄重、高雅、潇洒的象征。

1974 年，香港经济大萧条，各种商品纷纷降价出售，而他却反其道而行之。他一方面不断改进金利来领带的质量，另一方面独树一帜地适当提高价格。结果，生意反而出人意料地好起来，当经济萧条过后，金利来更是身价倍增，在香港成了独占鳌头的名牌领带生产商。

不仅是领带，他还将他的发展计划拓展到更多的男士用品。他将这些年来已使香港人耳熟能详的广告词“金利来领带，男人的世界”做了看似简单、实则深具创意的改动，改为“金利来，男人的世界”，又从 T 恤衫开始，逐步推出了金利来牌的皮带、袜子、吊带、花边、腰封、领结、领带夹、袖口纽、匙扣等系列产品，使公司和金利来品牌都走向了多元化。

在巩固香港市场的同时，他还以积极乐观的态度拓展海外市场，向东南亚国家进军。他亲自到新加坡考察，创办分公司，寻找合作伙伴。获得成功后又迅速把“战场”扩展到印尼、马来西亚、泰国……迄今为止，金利来在这些国家的大客户数目已有上千个。他就是“领带大王”曾宪梓。作为一个中国人，他有一颗可贵的中国心。在香港创业不久，就开始对家乡广东的教育事业做出捐赠。至今为止，曾宪梓先后捐助的项目超过 800 个，涉及教育、科技、医疗、公共设施、社会公益等方面，捐款总额超过 6.3 亿港元。

谈起成功的时候，他一再提起小时候的一些经历：

父亲去世后，所有的重担都压在母亲蓝优妹身上。为了能让孩子们活下去，她不得不去干男人们都不愿意干的累活，挑石灰、挑盐……即便这样，他们的生活依旧窘迫无比，常常吃了这顿愁下顿，没办法，母亲只好租了几亩薄田。

那是一个天寒地冻的冬日，母亲由于经常赤脚下田，双脚生了冻疮，并裂开了一个个露出红肉的口子，再赤脚下田的时候，钻心的疼痛袭来。如果用胶布贴在伤口上，下田时一沾水就会掉，而且她也舍不得花钱买胶布，但她想到第二天还得下田，如果不处理，裂口会越来越宽，于是就决定用铁针和棉线来缝合它。她将双脚泡进热水里，等裂口上的皮肤泡软之后，再咬着牙一针一针地将裂口缝起来，每缝一针，鲜血直流，小宪梓在一旁看得眼泪直流，母亲忍痛安慰儿子：“傻孩子，不缝好怎么办呢，裂口会更大更痛的，没事的，忍一忍就过去了。”

这一幕永远铭刻在曾宪梓的心里，每当他在困难面前感到疲惫烦乱之时，他便会以此来鞭策自己：母亲连那样深痛的苦难都挺过去了，忍过去了，我还有什么困难不能过，什么艰苦不能忍呢？

点评：

曾宪梓的故事告诉我们：在人生的道路上，我们要保持积极乐观的心态，勇往直前，忍一忍才能越过生活中的那些坎坷，自立自强，去迎接更加美好的明天。

一、理论导读

自立自强，是人格健全的基石。自立就是个体从自己过去依赖的事物中独立出来，自己行动，自己做主，自己判断，对自己的承诺和行动负起责任的过程。自强是一种对未来充满希望，永远向上、奋发进取的精神和美好的道德品质。其表现为在困难面前不低头、不丧气、自尊自爱、不卑不亢、勇于开拓、积极进取、志存高远、执着追求等。自立自强是人生的最高境界，是一个人、一个民族、一个国家不断进步的重要原因。纵观历史，腐败的清王朝奴颜婢膝，丧权辱国，使中国沦为半殖民地半封建的国家，深受外国侵略者的欺凌，便是耻辱的教训。而中国共产党领导全国人民，克服重重困难，使中华人民共和国成为伟大的社会主义国家，中国的各项事业蒸蒸日上，中国的国际地位与日俱增，不断攀升，这些都是与自强不息、艰苦奋斗的精神分不开的。

（一）自立自强的具体表现

（1）在困难面前不低头、不丧气。

（2）自尊自爱，不卑不亢。

（3）勇于开拓，积极进取。

（4）志存高远，执着追求。

（二）培养大学生自立自强精神的实践训练

自立意识的形成与挫折体验高度相关。因此，高校学生心理辅导教育应该考虑设置让学生能够了解社会和职场的挫折场景，采取多种方式，多方面地对学生进行挫折教育。

1. 专业课程挫折教育

专业课程教育应让学生明白其自身专业素养和市场要求的专业素养的差距，创设问题场景，让学生体验到挫折感并将挫折感化为动力，实现专业教育职业化的目标。

让·皮亚杰认为，当个体已有的认知结构不能解释遇到的新问题时，就要适当调整已有认知，发展出新的认知结构去适应新问题。而打破原有认知的问题就称为“不平衡”场景。作为教师应充分了解某一专业课程的市场发展方向，灵活创设“不平衡”场景，让学生在处理这种不协调时，掌握解决实际问题的知识和能力。

2. 经济挫折体验教育

在大学期间让学生体验一下生存的辛苦，对学生进行经济挫折体验教育，对于其潜能的挖掘和弱点的审视也有很大的帮助。目前越来越多的学校开展让大学生进行生存体验的活动。比如，浙江大学的学生怀揣50元在沪生存15天，通过这种极限挑战来了解社会，了解职场。除此之外，学校还可以组织各种活动让学生体验经济社会的挑战。例如，长江大学文理学院每年都组织营销大赛。比赛期间，学生以团体的方式在外招商，之后在学校固定的地点摆摊出售，也获得了较好的育人效果。

除了以上常规的实践训练方法外，还有专题性的团体心理辅导和素质拓展训练。

二、团体设计

《周易》里有这样的一句话：“天行健，君子以自强不息；地势坤，君子以厚德载物。”本次团体活动的设计就在于通过团体任务培养成员的认知方式，关注成员在躯体感觉、自我成长、人际交往、未来发展等容易产生冲突的方面，通过培养积极的情感和认知来缓解可能存在的冲突。

（一）团体成员招募

本团体活动方案基本适合所有学生，既可以作为大一新生学习教育环节的团体建设系列活动，也可以作为其他年级学生自我提升训练的辅助活动，尤其适合高校的贫困生团体，还可以以小组招募的形式为想通过参加团体任务提升自立、自强、自信的同学提供一定的帮助。

（二）团体心理辅导方案的设置

1. 团体名称

宣传名称：王侯将相本无种，吾辈青年当自强。

学术名称：大学生自立自强意识培养训练营。

2. 团体目标

本团体的整体目标是：提高大学生的心理健康水平，促进其自我成长。

本团体的具体目标是：通过团体任务培养成员积极的情感能力、合理的认知方式，帮助其树立自尊、自爱、自信；关注成员在躯体感觉、自我成长、人际交往、未来发展等容易产生冲突的方面，通过培养积极的情感和认知来缓解可能存在的冲突，获得积极成长。

（1）促进成员掌握迅速融入团体的技巧，提高成员的人际交往能力，改善成员的人际交往状况。

（2）缓解成员在生活中体验到的压力感、焦虑感，通过团体任务培养成员积极的情感能力。

（3）协助成员深入认识自己，接纳自我，促进自我不断成长，提高自尊自信。

（4）培养成员正确合理的认知方式，接纳和感恩困难与挫折。

（5）帮助成员解决实际困惑，如人际交往、生涯规划、学习管理、时间管理等。

本团体的阶段目标是：

（1）团体初始阶段（第一次会面）：使成员彼此相识，厘清成员期待，介绍小组目标，签订团体契约，建立团体。

（2）团体过渡阶段（第二次会面）：培养团体信任和凝聚力，促进成员放开自己，掌握迅速融入团体的技巧，提高其人际交往能力。

（3）团体工作阶段（第三到第四次会面）：完成团体具体目标，培养成员积极的情感能力、积极合理的认知方式，自我探索、自我接纳、自我管理。

（4）团体结束阶段（第五次会面）：讨论结束，处理分离焦虑，提高成员自尊自信，展望未来。

3. 团体性质

本团体属于心理教育成长性团体，以成员的发展为目标；本团体属于半结构性团体，每次团体活动有明确的目标和方案，具体的团体活动可以在形式、难度系数等方面进行适度扩展；本团体是同质性团体，团体成员均为在校大学生，有自我探索与提升的意愿。

4. 团体活动时间和次数

本团体活动分为 5 个单元，建议每周 1—2 次。也可每天 1 次，连续 1 周完成。

5. 团体活动场所

前 4 次在封闭、安静的活动教室活动，教室椅子可移动，第 5 次以户外活动为主。如遇雨、雪、雾等恶劣天气，可以改期进行。

（三）团体领导者与团体成员

1. 团体领导者及其训练背景

团体领导者（教练）1 名，要求具有团体心理辅导、素质拓展或体育学等专业背景，以及团体建设活动经验。助理教练 1—2 名，要求参加过素质拓展训练并有活动组织经验，在团体活动前须接受教练的培训，提前熟悉团体活动操作要点。

2. 团体成员

如果是新生班级，可以以班级为单位，一个班级作为一个团体。如果是小组招募，人数可以控制在 30 人左右，根据各单元活动任务分为不同的组别。

（四）问卷测试

通过问卷测试客观地筛选适合参与团体活动的成员，并根据测试结果了解团体成员的特点。问卷见知识链接 9-1 和知识链接 9-2：个人评价问卷题项主要从学业表现、体育运动、外表、爱情关系、社会相互作用及同人们交谈 6 个方面测查。青少年学生自立人格测量为 5 点评分，得分越高表示相关特质的水平越高。

知识链接 9-1

个人评价问卷

各位小伙伴：

为了更好地了解自己及自己所处团体的状态，我们特别邀请你就以下问题发表宝贵意见。本次测评将花费你 5—10 分钟的时间。你的反馈意见将以匿名形式提交。

以下列出了 54 道题目，反映了普遍的情感、态度和行为的陈述。请仔细阅读每一个陈述，考虑一下它是否适用于你。尽量诚实、准确地回答，但没有必要每一条都刻意花太多时间。除非特别标明时间界限，否则请考虑一下近 2 个月内这些条目对你是否适用（表 9-1）。

表 9-1　个人评价问卷

题目	极不符合	不符合	符合	非常符合
1. 要是我长得更好看一些，我会在约会上更成功。	A	B	C	D
2. 我比大多数人更少担心在公共场合讲话。	A	B	C	D
3. 我时时避开那些我有可能会与之产生爱情关系的人，因为我在他们身边会感到太紧张。	A	B	C	D
4. 通常我的爱情生活似乎比大多数人好。	A	B	C	D
5. 此刻我比几周前更为快乐。	A	B	C	D
6. 我认为自己在公共场合讲话的能力比大多数人差。	A	B	C	D
7. 我在人群中不能像大多数人那样感到舒服。	A	B	C	D
8. 比起大多数人来说，我更少怀疑自己的能力。	A	B	C	D
9. 我能毫无困难地得到许多约会。	A	B	C	D
10. 想到大多数体育活动时，我便充满热情和渴望，而不是疑惧和焦虑。	A	B	C	D
11. 当我学习新知识时，我通常可以肯定自己会处于团体前 1/4 内。	A	B	C	D
12. 在晚会或其他社交聚会上，我几乎从未感到过不舒服。	A	B	C	D

续表

题目	极不符合	不符合	符合	非常符合
13. 我追求那些智力上富有挑战性的活动，因为我知道我能比大多数人做得更好。	A	B	C	D
14. 我比与我年龄、性别相同的大多数人更擅长体育。	A	B	C	D
15. 大多数人可能会认为我的外表没有吸引力。	A	B	C	D
16. 我愿意认识更多的人，可我又不愿外出、同他们见面。	A	B	C	D
17. 许多时候，我感到自己不像身边许多人那样有本事。	A	B	C	D
18. 我能较容易维持一个令人满意的爱情关系。	A	B	C	D
19. 我像大多数人一样有能力当众讲话。	A	B	C	D
20. 当事情变得糟糕时，我通常相信自己能妥善地处理它们。	A	B	C	D
21. 我似乎比大多数人更擅长结识新朋友。	A	B	C	D
22. 令我烦恼的是，我在智力上比不上其他人。	A	B	C	D
23. 今天我比平时对自己更无把握。	A	B	C	D
24. 我希望我能改变自己的容貌。	A	B	C	D
25. 最近几天我有好几次对自己感到失望。	A	B	C	D
26. 我已经意识到，与同我竞争的大多数人相比，我做得不太好。	A	B	C	D
27. 我擅长交际。	A	B	C	D
28. 即使身处那些我过去曾应付得很好的场合，我仍然常常对自己没把握。	A	B	C	D
29. 我比一般人长得好看。	A	B	C	D
30. 有时我因为不想当众发言，会回避开会之类的事情。	A	B	C	D
31. 当我必须完成重要的专业任务时，我知道自己能行。	A	B	C	D
32. 我喜欢结识新朋友时的愉快感受。	A	B	C	D
33. 当众讲话会使我不舒服。	A	B	C	D
34. 我在建立爱情关系上，比大多数人更困难。	A	B	C	D
35. 最近几天，我对自己不满意的地方比以往更多。	A	B	C	D
36. 我常怀疑自己的天资不够，无法成功地实现我的职业和专业目标。	A	B	C	D
37. 我比我认识的多数人更自信。	A	B	C	D
38. 现在我比以往对自己的能力更无把握。	A	B	C	D

续表

题目	极不符合	不符合	符合	非常符合
39. 有时我不去参加球类及非正式的体育活动，因为我认为自己对此不擅长。	A	B	C	D
40. 不擅长体育运动是我的一个很大的缺点。	A	B	C	D
41. 当众讲话时，我有把握做到清楚、有效地表达自己的看法。	A	B	C	D
42. 当我考虑继续约会时，我感到紧张或没把握。	A	B	C	D
43. 学业表现是显示我的能力、让别人认识我的成绩的一个方面。	A	B	C	D
44. 我现在比以往更自信。	A	B	C	D
45. 当我参加社交聚会时，常感到很笨拙和不自在。	A	B	C	D
46. 我真庆幸自己长得漂亮。	A	B	C	D
47. 我对自己的外貌感到满意。	A	B	C	D
48. 我缺少使我成功的一些重要能力。	A	B	C	D
49. 假如我更自信一点，我的生活就会好一些。	A	B	C	D
50. 对于我来说，吸引一个渴慕的异性朋友从来不成问题。	A	B	C	D
51. 我有时会烦恼无法让自己长得更好看点。	A	B	C	D
52. 在公共场合演节目和讲话，我想都不敢想。	A	B	C	D
53. 现在我感到比平时更乐观和积极。	A	B	C	D
54. 体育运动是我的擅长之一。	A	B	C	D

知识链接 9-2

青少年学生自立人格测量

下面是一些描述同学们心理特点的句子，它们所描述的情况与你的情况不一定完全吻合，因此请你根据这些描述与你的心理特征的符合程度：A——非常不符合、B——比较不符合、C——不确定、D——比较符合、E——非常符合，进行选择。

回答时请注意：尽量避免填答“C（不确定）”；请认真答题，但不必反复考虑；逐题回答，不要遗漏；不要参考其他同学的回答（表 9-2）。

表 9-2　青少年学生自立人格测量

性别：　　　　专业：　　　　年龄：

题目	非常不符合	比较不符合	不确定	比较符合	非常符合
1. 我独自与陌生人交谈就容易慌乱。	A	B	C	D	E
2. 我通常不敢独自去别人家做客。	A	B	C	D	E
3. 在与同学的交往中，他们大多比我更主动。	A	B	C	D	E
4. 我喜欢主动结识新朋友。	A	B	C	D	E
5. 我喜欢随口许诺。	A	B	C	D	E
6. 我认为每个人都会迫于压力而出卖朋友。	A	B	C	D	E
7. 在与人交往中，我善于帮他人找台阶下。	A	B	C	D	E
8. 与别人意见不同时，我会调和双方的观点。	A	B	C	D	E
9. 我不接纳与自己性格不合的人。	A	B	C	D	E
10. 我憎恨那些行为古怪的人。	A	B	C	D	E
11. 我具备独自与陌生人打交道的能力。	A	B	C	D	E
12. 我独自与异性交谈就容易紧张。	A	B	C	D	E
13. 别人主动来找我时，我才会与人交往。	A	B	C	D	E
14. 与人初次见面时，一般都是我首先进行自我介绍。	A	B	C	D	E
15. 我有时会占别人的便宜。	A	B	C	D	E
16. 我会向他人透露朋友的秘密。	A	B	C	D	E
17. 遇到麻烦事，我就想放弃自己的承诺。	A	B	C	D	E
18. 我能既拒绝别人的请求，又不得罪他。	A	B	C	D	E
19. 在人际交往中，我善于保全大家的面子。	A	B	C	D	E
20. 我忍受不了那些缺点多的同学。	A	B	C	D	E
21. 我认为应该孤立那些让人讨厌的人。	A	B	C	D	E
22. 陌生人多的场合会让我感到紧张。	A	B	C	D	E
23. 我一般不敢独自与有权威的人（如老师、领导）交往。	A	B	C	D	E
24. 当人际关系出现问题时，我会主动想办法解决。	A	B	C	D	E

续表

题目	非常不符合	比较不符合	不确定	比较符合	非常符合
25. 我不会答应别人没有把握的事。	A	B	C	D	E
26. 我认为每个人都会在背后说朋友的坏话。	A	B	C	D	E
27. 我容易因为说话太直接而得罪人。	A	B	C	D	E
28. 我讨厌与我观点不同的人。	A	B	C	D	E
29. 我认为迫于压力而出卖朋友很正常。	A	B	C	D	E
30. 需要出远门时，我可以独自乘车去。	A	B	C	D	E
31. 我具备了生活自理能力。	A	B	C	D	E
32. 我有时会骂脏话。	A	B	C	D	E
33. 与多数同学相比，我交作业的时间会晚一些。	A	B	C	D	E
34. 我喜欢提前安排需要做的事。	A	B	C	D	E
35. 我做事不会事先考虑后果。	A	B	C	D	E
36. 大家都说我做事马虎。	A	B	C	D	E
37. 不管现实情况如何，我也要将规则坚持到底。	A	B	C	D	E
38. 做题时，不管花多少时间，我也要坚持用自己认定的思路把题解答出来。	A	B	C	D	E
39. 我容易被商店里的新式商品吸引。	A	B	C	D	E
40. 与多数同学相比，我的知识面更广。	A	B	C	D	E
41. 我跟不上潮流的变化。	A	B	C	D	E
42. 我具备独自应对意外情况的能力。	A	B	C	D	E
43. 如果需要独自在家好几天，我照顾不好自己的生活。	A	B	C	D	E
44. 我偶尔会说谎。	A	B	C	D	E
45. 我喜欢尽量提前完成需要做的事。	A	B	C	D	E
46. 只要没有人催促，我就不会去做需要完成的事。	A	B	C	D	E
47. 大家都说我做事冒失。	A	B	C	D	E
48. 与多数同学相比，我做事时更少出差错。	A	B	C	D	E
49. 我宁愿增加麻烦也不改变最初的决定。	A	B	C	D	E
50. 即使情况有变，我也会坚持按原计划做事。	A	B	C	D	E
51. 与多数同学相比，我的兴趣更广泛。	A	B	C	D	E

续表

题目	非常不符合	比较不符合	不确定	比较符合	非常符合
52. 我喜欢听别人讲新鲜事。	A	B	C	D	E
53. 很少有东西能吸引我的注意力。	A	B	C	D	E
54. 我具备了独立生活的能力。	A	B	C	D	E
55. 大家都说我善于独立思考。	A	B	C	D	E
56. 我会主动完成学习任务。	A	B	C	D	E
57. 一旦决定要做，我就会马上动手。	A	B	C	D	E
58. 我做事时容易三心二意。	A	B	C	D	E
59. 我有时会欺负同学。	A	B	C	D	E
60. 我乐于接受与众不同的新观点。	A	B	C	D	E
61. 我喜欢尝试新玩意儿。	A	B	C	D	E
62. 我没有兴趣听别人介绍学习的经验。	A	B	C	D	E
63. 我做题时爱钻牛角尖。	A	B	C	D	E
64. 即使发现现实情况与自己的预料不一样，我仍会坚持最初的决定。	A	B	C	D	E
65. 我认为处理任何问题的方法都不止一个。	A	B	C	D	E
66. 与多数同学相比，我的好奇心更重。	A	B	C	D	E
67. 我喜欢理解与我的看法不一样的观点。	A	B	C	D	E
68. 在人际交往中，我善于保全大家的面子。	A	B	C	D	E
69. 我确定我认真填答了以上问题。	A	B	C	D	E

（五）团体活动方案设计

在活动方案设计上，先是通过团体“热身”活动使成员消除陌生感，拉近心理距离；接下来设计一些活动，通过引导、认识与悦纳自我，以感恩的心去对待现状，学习和实践认知行为疗法，改变不合理认知，培养积极理性的认知方式；最后，通过集体合作完成任务来进一步提升应对压力和时间管理的能力，自立自强，迈向未来（表9-3）。

表 9-3 "王侯将相本无种，吾辈青年当自强"团体活动方案设计

活动名称	活动目的	活动内容安排	预计时间
单元一 相逢是首歌	介绍团体的活动目标及方式，建立团体；团体成员初步认识；共同拟定团体规范，订立团体契约；练习人际交往技巧。	1. 简要介绍，建立团体。 2. 相识接龙。 3. 互助拍拍背。 4. 萝卜蹲。 5. 滚雪球：循环自我介绍。 6. 棒打薄情郎。 7. 订立团体契约。 8. 手语操：相亲相爱一家人。	1.5 小时
单元二 花样美年华	引导成员认识和接纳自我；用感恩的态度去认识和接纳身边的人和环境。	1. 爱心小天使，播撒爱心祝福。 2. 扯龙尾。 3. 同舟共济。 4. 我的核桃。 5. 独特的我和我的素描。 6. 特别的我。 7. 手语操：感恩的心。 8. 布置作业。	2 小时
单元三 艰苦少年郎	引导成员怀着感恩之心认识和接纳自身及周围的环境；了解自我优势，提高信心；引导成员体验理性情绪疗法；学习改变不合理认知，培养积极理性的认知方式。	1. 潮起潮落。 2. 分享作业：自立自强的人物榜样。 3. 情绪遥控器（前半部分）。 4. 遭遇非理性。 5. 情绪遥控器（后半部分）。	2.5 小时
单元四 潇洒走一回	提高成员的应对能力和时间管理能力。	1. 我的压力圈。 2. 头脑风暴：解压的方法。 3. 阅读材料：减压 26 式。 4. 互助按摩。 5. 情景剧。 6. 展望分享：10 年后的我。	2 小时
单元五 奋勇攀高峰	引导成员正确看待自己，自立自强，面对未来。	1. 攀岩。 2. 合唱《阳光总在风雨后》，结束团体活动。	2 小时

三、团体实施

［单元一］ 相逢是首歌

目标：了解团体的活动目标及方式，建立团体；团体成员初步认识；共同拟定团体规范，订立团体契约；练习人际交往技巧。

活动内容与操作（表 9-4）：

表 9-4 “相逢是首歌”活动内容与操作

序号	目的	时间	内容
1	介绍团体的活动目标及方式，建立团体。	约 5 分钟	简要介绍，建立团体。 （1）介绍团体辅导的目的及辅导过程中的要求，同时欢迎成员参加团体活动。 （2）介绍这期的主题，引领进入正式辅导。
2	热身，通过游戏消除陌生感，活跃团体气氛。	约 10 分钟	相识接龙。 操作：全体成员先围成圈站立，待教练示范后开始游戏。成员可以去结识团体中任何一个人，步骤是：两人同时伸出右手，拇指相对，旋转之后握手，嘴里念道：“以前不认识，今天见到你，一起握个手，我叫 X X X（说出名字）。”如果两人以前认识，则可以说：“以前就认识，今天见到你，先来握个手。”然后两人猜拳，输了的人站到赢家身后，双手搭在其肩上，跟随赢家。赢家再去找新的人相识，成员之间彼此接龙，最后会一个搭一个地形成一条长龙。 备注：这个游戏适合于热身活动，指导语可以根据教练的风格改变，这个活动可以比较自然地与其他活动组合起来。
3	热身，通过游戏消除陌生感，活跃团体气氛。	约 5 分钟	互助拍拍背。 操作： （1）全体成员围成一个圈站立，每个人将双手搭在前一个人的肩上，听教练的指令。 （2）教练的指令：捏捏前面同学的肩，敲敲前面同学的背，尽可能地让其放松和舒服。 （3）约 1 分钟后，大家一起转身，重复上述动作。
4	热身，活跃气氛；训练注意力的敏捷性；激发积极参与活动的兴趣；增加信任感。	约 10 分钟	萝卜蹲。 操作：先把参与的人员分成若干个小组，每个小组可以自由地取一个水果组名，小组成员需要记住所有 PK 小组的水果组名（包括自己队）。主持人指定任意一组开始，假设被指定的组为香蕉组，那接下来需要说：“香蕉蹲，香蕉蹲，香蕉蹲完，X X（任意一个小组）蹲。”被点名的小组也需要重复：“X X 蹲，X X 蹲，X X 蹲完，X X 蹲。”依此类推。一般情况下，在念口令的过程中要配合动作。小组成员有一名或一名以上成员动作或者口令出错就算输。 以一实例加以说明：有红、白、黄、紫四堆萝卜，白萝卜先蹲，蹲的时候念：“白萝卜蹲，白萝卜蹲，白萝卜蹲完红萝卜蹲。”念完后所有白萝卜手指一致指向红萝卜堆。红萝卜们要马上开始蹲并且口中一样要念口令，之后他们可以再指定下一个组蹲，但不能是白萝卜组。
5	初步相识，扩大交际圈，促使成员关注其他人，也体会到被他人关注的感觉。	约 20 分钟	滚雪球：循环自我介绍。 操作： （1）小组成员自由漫步，见到其他成员，微笑握手，相互完成 2 人一组的自我介绍。 （2）两两小组互相自我介绍，每位成员将自己刚才认识的朋友介绍给另外两位新朋友认识。 （3）小组成员一起轮流介绍自己，从第一个开始讲起（如：我是 X X X 旁边的 X X X，X X 专业……）。第二个人先介绍他前面一个人的名字，然后介绍自己，以此类推。 注意：全组成员可以相互协助他人完整、正确地表达，从而在多次重复过程中，彼此了解和记住他人的信息。

续表

序号	目的	时间	内容
6	进一步相识，扩大交际圈，促使成员关注其他人，也体会到被他人关注的感觉。	约20分钟	棒打薄情郎。 操作： （1）填画胸卡：自己命名，成员之间接触交流，建立信任。挑选一个昵称填写在胸卡上。团体交流：为什么喜欢这个昵称？ （2）棒打薄情郎：成员了解和记住彼此的名字，促进了解。围圈就座，选一人手执报纸卷成的“棒子”，指导者喊出一位成员的昵称，被叫者左右两侧的成员要马上站起来，否则由被叫者给予当头一棒，反复做，直到大家熟悉彼此的名字。
7	为保证团体正常发挥功能，实现团体领导者与成员之间的相互尊重和配合，订立团体成员需要共同遵守的契约和规范。	约15分钟	订立团体契约。 准备：团体领导者准备一些A4白纸，以及大白纸2张，黑色粗白板笔1支。 操作： （1）把团体成员分成几组（每组七八人），发给每个组一张A4纸，让组内成员头脑风暴，共同探讨团体规范，并在规定时间（5分钟）内写出多条团体契约。 （2）宣布团体应遵循的活动规范： 我愿意真诚地遵守下列团体契约，若有违背愿无条件自我检讨。 我绝对：遵守团体规则。 我绝不：无故退出活动。 我可以：在活动中尽情地放开自己，坦率真诚地与其他团体成员进行交流，不掩饰自己的真实情感。 我能够：真诚互动、积极投入并保守秘密，尊重每位成员的隐私。 我一定：尊重他人，仔细倾听，不随意打断别人的发言，广泛交流，避免只与自己喜欢的团体成员沟通等。 我愿意：团体活动开始之前关闭通信工具，不在团体活动时吃零食、开小差，不做任何与活动无关的事。 我期待：建立互助友爱的团体。 （3）用黑色粗白板笔把团体规范写在大白纸上。团体契约订立后请每位成员在写有契约的大白纸上签上自己的名字。 注意：此后每次团体活动时都要将契约挂于活动室内，可强化成员对契约的重视。
8	温暖团体气氛，增强团体的凝聚力。	约5分钟	手语操：相亲相爱一家人。 准备：《相亲相爱一家人》的歌词，录音机。 共唱手语歌曲《相亲相爱一家人》。

［单元二］花样美年华

目标：引导成员认识和接纳自我，了解自己优势，提高信心；用感恩的态度去认识与接纳身边的人和环境。

活动内容与操作（表9-5）：

表 9-5 “花样美年华”活动内容与操作

序号	目的	时间	内容
1	让成员体验关爱他人和被他人关爱的感受，增进团体凝聚力。	约 5 分钟	爱心小天使，播撒爱心祝福。 操作：在活动开始前，把成员的名字做成纸签，以抽签的形式为抽中的人送上爱心祝福，再将写好的祝福纸条集中放到某处，教练当众读出纸条内容，并把它们交给被祝福的对象。（这个环节有热身作用，让成员满怀感激之情地开始活动。）
2	热身，增强团体的凝聚力和增进成员之间的感情。	约 15 分钟	扯龙尾。 操作： （1）将玩者分成若干组（如 5 组），每组若干人（如 6 人）。 （2）每组皆排成一直行，手放在前面那人的肩上，在最尾的那人背上挂上色带。 （3）游戏开始时，每组最前的那人要去抓住其他组组尾的色带，而组尾那位亦要闪避不让人捉到其色带。 （4）若捉到别人的色带，两组便会合成一组，变成一条较长的“龙”。 （5）游戏继续进行，直至所有组成为一条龙为止。 （6）排在龙尾最后一组为赢家。 注意：进行该互动时要注意安全。
3	集思广益，团体合作，创新思维，努力尝试，增强团体的凝聚力和增进成员之间的感情。	约 15 分钟	同舟共济。 准备：每组一张大报纸，可视为大海中的一条船，每组 8 人。 操作：练习开始时，教练要求将报纸铺在地上，代表汪洋中的一条船。要求每组 8 人同时站在船上，一个也不能少，必须同生死共命运。随后让成员们想方设法，使全体成员同时登上船。行动之前团体可以充分讨论，拿出最佳方案。成功完成任务后，教练可以要求将面积减半，继续实验。再次成功完成后，可以继续将面积减半，随着难度增加，成员的努力也会加强，团体的凝聚力空前提高。在练习的过程中，成员会忽略性别、年龄等因素，全组一条心。练习的结果常常出乎成员们的意料，成员创造性地发挥全组智慧，这也让成员充分体会团结合作的力量。 注意：进行该互动时要注意安全。
4	让成员学会接纳独特的自己，认识到每个人的独特性，领悟到相互尊重的重要性。	约 20 分钟	我的核桃。 准备：核桃。 操作： （1）请每人选择一个核桃，每个人好好观察自己的核桃（约 3 分钟）。 （2）把核桃放在一起，再请每个人认领自己的核桃。 （3）分享个人在这个过程中的感受，首先可以在组内分享，然后由志愿者在团体中（组间）分享。
5	帮助成员了解自我，了解他人。	约 20 分钟	独特的我和我的素描。 操作：分享作业“独特的我”和“我的素描”。两个习作分别探讨了个人的优缺点和价值取向。分小组讨论，每组 7—8 个人，先轮流分享“独特的我”，然后再轮流分享“我的素描”。最后各小组派代表在团体中分享。 成员可能会发现每个人都是独特的，有不同的价值观，但也有共性的特征。每个人都有优点和缺点，缺点并不可怕，缺点和优点有时候并不是绝对的。

续表

序号	目的	时间	内容
6	促进成员自我认识与自我接纳。	约30分钟	特别的我。 操作： （1）请大家在纸上写下以“我”开头的句子。 （2）教练提示语：大家在写的时候可能会发现自己好像无法写下什么，好像自己其实并不是那么了解自己。接下来我们一起重温一个故事，重新思考一下…… （3）播放绘本故事《你很特别》。 （4）看到胖哥从自卑及害怕被别人贴灰色标签，到后面慢慢接纳自己时，你的心里有没有小小的触动呢？ （5）每个成员找一个伙伴形成一组，大家分享：《你很特别》这个故事中，让你印象最深刻的地方是什么？为什么？如果你是胖哥，你认为你的身上会被贴上标签吗？如果会，那是灰色的还是星星呢？这些标签象征着什么？
7	活跃团体的气氛，增强团体的凝聚力，让成员在音乐和手语操中体验感恩。	约10分钟	手语操：感恩的心。 准备：音视频材料。 操作：全组围圈，教练说明希望大家能够用一颗感恩的心去面对周围的人和事，去面对生活中的一切。讲解歌词的含义和手语操的动作，让成员跟着模仿。然后跟着音乐，边唱边做边体会。所有成员都做动作，增强团体成员之间的亲密感，加深对感恩这一态度的体验和理解。
8	为成员树立正面榜样，提高成员自信。	约5分钟	布置作业。 操作：阅读材料（知识链接9-3）并讨论分享。让成员从网络、报纸或现实生活中寻找一个自强不息的优秀人物的例子，并想想对自己有什么启发。

知识链接 9-3

小蚂蚁和大鸟

一位著名的作家说过：我们要尽自己所能帮助他人，因为我们自己也常常需要别人的帮助。有的时候，看似微不足道的人也能够给予你最大的帮助。接着他说了这样一个小故事：一只小蚂蚁在河边喝水，一不小心掉了下去。它用尽全身力气想靠近岸边，但没过一会儿就游不动了，在原地打转，小蚂蚁近乎绝望地挣扎着。这时，在河边觅食的一只大鸟看见了这一幕，它同情地看着这只小蚂蚁，然后衔起一根小树枝扔到小蚂蚁旁边，小蚂蚁挣扎着爬上了树枝，终于脱险，回到岸上。当小蚂蚁在河边的草地上晾身上的水时，它听到了一个人的脚步声。一个猎人轻轻地走过来，手里端着枪，正准备射杀那只大鸟，小蚂蚁迅速地爬上猎人的脚趾，钻进他的裤管，就在猎人扣动扳机的瞬间，小蚂蚁狠狠地咬了他一口。只听“哎呀”一声，猎人的子弹打偏了。枪声把大鸟惊起，它急忙振翅飞远了。它们互相救了对方一条命。

点评：

你帮助了他人，在你最困难的时候别人也会帮助你！互相帮助是中华民族传统美德！

[单元三] 艰苦少年郎

目标：引导成员体验理性情绪疗法；学习改变不合理认知，培养积极理性的认知方式。

活动内容与操作（表9-6）：

表9-6 “艰苦少年郎”活动内容与操作

序号	目的	时间	内容
1	增进团体信任，拉进成员之间的心理距离，为下面的活动创造活跃气氛。	约20分钟	潮起潮落。 操作： （1）整个团体分两列纵队站立，两列成员要肩并肩站齐，彼此尽量靠近。如果成员总数是奇数，让其中一名成员做助手。 （2）选队列前面一名成员作为“旅行者”，让成员们把这位“旅行者”举过头顶，沿他们排成的两列纵队，传送到队尾。这是一个能真正体现“人多力量大”的例子。“旅行者”到达队尾，后面几名成员举着他的身体下落时，应保证他的双脚安全着地。 （3）分享感受。 讨论问题示例：你们对游戏的最初感觉是什么？游戏结束后感觉如何？当你被别人举着传送至队尾时，感觉如何？ 注意：必要时多安排一些监护员，这完全取决于参加游戏的团体组成状况。 如果参加人数较少，让队列前面的成员传送“旅行者”后，立即移动到队尾。这样也能使“旅行者”转移到预定地点。
2	为成员树立正面榜样，提高成员自信。	约20分钟	分享作业：自立自强的人物榜样。 操作：让大家围坐成一个大圈，以自由发言的形式请成员跟大家分享自己搜索的故事，并谈谈这个故事对自己的启发。教练可以引导大家思考与总结优秀贫困生成功的原因和经验，如自尊、自爱、自信、坚强、乐观等特质。根据时间控制发言的人数，不一定所有人都要分享。
3	让成员觉察自己常见的负面情绪，和大家分享。	约30分钟	情绪遥控器（前半部分）。 准备：每人一张“情绪遥控器”习作纸（练习9-1）。 操作：让成员围坐成一个大圈，在习作纸中“烦恼的事”一列下写出3件最近比较困扰自己的事；在“情绪脸谱”一列下针对每件事，画出相应的表情，表示这件事情引起的情绪；在“我思我想”一列，针对每件事，挖掘情绪背后的认知，写出引起这种情绪的想法和观点。大家都写好后，以自由发言的形式邀请一些成员在组内分享。 注意：为了方便成员理解，习作上列出了一个例子，教练可以做一些解释。在活动中有些成员在填写“我思我想”一列时可能有困难，或者没有真正察觉自己隐藏在情绪背后的认知。教练可以在分享的过程中示范和促进成员的思考。

续表

序号	目的	时间	内容
4	帮助成员认识自身存在的非理性信念，寻找替代性的合理认知方式。	约30分钟	遭遇非理性。 准备：每人一份“常见非理性信念”阅读资料（练习9-2）。 操作：向成员介绍常见的3类非理性信念，并简单做出解释。让成员轮流阅读材料上的例子，一人读一条，并谈谈对例子的理解，此时团体成员可以进行讨论和反馈。学习完材料之后，教练邀请团体中的几位成员讲一件自己烦恼的事，并尝试寻找“我思我想”中存在的非理性信念。一位成员描述完以后，其他成员针对其所述内容提出支持或反对的观点，并补充意见。 注意：尽量在实例中帮助成员理解非理性信念。
5	帮助成员自助训练，认识自己和他人存在的非理性信念，并互相帮助，寻找替代性的合理认知方式。	约50分钟	情绪遥控器（后半部分）。 准备：每人一张“情绪遥控器”习作纸（练习9-1）。 操作：将成员分成几个组（每组7—8人），小组成员围圈而坐，共同完成“情绪遥控器”习作的后半部分。首先，每个成员在自己的习作上完成“找错误”和“情绪遥控器”部分，即寻找自身的非理性认知，并且尝试用理性和积极的认知方式进行替代；接着，成员将自己完成的习作向左传，同时会接到右边成员传来的习作，成员帮助其完成后半部分，重点填写“情绪遥控器”部分；以此类推。活动过程中，每位成员将给小组中的所有人找错误。 这个活动发挥了团体力量，让每个人的问题获得多个解决方法，又让成员发现不合理信念，并尝试寻找合理信念来替代。

练习 9-1

表 9-7　情绪遥控器

烦恼的事	情绪脸谱	我思我想	找错误	情绪遥控器（找积极的理由）	目标
例：没钱	☹	别人都看不起我	“都”太泛化和绝对	金钱不是友谊的基础，没钱的时候刚好能鉴别谁是真朋友	☺
					☺
					☺
					☺

练习 9-2

表 9-8 常见非理性信念

分类	解释
绝对化要求	人们以自己的意愿为出发点，认为某一件事情必定会发生或不会发生。这种信念通常会与“必须如何”“应该如何”这类字眼联系在一起。
过分概括化	以偏概全、以一概十的不合理思维方式。
糟糕至极	这种观念认为，如果发生了一件不好的事情，那将是非常可怕的、非常糟糕的，是一场灾难。

［单元四］潇洒走一回

目标：提高成员的应对能力和时间管理能力。

活动内容与操作（表 9-9）：

表 9-9 “潇洒走一回”活动内容与操作

序号	目的	时间	内容
1	让大家理性分析自己目前所面对的压力，探寻压力根源。	约 20 分钟	我的压力圈。 准备：每人一张“压力圈图”习作纸（练习 9-3）。 操作：让大家填写习作纸，并在小组内分享。教练可以让成员思考以下几个问题：我目前承受着哪些压力？这些压力哪些是近期的，哪些是长期的，哪些是较大的，哪些是较小的？这些压力的根源是什么？（如自己、父亲、社会等）这些压力对我产生了哪些影响？影响的程度如何？如果是负面的影响，是否已经有了躯体化的表现？最后根据时间，让每个小组派代表在团体中分享。
2	促进大家群策群力，思考和总结缓解压力的方法，同时增强团体的凝聚力。	约 20 分钟	头脑风暴：解压的方法。 准备：A4 白纸若干张。 操作：发给每组一张 A4 白纸，给大家 10 分钟头脑风暴的时间，让每个组的成员充分讨论，写出尽可能多的缓解压力的方法，最后每个组派一名代表在团体中分享，比比哪个组的办法最多。
3	使成员学会应对压力的方法。	约 10 分钟	阅读材料：减压 26 式。 准备：每人一份“减压 26 式”阅读材料（练习 9-4）。 操作：发给每人一份“减压 26 式”阅读材料，让成员一人读一句，轮流进行。
4	缓解疲劳，增进成员之间的感情。	约 5 分钟	互助按摩。 操作：让所有成员面朝圆心站立，围成一个大圈，先左转，将双手搭在前方成员的肩上，为其按摩 2 分钟，然后，所有成员再向后转，给刚才为自己按摩的成员按摩 2 分钟。

续表

序号	目的	时间	内容
5	帮助成员评估目前的生活规划，完成理想的时间规划，寻找从现实向理想转变的可操作方式。	约 40 分钟	情景剧。 操作： (1) 讨论剧情设定。 (2) 选定演员。 (3) 排练。 (4) 表演。 (5) 心得分享。
6	使成员学会展望未来。	约 25 分钟	展望分享：10 年后的我。 准备：每人一张 A4 白纸。 操作：请每个成员画一幅图——《10 年后的我》，可以画上自己 10 年后的生活状态，在事业上、家庭上的状况等，也可以配合文字说明。强调活动目的并不是要比赛画画，大家可以自由发挥。

练习 9-3

压力圈图

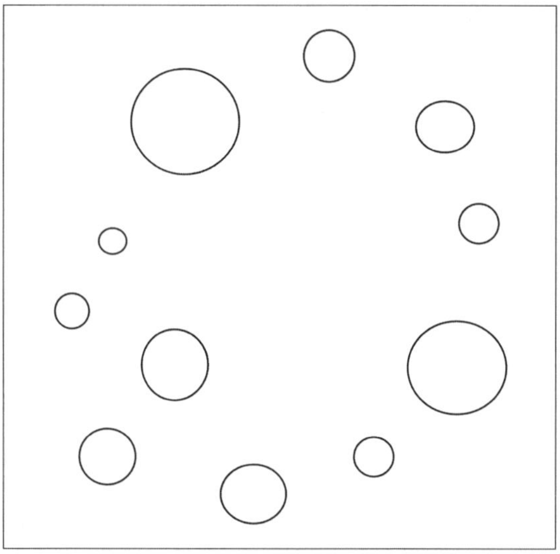

1. 在大小圆圈内写下最近生活中的各种压力（大圈代表大压力，小圈代表小压力）。

2. 分组分享与交流：

(1) 你的压力来源有哪些？

(2) 每个圈给你的感觉是什么？

(3) 压力很大时你身体的感觉如何？哪一部分不舒服？

(4) 你如何处理这些压力？

3. 团体分享与讨论。

练习 9-4

表 9-10 减压 26 式

A	Appreciation	接纳自己接纳人，避免挑剔免伤神
B	Balance	学习娱乐巧安排，平衡生活最适宜
C	Cry	伤心之际放声哭，释放抑郁舒愁怀
D	Detour	碰壁时候要变通，无须撞到南墙头
E	Entertainment	看看电影听听歌，松弛神经选择多
F	Fear Not	正直无惧莫退缩，哪怕背后小人戳
G	Give	自我心中限制大，关心他人展胸怀
H	Humour	戴上“默”镜瞧一瞧，苦中作乐自有福
I	Imperfect	世上谁人能完美，尽力而为心坦然
J	Jogging	跑跑步来爬爬山，真是赛过食神丹
K	Knowledge	知多一些头脑清，无谓担心全减少
L	Laugh	每天都会笑哈哈，压力面前不会垮
M	Management	不怕多却只怕乱，时间管理很重要
N	No	适当时候要讲“不”，不是样样你都行
O	Optimistic	凡事要向好处看，无须吓得一身汗
P	Priority	先后轻重细掂量，取舍方向不难求
Q	Quiet	心乱如麻自然慌，心静如水自然安
R	Reward	日忙夜忙身心倦，爱惜自己要牢记
S	Slow Down	坐下停下喘口气，不必做到脑麻痹
T	Talk	找人聊聊有人听，被人理解好开心
U	Unique	人比人会气死人，自我突破最要紧
V	Vacation	放放假或充充电，精力充沛展笑脸
W	Wear	穿着打扮用点心，精神焕发好心情
X	X-ray	探寻压力的源头，对症下药有计谋
Y	Yes, I can	相信自己有潜能，勇往直前步青云
Z	Zero	从零开始向前看，每日都是新起点

[单元五] 奋勇攀高峰

目标：通过相互配合培养团体合作意识与坚韧不拔的意志，勇敢面对困难，不断进取，实现自我提升。

活动内容与操作（表9-11）：

表9-11　“奋勇攀高峰”活动内容与操作

序号	目的	时间	内容
1	通过相互配合培养团体合作意识与坚韧不拔的意志，勇敢面对困难，不断进取；通过设定具有挑战性的目标，使个体和团体同时获得成功。	约110分钟	攀岩。 操作： （1）阅读材料（知识链接9-4）并分享。 （2）每队在正式攀爬之前，可选择一名成员进行尝试性攀登，攀登成员可选择此次的得分作为本人的正式成绩参加团体分计算，否则以正式攀爬成绩计算。 （3）每人在攀登前，需设定个人目标分数，个人目标分数的设定不得低于教练设定的最低分，并填入记分表中。 （4）每人在正式攀登前，有一次机会对自己的目标分数进行修改和调整。 （5）每次每队各选出一名成员，各队同时出发攀登。 （6）攀登过程中每人允许脱手一次，空中休息不得超过30秒，然后继续攀登。 （7）每轮的攀登时间限定为5分钟。 （8）当第5轮攀登结束后，每个队各有10分钟的时间对攀登过程中所发现的问题进行讨论和修正目标分及攀爬路线。 （9）攀登过程中，教练可以对事先设定的总目标分数进行修改。 （10）保护者不得拉保护绳以帮助成员完成任务，攀登者攀爬过程中不准用手抓胸前保护绳。
2	温暖团体气氛，增进团体信任和凝聚力，在积极良好的氛围中结束团体活动。	约10分钟	合唱《阳光总在风雨后》，结束团体活动。 准备：播放音乐，每人一份歌词（练习9-5）。 操作：全体成员站立并围成一个圈，手搭在前面成员的肩上。教练解释歌词，并祝福大家，希望大家在风雨之后都能见到彩虹和阳光，合唱歌曲，让每位成员说一句送给大家的话。

知识链接9-4

年轻而时尚的极限运动——攀岩

一、背景

攀岩是从登山活动中派生出来的一项运动。登山者即使选择最容易的路线攀登几千米的高峰，在途中也免不了要遇到一些悬崖峭壁，所以说攀岩也是登山运动的一项基本技能。攀岩富有刺激和挑战性，被广大青少年喜爱。这项运动是利用人类原始的攀爬本能，借以各种装备做安全保护，攀登一些岩石所构成的峭壁、裂缝、海触崖、大圆石及人工制作的岩壁。

攀岩即徒手攀登岩壁，英语称作“Free Climbing”。这里是指不依赖任何外在的辅助力量，只靠攀登者的自身力量完成攀登过程。攀岩运动要求人们在各种高度及不同角度的岩壁上，连续完成转身、引体向上、腾挪甚至跳跃等惊险动作，集健身、娱乐、竞技于一身，是一项刺激而优美的极限运动，被全球的攀岩迷们称为“峭壁上的芭蕾”。

攀岩运动于20世纪50年代起源于苏联，军队开始把单独的攀岩活动作为训练科目，到20世纪70年代，攀岩在欧洲成为一项竞技体育运动。根据比赛内容的不同，攀岩可分为难度攀岩和速度攀岩两种。根据比赛场地的不同，攀岩又可分为户外攀岩和室内攀岩两种。

20世纪80年代初，攀岩运动进入我国，开始时主要是作为中国登山协会的训练内容，以后渐渐在民间流行起来。首先是各地的一些大学先后组织了登山、攀岩协会，而后一些热衷户外运动的年轻人又自发组织了民间户外俱乐部，每到周末或节假日他们就背起背包到山里去攀登自然岩壁。1987年中国登山协会主办了第一次全国性攀岩比赛，1993年在我国长春举行了第一届全国攀岩锦标赛。自此，每年一届的全国攀岩锦标赛成了攀岩爱好者们交流技术、检验成绩的盛会。

二、运动形式

攀岩运动从不同的角度可进行不同的分类。按组织形式可分为竞技攀登和自由攀登，按保护方式可分为先锋攀登和顶绳攀登，按运动场所可分为人工场地攀登和自然场地攀登。竞技攀登有难度赛、速度赛及攀石赛三种比赛项目。按比赛形式又可分为世界杯赛和世界锦标赛，20岁以上的成年赛和19岁以下的青少年赛，男子组赛和女子组赛，国际赛、洲际赛及国家级比赛。另外，值得一提的是，攀岩还是各级极限运动会中很重要的一个项目。

三、装备

基于攀岩运动本身所特有的危险性，从此项运动诞生之日起，人们就开始在不断地研制生产各种为攀登者提供安全保证及便于此项运动开展的装备和器械。攀岩基本装备包括安全带、主绳、铁索、防滑粉袋、绳套、攀岩鞋、下降器及上升器等。因为所有这些装备涉及攀登者的生命安全，所以在购买和选用时必须注意其质量。一般而言，有国际登山联合会（UIAA）认证标记和欧洲标准（CE）标记的都能保证安全。

四、现状

人工岩壁的出现使攀岩已发展到既是一项运动又是一项娱乐活动。目前在国外，各种攀岩俱乐部到处都有。每年都有大型、小型、室内、室外、成年、青少年、男子、女子等各种形式的攀岩比赛和娱乐活动。

另外，在一些体育中心、军警训练基地及一些特种部队中也开展了这种训练。在欧美、俄罗斯及亚洲的日本、韩国，攀岩运动已相当流行，世界上的攀岩水平数欧美特别是法国与美国最高。相对而言，法国在人工岩壁上占优，美国在自然岩壁上称强；在亚洲，日本、韩国水平较高，有些选手已达到世界水平；中国属亚洲中流水平。从1997年开始，国内每年要举行两次以上的全国或国际性比赛，了解攀岩的人已相当多，而参与攀岩已成为许多青少年的时尚。

五、保护方法

按照保护点的位置分上方保护和下方保护两种，在此只介绍上方保护的方法。上方保护法是把保护点设置在攀登路线的顶部，与顶绳攀登相对应的一种保护方法，适合训练和初学者使用。使用较多的操作方法是法式保护法，即通常所说的五步法。

具体操作步骤如下（以右手为例）：

（1）左手手心向上、右手手心向下，分别握紧主绳，左手向下拉绳子的同时右手向上拉绳子。

（2）右手握紧绳子由胸前回放到右大腿外侧。

（3）左手移至右手上方，手心向下握紧绳子。

（4）右手移至左手上方。

（5）还原至第一步。

六、注意事项

（1）任何时候都要有一只手紧握通过下降器的绳子。

（2）放绳子时，双手要协调配合。

（3）放绳子时，要缓慢匀速。

徒手攀岩前要换上适当的衣服，活动关节，放松肌肉，调节心理，使自己处于灵活的状态，依靠自己的力量和智慧来挑战绝壁。在徒手攀岩的过程中必须时刻渴望成功，任何的懒惰都意味着失败。

徒手攀岩前要选择好攀岩路线，不同的高度、角度的岩道，不同位置、大小的岩眼，其难易程度都会不同。攀岩时要依靠冷静的判断力、坚强的意志，通过四肢的协调，保持有三点贴稳岩壁，保持身体的重心落在前脚掌，减轻手指和臂腕的负担。登顶下落要注意配合下落趋势，适当地用脚支撑，避免擦伤。

练习 9-5

阳光总在风雨后

作词：陈佳明

编曲：吴庆隆

人生路上甜苦和喜忧
愿与你分担所有
难免曾经跌倒和等候
要勇敢地抬头
谁愿常躲在避风的港口
宁有波涛汹涌的自由
愿是你心中灯塔的守候
在迷雾中让你看透
阳光总在风雨后
乌云上有晴空
珍惜所有的感动
每一份希望在你手中
阳光总在风雨后
请相信有彩虹
风风雨雨都接受
我一直会在你的左右

推荐阅读

［1］克里斯托弗·彼得森. 积极心理学［M］. 徐红，译. 北京：群言出版社，2010.

［2］芭芭拉·弗雷德里克森. 积极情绪的力量［M］. 王珺，译. 北京：中国人民大学出版社，2010.

专题十

创新思维——神思飞扬万象新

名人诗句

删繁就简三秋树，领异标新二月花。

——郑　燮

案例导入

打捞铁牛

宋朝年间，黄河发洪水，冲垮了河中府（今山西省永济市）城外的一座浮桥，将两岸岸边用来拴住铁桥的每个重数万斤的8个铁牛也冲到了河里。洪水退去以后，为了重建浮桥，需将这8个大铁牛打捞上来。

这在当时是一件极为困难的事，府衙为此贴了招贤榜。后来，一个叫怀丙的人揭了招贤榜，他经过一番调查摸底和反复思考，指挥一帮船工终于将8个大铁牛全都捞上了岸。

怀丙提出的办法是，在打捞的那一天，他指挥一帮船工，将两条大船装满泥沙，并排地靠在一起；同时在两条船之间搭了一个连接架。船划到铁牛沉没的地方后，他叫人潜入水下，把拴在木架上绳子的另一端牢牢地绑在铁牛上，然后船上的船工一边在木架上收紧绳子，一边将船里的泥沙一铲一铲地抛入河中。随着船里泥沙的不断减少，船身一点一点地向上浮起。当船的浮力超过船身和铁牛的重量时，陷在泥沙中的铁牛便逐渐浮了起来。这时，通过船的划动，很容易地就能把铁牛拉到河边并拉上岸。

如此反复进行了8次，终于将8个大铁牛全都打捞到了岸上。

点评：

上面的故事启发我们：当你习惯于旧有的思维模式而走不出一条新路时，可以尝试着转变一下思路。

一、理论导读

（一）创意的起源

创——创新、创作、创造……将促进社会经济发展。

意——意识、观念、智慧、思维……人类最大的财富。

大脑是打开意识的金钥匙；创意起源于人类的创造力、技能和才华，创意来源于社会又指导着社会发展。人类要在创意、创新中发展。

（二）发展离不开创意

创意是一种突破，是产品、营销、管理、体制、机制等方面主张的突破。

创意是逻辑思维、形象思维、逆向思维、发散思维、系统思维、模糊思维和直觉、灵感等多种认知方式综合运用的结果。要重视直觉和灵感，许多创意都来源于直觉和灵感。

从人类诞生开始，创意就左右着人类的发展，人类每一次的发明、创造都是在一定的环境、压力、生存下产生的，否则人类应对自然界灾害最原始也是唯一的办法，就是像其他动物一样，疯狂奔逃。

（三）创意无限的含义

创意无限指的是巧妙的构思、无穷的创造。它可以打破思维的障碍，激发潜在的创造力。创意是一项可以学习和掌握的技巧。无论出身和背景，所有的人都可以通过学习，变得创意无限。作为一种技巧，无限的创意可以被运用在各个领域。运用在音乐方面，你可以成为艺术家；运用在科技方面，你就是发明家；运用在商业领域，你将成为无可匹敌的实业家。如果把无限的创意用于构建和巩固两人之间的关系，那么其结果必然是水乳交融，情深意长。无限的创意对人的一生具有极为重要的意义，它将拓展你人生的意义，增强你的成就感，激发你生活的活力，最大限度地丰富你生活的内容（知识链接 10-1）。

知识链接 10-1

创意产业

创意产业，又叫创造性产业等，指那些从个人的创造力、技能和天分中获取发展动力的企业，以及那些通过对知识产权的开发可创造潜在财富和就业机会的活动。发达国家创意产业可以定义为具有自主知识产权的创意性内容密集型产业，它有以下三方面含义：

（1）创意产业来自创造力和智力财产，因此又称作智力财产产业。

（2）创意产业来自技术、经济和文化的交融，因此创意产业又称为内容密集型产业。

（3）创意产业为创意人群发展创造力提供了根本的文化环境，因此又往往与文化产业概念交互使用。

创意产业门类多，它通常包括广告、建筑艺术、艺术和古董市场、手工艺品、时尚设计、电影与录像、交互式互动软件、音乐、表演艺术、出版业、软件及计算机服务、电视和广播等。

创意设计

创意设计，就是把简单的东西或想法不断延伸，给予另一种表现方式，包括工业设计、建筑设计、包装设计、平面设计、服装设计、个人创意等。创意设计除了具备“初级设计”和“次设计”的因素外，还需要融入“与众不同的设计理念——创意”。

从词源学的角度考察，“设”意味着“创造”，“计”意味着“安排”。英语 Design 的基本词义是“图案”“花样”“企图”“构思”“谋划”等，词源是“刻以印记”的意思。因此，设计的基本概念是“人为了实现意图的创造性活动”，它有两个基本要素：一是人的目的性，二是活动的创造性。

把创意融入设计中，才算是一件有意义的设计，我们的生活需要创意。

（四）创造力推荐测量

现代教育中，人们越来越重视培养学生的创造力，创造力培养应包括创造性认知行为和创造性情意行为。创造性人才应具有创造性个性，包括性格上的好奇性、想象力、挑战性和冒险性。创造性也是现代教学的目标之一。威廉斯创造力倾向测量表用于评价受测者在好奇性、想象力、挑战性和冒险性四项行为特质上的程度。

威廉斯创造力倾向测量表

这是一个帮助你了解自己创造力的练习。在下列句子中，如果你发现某些句子描述的情形很适合你，请你填写“完全符合”（A）；若有些句子仅是在部分时候适合你，则填写“部分符合”（B）；如果有些句子对于你来说，根本是不可能的，则填写“完全不符合”（C）。

注意：

第一，每一题都要做，不要花太多时间去想。

第二，所有题目都没有正确答案，凭你读完每一个句子后的第一印象答题。

第三，虽然没有时间限制，但应尽可能地争取以较快的速度完成。

第四，凭你自己真实的感觉作答。

第五，每一题只能填写一项。

1. 在学校里，我喜欢试着对事物或问题做猜测，即使猜得不对，也无所谓。(　　)

2. 我喜欢仔细观察我没有看过的东西，以了解详细的情形。(　　)

3. 我喜欢听变化多端和富有想象力的故事。(　　)

4. 画图时，我喜欢临摹别人的作品。(　　)

5. 我喜欢利用旧报纸、旧日历、旧罐头等废物来做成各种好玩的东西。(　　)

6. 我喜欢幻想一些我想知道或想做的事。(　　)

7. 如果事情不能一次完成，我会继续尝试，直到成功为止。(　　)

8. 做功课时，我喜欢参考不同的资料，以便得到多方面的了解。(　　)

9. 我喜欢用相同的方法做事情，不喜欢去找其他新的方法。(　　)

10. 我喜欢探究事情的真假。(　　)

11. 我喜欢做许多新鲜的事。(　　)

12. 我不喜欢交新朋友。(　　)

13. 我喜欢想一些不会在我身上发生的事情。(　　)

14. 我喜欢想象有一天能成为艺术家、音乐家和诗人。(　　)

15. 我会因为一些令人兴奋的念头而忘记了其他的事。(　　)

16. 我宁愿生活在太空站，也不喜欢住在地球上。(　　)

17. 我认为所有的问题都有固定的答案。(　　)

18. 我喜欢与众不同的事情。(　　)

19. 我常想知道别人正在想什么。(　　)

20. 我喜欢故事或电视节目所描写的事。(　　)

21. 我喜欢和朋友在一起，和他们分享我的想法。(　　)

22. 如果一本故事书的最后一页被撕掉了，我就自己编造一个故事，把结局补上去。(　　)

23. 我长大后，想做一些别人从没想过的事情。(　　)

24. 尝试新的游戏和活动，是一件有趣的事。(　　)

25. 我不喜欢太多的规则限制。(　　)

26. 我喜欢解决问题，即使没有正确的答案也没有关系。(　　)

27. 有许多事情我都很想亲自去尝试。(　　)

28. 我喜欢唱没有人知道的新歌。(　　)

29. 我不喜欢在班上同学面前发表意见。(　　)

30. 当我读小说或看电视时，我喜欢把自己想成故事中的人物。(　　)
31. 我喜欢幻想两千年之前人类生活的情形。(　　)
32. 我常想自己编一首新歌。(　　)
33. 我喜欢翻箱倒柜，看看有什么东西在里面。(　　)
34. 画图时，我很喜欢改变各种东西的颜色和形状。(　　)
35. 我不敢肯定我对事情的看法都是对的。(　　)
36. 我喜欢可以拆开的玩具。(　　)
37. 我喜欢想一些新点子，即使用不着也无所谓。(　　)
38. 我认为一篇好的文章应该包含许多不同的意见或观点。(　　)
39. 我认为为将来可能发生的问题找答案，是一件令人兴奋的事。(　　)
40. 我喜欢尝试新的事情，目的只是想知道会有什么结果。(　　)
41. 玩游戏时，我通常因兴趣参加，而不在乎输赢。(　　)
42. 我喜欢想一些别人常常谈论的事情。(　　)
43. 当我看到一张陌生人的照片时，我喜欢去猜测他是怎样一个人。(　　)
44. 我喜欢翻阅书籍杂志，但只想知道它们的内容是什么。(　　)
45. 我不喜欢探寻事情发生的各种原因。(　　)
46. 我喜欢问一些别人没有想到的问题。(　　)
47. 无论是在家里还是在学校，我总是喜欢做许多有趣的事。(　　)

计分方法：

本测量为我国台湾地区王木荣所修订，共47题，包括冒险性、好奇性、想象力、挑战性四项。测验后可得四种分数，加上总分，可得五项分数。

冒险性：包含1、5、21、24、25、28、29、35、36、43、44这11道题。其中，29、35题为反面题目。得分顺序为：正面题目，填写A得3分，B得2分，C得1分；反面题目，填写A得1分，B得2分，C得3分。

好奇性：包含2、8、11、12、19、27、33、34、37、38、39、47这12道题。其中，12、48题为反面题目，其余为正面题目。计分方法同前。

想象力：包含6、13、14、16、20、22、23、30、31、32、40、45、46这13道题。其中，45题为反面题目，其余为正面题目。计分方法同前。

挑战性：包含3、4、7、9、10、15、17、18、26、41、42这11道题。其中，4、9、17题为反面题目，其余为正面题目。计分方法同前。

评分说明：

冒险性≥30分为优。

好奇性≥36分为优。

想象力≥35 分为优。

挑战性≥32 分为优。

总分>133 分为创造性潜能很强；111—133 分为创造性潜能良好；111 分以下为创造性潜能一般。

结果解释：

在冒险性特征上得分高，表明受测者具有下列特征：勇于面对失败或批评；敢于猜测；能在杂乱的情境下完成任务；勇于为自己的观点辩护。而低分者缺乏冒险性，因而创造性不足。

在好奇性特征上得分高，表明受测者具有下列个性品质：富有追根究底的精神；主意多；乐于接触暧昧迷离的情境；肯深入思索事物的奥妙；能把握特殊的现象并观察其结果。在好奇性特征上得分低，表明受测者不具备上述特征，影响受测者创造力的发展。

在想象力特征上得分高，表明受测者具有下列特征：善于视觉化并建立心像；善于幻想尚未发生过的事情；可进行直觉的推测；能够超越感官及现实的界限。低分者缺乏想象力，因而创造性不高。

在挑战性特征上得分高，表明受测者具有下列特征：善于寻找各种可能性；能够了解事情的可能性及其与现实之间的差距；能够从杂乱中理出秩序；愿意探究复杂的问题或主意。低分者在这方面表现出因循守旧的特点，因而缺乏创造性。

（五）创新思维

1. 创新思维的特点

（1）流畅性，又称非单一性或多样性。流畅性是思维对外界刺激做出反应的能力，它是以思维的量来衡量的，要求思维活动畅通无阻、灵敏迅速，能在短时间内表达较多的概念。

（2）变通性，又称灵活性。变通性是指思路开阔，善于根据条件的变化，迅速灵活地从一个思路跳跃到另一个思路，从一个情境进入另一个情境，多角度、多方位地探索和解决问题。

（3）独特性，又称相异性。独特性是指同样一个问题，不同的人有不同的思维，有不同的解决问题的方法。

2. 创新思维障碍

思，即思考；维，即方向、次序。思维，即沿着一定的方向，按一定的次序去思考。

客观事物是复杂的，而人的大脑思维有一个特点，即一旦沿着一定的方向、按一定的次序去思考，久而久之，就形成一种惯性，以后遇到类似的问题或表面看起来相同的问题，就会不由自主地按照原来的方向或次序去思考，这就是思维惯性。思维惯性是有积极作用的，如熟能生巧，可以使我们少走弯路。

但是，多次以这种思维惯性来对待客观事物，就形成了非常固定的思维模式——思维定式。思维惯性 + 思维定式 = 思维障碍。思维障碍阻碍了我们创造性地解决问题，对创新是非常不利的。

【典型案例】

需要一把剪刀

据说篮球运动刚诞生的时候，篮板上钉的是真正的篮子。每当球投进的时候，就有一个专门的人踩在梯子上把球拿出来。为此，比赛不得不断断续续地进行，缺少激烈紧张的气氛。为了让比赛更顺畅地进行，人们想了很多取球方法，都不太理想。有位发明家甚至制造了一种机器，在下面一拉就能把球弹出来，不过这种方法仍没能让篮球比赛紧张激烈起来。

有一天，一位父亲带着他的儿子来看球赛。小男孩看到大人们一次次不辞劳苦地取球，不由大惑不解：为什么不把篮筐的底去掉呢？一语惊醒梦中人，大人们如梦初醒，于是才有了今天我们看到的篮网样式。去掉篮筐的底，就这么简单，但那么多有识之士都没有想到。听来让人费解，然而这个简单的“难题”困扰了人们多年。可见，无形的思维定式就像那个结实的篮子禁锢了我们的头脑，使得我们的思维就像篮球被“囚禁”在了篮筐里一样。于是，我们盲目地去搬梯子、去制造机器……

3. **创新思维方法**

(1) 改变万事顺着想的思路。

顺着想可以让我们比较容易地找到解决问题的切入点，提高效率，但客观事物是千变万化的，顺着想不能揭示事物的内部矛盾。这时就需要改变顺着想的思路。

① 变顺着想为倒着想。

【典型案例】

强光照射下的进攻

“二战”后期，苏联军队向柏林发动总攻的前夜，苏联军队想趁着天黑发动突然袭击，可是这天夜晚星光灿烂，部队难以隐蔽。统帅下令将所有的探照灯集中起来，用最强的光照射敌军的阵地。苏军在明晃晃的灯光下突然发动进攻，打得德军措手不及，苏军取得了胜利。

天黑发动袭击，这是顺着想，天亮发动进攻，就是倒着想。

② 从对立面去想。

世界上任何事物都是对立统一的，改变这一方不行，那么改变另一方可能有助于问题的解决。

【典型案例】

锅炉的改进

过去，工业锅炉和生活用锅炉，都是在锅炉里安装许多水管，用给水管加热的方法，使水温升高，产生蒸汽，热效率不高。

一位科学家想到，冷和热是相对的，不能只考虑热的方面，也要考虑冷的方面。

他在粗的热水管里又加了一根装冷水的细管，这样，热水上升，冷水下降，加快了锅炉中热水和蒸汽的循环，热效率提高了10%。

③ 思考者改变自己的位置。

【典型案例】

冰箱的改进

最初的冰箱冷冻室在上面，冷藏室在下面，这样做的目的是将上面的冷空气引入下面的冷藏室内。

研究人员进行了换位思考，假设自己是用户，发现人们冷藏室用得较多，将冷冻室放在下面、冷藏室放在上面使用更方便。于是，在冰箱内安上排风扇和通风管，将下面的冷空气引入上面的冷藏室。

问题是多种多样的，但彼此之间有很多相通的地方，对于难以解决的问题，与其死死盯住不放，不如转换一下思考问题的角度。

a. 复杂的问题简单化。聪明的人把复杂的问题简单化，不聪明的人把简单的问题越搞越复杂。事实上，在解决复杂问题的时候能够化繁为简，就是一种思维视角的转换。

【典型案例】

于振善测土地面积

很早以前，各国的数学家们一直在思考如何计算出不规则地图的面积。我国有一位木匠叫于振善，遇到这样的问题后，专心致志地研究起来，经过多次实验，终于找到了一种计算不规则图形面积的方法——“称法”。首先，精选一块重量、密度均匀的木板，把各种不规则的地图剪贴在木板上；然后，分别把这些图锯下来，用秤称出每块图板的重量；最后，再根据比例尺算出 1 平方厘米的重量。用这样的方法，就不难求出每块图板所表示的实际面积了。也就是说，图板的总重量中含有多少个 1 平方厘米的重量，就表示多少平方厘米，再扩大一定的倍数（这个倍数是指比例尺中的后项），就可以算出实际面积是多大了。

这就是把复杂的问题转化为简单的问题的巧妙应用。

b. 把生疏的问题转化为熟悉的问题。对于从未接触过的生疏问题，可能一时无法下手，找不到切入点，但不要望而却步，试着把它转化成你熟悉的问题，可能就会有新的视角，也许还会取得意想不到的成果，如钢筋混凝土的发明。

c. 把不能办到的事情转化成可以办到的事情，如南水北调工程。

（2）把直接变为间接。

① 先退后进。

先退后进在第二次国内革命战争时期得到了巧妙应用。“敌进我退，敌驻我扰，敌疲我打，敌退我追”的十六字诀，使中国共产党领导的红军多次取得了反“围剿”的胜利。

② 迂回前进。

有时为了前进，也可绕弯、兜圈子，俗称“退一步海阔天空”。

③先做铺垫，创造条件。

在面对一个不易解决的问题的时候，有时要设定一个新的问题做铺垫，为解决问题创造条件。

【典型案例】

老汉分牛

一个老汉有 17 头牛，分给 3 个儿子。大儿子得 1/2，二儿子得 1/3，三儿子得 1/9，怎样分？（借一头，分完了多一头再还回去。）

（六）培养创新思维的方法

（1）扩散思维法。扩散思维是指面对问题从多方面思考，产生出多种设想或答案的思维方式。它又称为发散思维、辐射思维、求异思维、多向思维。

（2）收敛思维（集中、辐合、求同、聚敛思维）法。收敛思维是指以某个问题为中心，运用多种方法、知识或手段，从不同方向或不同的角度，将思维指向中心点，经过比较、分析后，找到最合理的解决问题的一种思维方式。

（3）联想思维法。联想思维是由此及彼，并同时发现它们共同的或类似的规律的一种思维方式。

（4）逆向思维法。逆向思维是指人们为了达到一定的目标，从相反的角度来进行思考的一种思维方式。

（5）组合思维法。组合思维是指把多项貌似不相关的事物通过想象加以连接，从而使之变成彼此不可分割的新的整体的一种思维方式。

（6）质疑思维法。质疑思维是指创新主体在原有事物的条件下，通过“为什么”（可否或假设）的提问，综合运用多种思维改变原有条件而产生新事物（新观念、新方案）的一种思维方式。质疑思维的特征包括：①疑问性，这是质疑思维最核心的特征；②探索性，这是质疑思维表现最明显、最活跃的特征；③求实性，这是质疑思维最宝贵的特征。

二、团体设计

（一）团体成员招募

本团体活动方案适合所有学生，对团体成员并无特殊要求。

1. 招募

采用网上招募和现场招募相结合的形式，除了在微信公众平台上推出外，还可通过在校内张贴海报、派学生进班宣传等方式进行。

2. 面谈

运用面谈方式对报名学生进行调查、了解和甄选，掌握他们对团体活动的心理期待，判断学生的参与动机。

（二）团体心理辅导方案的设置

1. 团体名称

宣传名称：创意无限、潜能无限。

学术名称：大学生创造能力的训练与培养。

2. 团体目标

本团体的整体目标是：使学生突破常规的思维定式，培养发散思维的意识和能力，通过进行有创造力的小游戏，充分发挥他们的创造力。

3. 团体性质

本团体属于心理教育成长性团体，以发展成员的团体合作能力为目标；本团体属于半结构性团体，每次团体活动有明确的目标和方案，具体的团体活动可以在形式、难度系数等方面进行适度扩展；本团体是同质性团体，团体成员均为有参加团体合作训练意愿的在校大学生。

4. 团体活动时间和次数

本团体活动共计5个单元，每个单元1—2小时，每周1—2次。

5. 团体活动场所

以室内活动为主。地点为能容纳全部参加者，且具备活动座椅的会议室。

（三）团体领导者与团体成员

1. 团体领导者及其训练背景

团体领导者（教练）1名，要求具有心理咨询理论与实践的专业背景，以及个体、团体咨询的丰富经验。助理教练1—2名，要求参加过素质拓展训练并有活动组织经验，在团体活动前须接受教练的培训，提前熟悉团体活动操作要点。

2. 团体成员

如果是新生班级，可以以班级为单位，一个班级作为一个团体。如果是小组招募，可以控制在20—30人，根据各单元活动任务分为不同的组别。

（四）团体活动方案设计（表10-1）

表10-1　“创意无限、潜能无限”团体活动方案设计

活动名称	活动目的	活动内容安排	预计时间
单元一 突破常规	打破思维定式。	1. 正反拼图。 2. 量杯小测试。 3. 你做我点。 4. 指鼻子。 5. 正话反做。	1小时
单元二 认识创造力	重新认识创造力。	1. 创意无限。 2. 发现之眼。	1小时
单元三 头脑风暴	发散思维，不拘泥于单一思维形式。	1. 塑料瓶妙用。 2. 拼汉字比赛。	1小时
单元四 异想天开	突破束缚，挑战不一样。	1. 变身怪兽。 2. 创作图画。 3. 交通堵塞。 4. 疯狂的设计。 5. 穿越A4纸。	2小时
单元五 发挥创造力	天马行空，任意想象。	1. 我是编剧。 2. 我是作家。	1小时

三、团体实施

［单元一］突破常规

目标：打破思维定式。

活动内容与操作（表10-2）：

表10-2　“突破常规”活动内容与操作

<table>
<tr><th>序号</th><th>目的</th><th>时间</th><th>内容</th></tr>
<tr><td>1</td><td>使成员体验思维定式所带来的阻碍，并反思自己的常规思维障碍。</td><td>约5分钟</td><td>正反拼图。
操作：每个小组拿到一个复杂人物（风景）拼图，小组之间进行比赛，用时最短者获胜。
备注：每一小块拼图后面都标有数字，便于拼图，看成员能否发现。</td></tr>
<tr><td>2</td><td>使成员体验思维定式所带来的阻碍，并反思自己的常规思维障碍。</td><td>约5分钟</td><td>量杯小测试。
操作：用3个量杯兑出所指定的水量。如：
<table>
<tr><th>序号</th><th>量杯A/mL</th><th>量杯B/mL</th><th>量杯C/mL</th><th>兑出水量/mL</th><th>采用公式</th></tr>
<tr><td>1</td><td>21</td><td>127</td><td>3</td><td>100</td><td rowspan="9">B－A－2C</td></tr>
<tr><td>2</td><td>14</td><td>163</td><td>25</td><td>99</td></tr>
<tr><td>3</td><td>18</td><td>43</td><td>10</td><td>5</td></tr>
<tr><td>4</td><td>9</td><td>42</td><td>6</td><td>21</td></tr>
<tr><td>5</td><td>20</td><td>59</td><td>4</td><td>31</td></tr>
<tr><td>6</td><td>15</td><td>39</td><td>3</td><td>18</td></tr>
<tr><td>7</td><td>18</td><td>48</td><td>3</td><td>24</td></tr>
<tr><td>8</td><td>23</td><td>49</td><td>3</td><td>20</td></tr>
<tr><td>9</td><td>14</td><td>36</td><td>8</td><td>6</td></tr>
</table></td></tr>
<tr><td>3</td><td>使成员认识到自己惯有的思维带来的阻力。</td><td>约20分钟</td><td>你做我点。
操作：分组。成员2人一组，A同学伸出自己的双手、交叉、翻转，B同学不动；B同学用手指或笔点击A同学的手指，A同学要动一下被点的手指。
升级：加快点击手指的频率，改用口令。
再升级：反口令，如喊左手无名指时要动右手无名指。</td></tr>
<tr><td>4</td><td>使成员认识到自己的惯有思维带来的阻力。</td><td>约20分钟</td><td>指鼻子。
操作：成员伸出自己的双手，交叉、翻转；用食指夹住自己的鼻子，扭转双手，食指自然分开。
备注：学生多数会用手指夹住鼻子，手指无法分开，解密左右手手指交叉顺序（左手在下，右手在上，左手食指在下，右手食指在上）；启发学生对此现象进行深入思考。</td></tr>
</table>

续表

序号	目的	时间	内容
5	打破惯性思维；增强游戏的趣味性；提高成员的反应能力。	约10分钟	正话反做。 操作： （1）成员分成2组（依人数来定）进行比赛，各组为自己小组起一个响亮的名字。 （2）教练说一个词语，成员认真听，然后根据教练说的词语做出相反的动作。同组的同学不能相互提醒。比如，教练说睁开眼睛，成员就闭上眼睛。 （3）按比赛要求依次淘汰，最后剩的同学多的那组获胜。

［单元二］认识创造力

目标：重新认识创造力。

活动内容与操作（表10-3）：

表10-3 “认识创造力”活动内容与操作

序号	目的	时间	内容
1	体验创新思维的奇妙。	约30分钟	创意无限。 操作： （1）观看创意广告。 （2）浏览创意图片。 （3）欣赏创意设计。 备注：观看创意广告前先对全体成员提问——如果你是广告公司职员，你会怎样设计这个广告？
2	发散思维，体验创新思维的奇妙。	约30分钟	发现之眼。 操作：采用提问的方式，让成员发现生活中运用创造力的地方。

［单元三］头脑风暴

目标：发散思维，不拘泥于单一思维形式。

活动内容与操作（表10-4）：

表10-4 “头脑风暴”活动内容与操作

序号	目的	时间	内容
1	运用头脑风暴法发散思维。	约30分钟	塑料瓶妙用。 操作：列举塑料瓶的用法并进行PK。
2	在原有知识基础上激发创新意识。	约30分钟	拼汉字比赛。 材料：几副拼汉字的积木、偏旁部首卡片和单字卡片。 操作：在规定时间内拼出汉字最多者获胜。

［单元四］异想天开

目标：突破束缚，挑战不一样。

活动内容与操作（表 10-5）：

表 10-5 “异想天开”活动内容与操作

序号	目的	时间	内容
1	培养学生从多个角度思考问题的能力。	约 15 分钟	变身怪兽。 操作： （1）根据人数给成员分组，最好 5—6 人一组。 （2）根据教练口令组合姿势，从最简单的“地面上要求 5 只脚、0 只手”开始，依次增加难度：“4 只脚、1 只手”“3 只脚、2 只手”……
2	开动大脑，体验创新思维的奇妙。	约 30 分钟	创作图画。 操作： （1）分发一张较大的白纸，由第一名成员在白纸上画出第一笔，每名成员依次轮流接着上一名成员的画进行创作，要求仅能连笔画出一笔。 （2）大家赋予其画名和寓意。
3	开动大脑，解决难题。	约 30 分钟	交通堵塞。 操作： （1）将成员分成人数相等的 2 组，每组人数在 6 人以上。 （2）用多个方形木板排成一排，每人站在一块木板上。 （3）2 组成员每人都占一个木板，每组成员都面向同一方向，2 组成员相对而立，2 组中间放一块闲置木板。 （4）2 组将分别从这排木板的一边走到另一边。 （5）不允许成员转身，可以向后看，但身体必须朝着游戏开始时的方向。每次各组只能有一人转身——也就是说允许转身时，每组只能有一人转身。 （6）成员可以移到自己面前的空木板上。 （7）成员也可以超越对手移到他们前面的木板（空格）上，但是不能后退。 （8）成员不能超越和面向相同方向的人，比如你只能看到他们的后脑勺，就是不能超越他们；也不允许一次超越两个对手，到达前面的木板上。 （9）如果有人发现自己到了无路可走的地步，所有成员必须回到起始位置，重新开始游戏。 （10）2 组互换位置则任务完成。
4	合作和创新。	约 30 分钟	疯狂的设计。 操作： （1）分组，每组 10 人左右。 （2）小组成员派一个代表抽出一个工作者，提前准备 26 个字母中的两个，然后用最短的时间摆出这两个字母。 （3）小组成员派一个代表抽出一个工作者提前准备的一个单词，然后用最短的时间摆出这个单词。
5	思维突破，拓宽视野。	约 15 分钟	穿越 A4 纸。 操作：利用一张 A4 纸，撕出或者剪出环形式样，环形式样必须是完整的，最后环形式样的纸张要能穿过所有成员。

［单元五］ 发挥创造力

目标：天马行空，任意想象。

活动内容与操作（表 10-6）：

表 10-6　“发挥创造力”活动内容与操作

序号	目的	时间	内容
1	充分发挥想象力和团体合作能力。	约 30 分钟	我是编剧。 操作： （1）将成员分成几个小组。 （2）每个小组仅用一个纸箱当道具，成员自编自演自导情景剧。
2	发挥发散思维、组合思维等能力。	约 30 分钟	我是作家。 操作： （1）在纸箱中放入一些词语卡片。 （2）成员抽取卡片，并根据所抽取的词语编故事，要求故事中必须出现所抽词语。

专题十一

团队合作——众人拾柴火焰高

名人诗句

千人同心，则得千人力；万人异心，则无一人之用。

——《淮南子·兵略训》

案例导入

蚂蚁创造的奇迹

一位英国科学家做过一个实验，他把一盘点燃的蚊香放进一个蚁巢里。蚊香的火光与烟雾使惊恐的蚂蚁乱作一团。但片刻之后，蚁群开始变得镇定起来，开始有蚂蚁向火光冲去，并向燃烧的蚊香喷出蚁酸。随即，越来越多的蚂蚁冲向火光，喷出蚁酸。一只小小的蚂蚁喷出的蚁酸是有限的，因此，许多冲锋的"勇士"葬身在了火光中。但更多的蚂蚁踏着死去蚂蚁的尸体冲向了火光。过了不到一分钟的时间，蚊香的火被扑灭了。在这场灾难中存活下来的蚂蚁们立即将献身火海的"战友"的尸体转运到附近的空地摆放好，在上面盖上一层薄土，以示安葬和哀悼。过了一个月，这位科学家又将一支点燃的蜡烛放进了上次实验的那个蚁巢里。与上次不同的是，面对更大的火情，蚁群并没有慌乱，而是在以自己的方式迅速传递信息之后，开始有条不紊地调兵遣将。大家协同作战，不到一分钟烛火即被扑灭，而蚂蚁们几乎无一死亡。科学家对弱小的蚂蚁面临灭顶之灾所创造出的奇迹惊叹不已。

点评：

蚂蚁很小，但它们创造出的奇迹令人叹服。这就是团体的力量！

一、理论导读

在自然界中，小小的蚂蚁随处可见。这些黝黑的小精灵有时一窝多达几万只，一个蚁窝一般由一只蚁后及若干工蚁、雄蚁及兵蚁组成，它们分工明确、各司其职，蚁后的任务是产卵、繁殖，同时受到工蚁的服侍；工蚁负责建造、觅食、运粮、育幼等；雄蚁负责与蚁后繁殖后代，壮大队伍；兵蚁则负责抵御外侵、保护家园。大家各尽所长、团结合作、配合默契。蚂蚁军团的很多故事，经常被人们用来诠释在团体中齐心协力、团结友好、分工合作的意义，因为它们这种群策群力和效率极高的团体合作方法，非常值得人类借鉴与反思。

人类的创造活动在某种意义上说是更高层面的活动，因为团体的目的不是单纯意义上的人员的集结与相加，而是优势资源的整合与发展。一个团体要真正具备团体精神，必须要求它的成员具备与别人沟通、交流、合作的能力，同时成员自身还要具备相应的岗位技术能力。

（一）高效团体的特征

所谓团体，是一群为了实现共同目标或完成共同任务而紧密结合在一起、互相高度依赖的人。团体不仅仅是一个群体，它还具备区别于一般群体的要素与特征。一个高效的团体一般具备以下 8 个基本特征：

（1）有明确的目标。团体成员清楚地了解所要达到的目标，以及目标所包含的重大意义。

（2）有相关的技能。团体成员具备实现目标所需要的基本技能，并能够良好合作。

（3）相互信任。每个人对团体内其他人的品行和能力都确信不疑。

（4）有共同的诺言。团体成员对完成目标保持高度承诺。

（5）有良好的沟通。团体成员信息交流畅通。

（6）有谈判的技能。高效团体内部成员的角色是经常发生变化的，这就要求团体成员具有良好的谈判技能。

（7）有公认的领导。高效团体的领导发挥的往往是教练或后盾的作用，他们对团体提供指导和支持，而不是试图去控制下属。

（8）内部与外部的支持。其中既包括内部合理的基础结构，也包括外部必要的资源条件。

（二）团体精神的具象表现

1. 没有完美的个人，只有完美的团体

对于一滴水而言，只有放进大海里去，才不会干涸。个人再完美，也是一滴水；一个团体尤其是一个优秀的团体就是大海。当今社会，一个组织（企业、社会机构等）的竞争力更依赖于完美的团体而非完美的个人。

在 2004 年的雅典奥运会上，中国女排在惊心动魄的冠军争夺赛中获得胜利恰恰证明了这一点。8 月 11 日，意大利排球协会技术专家卡尔罗・里西先生在观看中国女排

训练后认为，中国队在奥运会上的成败很大程度上取决于明星球员赵蕊蕊。可在奥运会开始后中国女排的第一场比赛中，第一主力、身高1.97米的赵蕊蕊因腿伤复发，无法上场。中国女排只好一场场去拼，在小组赛中，中国队还输给了古巴队，似乎国人对女排夺冠也不抱太大希望。但中国女排顽强拼搏，最终与俄罗斯队争夺冠军。当张越红一记重扣砸在地板上时，宣告这场巅峰对决的结束。经过了漫长且艰辛的20年，中国女排再次获得奥运会金牌。

赛后陈忠和教练说："我们没有绝对的实力去战胜对手，靠团体精神，靠拼搏精神才赢得胜利。"

时隔12年，在里约奥运会上，一开始不被看好的中国女排依旧是靠着顽强拼搏的团体精神一路逆袭，再次登上了奥运冠军的领奖台。2020年热映的电影《夺冠》真实还原了女排一路走来的艰辛，剧中有一句台词充分体现了女排姑娘们团结一致的团体精神："中国女排没有你，没有我，只有我们!"

2. 人尽其才，形成良好的团体氛围

熟悉历史的人都知道项羽和刘邦争霸天下的故事。项羽在推翻秦王朝的战争中起了非常关键的作用，属于实力派人物，其势力远远超出刘邦，而且他"力拔山兮气盖世"，若论单打独斗，别说他能以一当十，就是以一当百也不为过。在与刘邦争夺天下的过程中，一开始，只要项羽亲临战斗，则每战必克，刘邦则临战必败，但结果是刘邦势力越来越大，而项羽的势力越来越小，最终落得自刎乌江的结局。项羽至死也没弄明白他到底失败在什么地方，还说："此天亡我，非战之罪也。"

反观刘邦，不仅本领不如张良、萧何、韩信这"兴汉三杰"，而且还"好酒及色"，但在与项羽的战争中，最终打败项羽，夺得天下，胜利还乡，高唱《大风歌》。这是为什么?

刘邦在新王朝建立后的一次庆功会上，曾向群臣解释说："夫运筹帷幄之中，决胜千里之外，吾不如子房（张良）；镇国家，抚百姓，给饷馈，不绝粮道，吾不如萧何；连百万之众，战必胜，攻必取，吾不如韩信。三者皆人杰，吾能用之，此吾所以取天下者也。项羽有一范增而不能用，此所以为我擒也。"刘邦把胜利的原因归结为他能识人用人，而项羽则不能识人用人。事实上，刘邦的胜利是团体的胜利。刘邦建立了一个人才各得其所、才能适得其用的团体，而且营造了良好的团体氛围。一般说来，良好的团体气氛往往具有以下特点：

（1）整个团体具有很强的成就取向，有做好工作的良好愿望，同时每个成员都愿意为团体的发展作出贡献。

（2）团体的每个成员都希望能以最卓越的工作方式来达成团体的使命，团体内部充满活力，团体成员表现出很强的灵活性、竞争性和创新精神。

（3）整个团体都强调解决实际问题，都能从全局的利益出发来分析和解决问题。

（4）整个团体的成员都关心团体的名誉，团体内部的每个成员也都珍惜团体的名誉、所在单位的名誉，并经常自觉地与其他单位进行比较。

（5）团体内部有共同追求进步的动力，整个团体都能关心为个人提供各种提升的机会。

（6）团体的领导者注重发挥成员的潜能，并创造出一种相互理解、相互尊重、相互支持的友好气氛。

（7）每当有新的成员加入时，团体都给予必要的帮助，告诉他们应该抱有什么样的期望，应该如何更好地工作（知识链接 11-1）。

知识链接 11-1

《西游记》中的“取经团体”

《西游记》中的唐僧师徒四人也符合项目团体的一般特征，其团体成员有着不同的背景、能力和性格特征，而唐僧这位团体领导人也面临着许多项目经理在团体管理中所面临的一般问题：

项目团体成员并不是他自己挑选的，而是项目实施组织的管理机构指派给他的。唐僧的三个徒弟，甚至包括白龙马，都是“上级领导”观音菩萨在他出发前确定的。换句话说，他没有“选人权”。

项目团体成员的技术能力都强于他（至少都能腾云驾雾，论武功更是个个比他强），都有一定的来头，个别人还有一定的管理经历（如猪八戒曾是天蓬元帅）。

团体成员业务能力和工作态度各异，有业务能力强但心高气傲的孙悟空，有业务能力中等但工作态度不认真、不积极，“推一下动一下”的猪八戒，也有勤勤恳恳、任劳任怨但业务水平较差的沙僧，如何将这些人组成一个具有战斗力的团体是一个大难题。

尽管唐僧名义上有一定的“行政权力”，如“惩罚权”（念“紧箍咒”）、“解聘权”（将徒弟撵走）等，但他自己也知道缺了这些人（尤其是业务能力强但心高气傲的孙悟空）项目就无法完成，况且“绩效考核权”和“奖励权”都在上级领导手中（取经完成后的封赏工作都是如来佛祖负责的，唐僧连“建议权”都没有）。但就是这位“行政权力”缺乏、“技术能力”不强的唐僧，靠着执着的信念和卓越的管理能力，带着这个取经团体圆满完成了常人看起来难以完成的西天取经任务。

（三）培养大学生团体精神的实践训练

团体精神本身就是一种实践性的精神。培养大学生的团体精神，不仅要进行理论灌输，更需要让他们在实际的团体活动中去感受。通过行为训练可以组织、引导学生以团体的形式积极参与各种实践活动，培养团体中的感情，经受成败考验，感受团体魅力，同时激发培养创新能力和团体合作的意识。具体的行为训练方法有以下几种。

1. 技能竞赛

根据学生兴趣爱好、需求和工作任务的不同，有目的、有计划地引导学生组建不同的团体（专业性小组）。小组成员的最终目标高度一致，但是个人的具体目标存在差异，团体培养的重点在于通过成员之间的协作、互助实现资源的共享，引导小组成员设立适合自己实际情况的目标。为了保障个人目标和小组目标的实现，专业性小组选出小组长全权负责本小组的管理，定期召开小组会议，每次会议确定一个主题，交流与讨论本小组成员在目标实现过程中存在的问题，使学生在小组中提高自己，树立团体意识。

根据学生特长和优势组建的小组，能够通过小组任务或竞赛目标引导这些不同特点、不同能力、不同成绩的学生相互帮助，相互协作，取长补短，并在任务完成过程中培养、训练学生的沟通和合作能力，让学生从中体会团体的魅力，了解团体合作的重要性。

2. 社会实践

社会实践是学生在老师的指导下，自己组队，外出参加社会调查、企业调研、暑期支教、志愿者服务、勤工俭学等实践教育活动。不同专业、不同年级、不同性别的学生组合在一起，团体优势互补，运用各自所学的知识去感受社会，服务社会。通过这种实践过程，让学生们体会劳动的价值，使他们养成以集体利益为重、珍惜劳动成果、助人为乐的良好习惯；养成在实践过程中发现问题、讨论问题、共同解决问题的优良品质。通过实践去磨炼意志，感受团体作战的魅力。同学们在团体实践活动中团结友爱、互帮互助、群策群力，能很好地培养创新能力和团体意识。

3. 文体活动

组织开展学生参与面广、兴趣高的集体性文体活动，诸如商务礼仪大赛、迎新篮球赛、校园环跑、拔河比赛、红歌赛、乒乓球比赛、话剧大赛等，积极引导学生体验团体活动的乐趣和活力。在组织过程中，可以有目的地将集体奖与参赛人数、啦啦队人数、个人奖等挂钩，让每个人都想要参与进来，感受集体的力量，增强集体荣誉感。

当然，除了以上常规的实践训练方法外，还有专题性的团体心理辅导和素质拓展训练。

二、团体设计

中国古话说：“千人同心，则得千人力；万人异心，则无一人之用。”本次团体活动的设计目标就在于通过团体合作任务循序渐进地训练成员的团体精神。

（一）团体成员招募

本团体活动方案适合所有学生，既可以作为大一新生班级入学教育环节的团体建设系列活动，也可以作为一般人际交往训练的辅助活动，还可以以小组招募的形式为想通过参加团体任务提升团体合作能力的同学提供一定的帮助。

（二）团体心理辅导方案的设置

1. 团体名称

宣传名称：团结就是力量。

学术名称：大学生团体精神训练与提升。

2. 团体目标

本团体的整体目标是：辅导大学生进行团体精神训练，提高团体合作能力，培养团体领导力。

本团体的具体目标是：

（1）促进成员掌握迅速融入团体的技巧。

（2）引导成员认识到团体合作的潜能与团体的重要意义。

（3）帮助成员学会打开心扉，相信自己，相信队友。

（4）协助成员训练团体沟通、团体合作的技巧，强化主动沟通意识。

（5）引导成员体会资源共享、团体风格等对团体完成任务的影响和重要作用。

3. 团体性质

本团体属于心理教育成长性团体，以发展成员的团体合作能力为目标；本团体属于半结构性团体，每次团体活动有明确的目标和方案，具体的团体活动可以在形式、难度系数等方面进行适度扩展；本团体是同质性团体，团体成员均为在校大学生，有参加团体合作训练的意愿。

4. 团体活动时间和次数

本团体活动分为 5 个单元，每个单元 1—2 小时。建议每周 1—2 次。

5. 团体活动场所

以户外活动为主。如遇雨、雪、雾等天气，可以改为在宽敞空阔的室内场地活动。

（三）团体领导者与团体成员

1. 团体领导者及其训练背景

团体领导者（教练）1 名，要求具有团体心理辅导、素质拓展或体育学等专业背景，以及团体建设活动经验。助理教练 1—2 名，要求参加过素质拓展训练并有活动组织经验，在团体活动前须接受教练的培训，提前熟悉团体活动操作要点。

2. 团体成员

如果是新生班级，可以以班级为单位，一个班级作为一个团体。如果是小组招募，可以控制在 30 人左右，根据各单元活动任务分为不同的组别。

（四）团体成员问卷测试

通过问卷测试使团体成员对团体精神有初步体验，并根据测试结果了解团体成员的特点。

团体精神测评问卷

各位小伙伴：

你有加入某个工作团体（如班级、社团组织或者实训工作小组）的经验吗？你是否了解团体建设？为了让你更好地了解自己所处团体的状态，从而打造更加优秀的团体，我们特别邀请你就以下关于团体建设的问题发表宝贵意见。本次测评将花费你20分钟左右的时间。你的反馈意见将以匿名形式提交。

本问卷将围绕团体建设的15个方面展开，每个方面均有具体描述。请根据你对各项描述的理解，结合自己所在团体的情况及自身所了解的团体精神，对每一项具体的描述评出对应的分值：1—5分代表你对这项描述的赞同程度，其中1分代表“非常不赞同”，5分代表“非常赞同”。

1. 每一位团体成员都展现出他们最佳的一面

   1.1 在我们的团体里，每一位成员，每一天都做到最好。

   1.2 对于团体及个人的成功与失败，我们都具有主人翁精神。当我们成功了，意味着我们所有人都成功了。当我们失败了，就意味着我们所有人都失败了。

   1.3 每一位团体成员都全心全意地投入自己的工作。

   1.4 每一位团体成员都努力工作，力求完成来自外界及团体内部的要求和期望。

   1.5 我们对外的时候都用积极的话语来谈论我们的团体。

   1.6 我们都以作为自己团体的一员而自豪。

   1.7 我们都保护自己的团体免受攻击。

   1.8 我们不需要等待他人来给予任务，我们做事非常主动。

   1.9 我们都期待并接受由每一位成员提出的有助于改善的创意和建议。

   1.10 我们都是积极的“参与者”，而非消极的“旁观者”。

   1.11 我们的工作氛围展现出我们的团结精神、热情和获得成功的斗志。

   1.12 如果一位团体成员无法胜任工作，并且不愿尽力而为，那么其他每位团体成员都能够预料并接受这位成员离开团体。

2. 每一位成员都认同一个愿景

   2.1 团体有一个愿景：一个主要的、有价值的、有雄心的长期目标，这个目标被清晰描绘成一个令人渴望的情形，并将在未来适时实现。

   2.2 这个愿景以清晰和容易理解的方式告知给了我们每一个人。

   2.3 这个愿景有足够的雄心和意义，让我们愿意为了实现它而作出贡献。

2.4 所有的团体成员都被邀请来共创愿景。每位成员都认同这个愿景。

2.5 这个愿景贯穿了我们整个团体生活，调动起我们的能量，并创造出为了成功而奋斗的团体精神。

3. 成功标准被共享

3.1 团体的成功标准被每一位成员理解。

3.2 团体的成功标准被每一位成员接受。

3.3 成功标准是我们团体日常生活中不可分割的一部分。

3.4 在我们的团体里，整个团体的成功标准与成员个人的成功标准完美契合。每位成员的成功为团体的成功作出贡献，反之亦然。

3.5 我们共同努力，并朝着同样的方向努力。

3.6 我们以成功标准来衡量我们的工作表现和工作进展。

3.7 我们会在适当的时期，定期地对成功标准进行评估及更新。

3.8 每一位团体成员都被邀请来为定义及修正成功标准作出贡献。

4. 团体是基于成功标准来组织的

4.1 我们团体是基于成功标准而不是基于传统职能来组织的。

4.2 我们都为了给团体增加价值、创造成功而花费时间和精力。

4.3 所有的团体成员都清楚地知道自己在团体中的角色，以及别人寄予他们的期望。

4.4 我们不把精力花费在办公室政治和“地盘”争夺上。

4.5 没有限制性的规则或条例，也没有过多的官僚主义阻碍我们做正确的事，即增加价值的事。

4.6 我们服务于我们的外部和内部客户，而不是我们的领导层。

4.7 比起结果，我们更注重创造结果的过程。

5. 每一位团体成员都愿意迅速进行转变

5.1 在我们的团体里，每一位成员都希望并且也能够在任何必要的时候，立即改变他们的策略及行为。

5.2 每一位团体成员都能够轻松地适应新的情况和环境。

5.3 每一位团体成员都期望并表现出灵活性。

5.4 我们都会对意外情况进行预测。当意外发生了，我们力图在新情况下做到最好。

5.5 没有人会想或说“我被公司雇用不是来干这个的”或“那件事没有写在我的职责说明中”。

6. 团体能够克服障碍

6.1 在朝着目标前进时，如果我们遇到了障碍，我们的团体会调动必要的能量来解决问题。

6.2 当一个问题发生时，我们的团体会全身心地投入解决问题中。我们的成员会感到他们有责任去解决问题。我们不会将问题转移给其他人——我们自己解决它。

6.3 当我们遇到问题、障碍或者冲突时，我们不会仅在口头上谈论它们。我们会做些实事。

6.4 无论在何时、何地，当问题发生时，我们都被授权做必要决定来解决问题。

6.5 我们都会注意预示产生问题的小信号。我们预估潜在的障碍。

6.6 我们分析所有的问题。我们处理潜在的原因以避免未来发生问题，而不是处理已显现的症状。

6.7 无论何时，当我们发现有益于工作开展的机会时，我们会立即采取行动从中获益。

6.8 当我们遇到看上去难以甚至无法解决的问题时，我们会试着发现机会，而不是仅仅着眼于“危机”中的问题。

6.9 我们有一个“工具箱”，可以从中选择解决常见问题的方法及富有创意的技术。

6.10 我们不仅通过个人努力，还通过团体合作来解决问题。

6.11 我们不会让官僚主义或者形式系统阻止我们采取必要的行动。我们使用常识作为主要规则。如果一个现有的规则在当前情况下是不合适的——我们会打破它。

7. 每位团体成员都拥有专业技能

7.1 我们都能够专业地完成我们的任务。

7.2 我们都接受过必要的教育与培训。

7.3 我们都有足够的经验。

7.4 我们都有适当的技巧。

7.5 在我们的团体里，我们雇用具备多种职能的员工。每位成员都有一种以上技能/专长，并且可以身兼数职。

7.6 所有团体成员都可以在组织中的其他团体中工作，并能跨越专业界限。

8. 每位团体成员都拥有关系技能

8.1 我们擅长团体合作。我们很好地互动与配合。

8.2 在工作进程中我们将任务和活动视为基础。

8.3 每位团体成员都对其他成员的专长感兴趣。

8.4 每位团体成员都知道其他成员的强项及弱项，并能对其充分利用以完善工作进程。

8.5 每位团体成员都理解工作流程及其背后的体系。

8.6 每位团体成员都能在保证工作流程进展顺利的前提下移交任务。

8.7 每位团体成员都能持续地与其他成员保持沟通，如通过倾听、提问题、提供信息、确认共识等方式。

8.8 我们都知道在工作进程中的哪一个阶段会有需要我们作贡献的地方。

8.9 所有的团体成员都知道什么时候是让其他团体成员参与工作的最佳时机。

9. 团体是“我们大家的团体”

9.1 我们的团体是“我们大家的团体”，而不是“我一个人的团体”。

9.2 所有的团体成员都团结在一起为了成功共同努力。

9.3 在我们的组织内部，我们没有竞争对手或“敌人”。在团体成员之间，不存在内部斗争。

9.4 我们与其他团体没有内部斗争。

9.5 没有人会以牺牲团体或团体成员为代价来获得成功。

9.6 每位团体成员对其他成员表现出关心和尊重。

9.7 我们建设性地进行自我批评——在自己团体的隐私范围内。

9.8 我们会进行讨论，每个人畅所欲言。但一旦做出了最终决定，我们都忠于这一决定，哪怕我们无法完全认同它。

9.9 哪怕我们并不同意对方的观点，也会尊重对方。

9.10 每位团体成员都为了获得成功而效力于自己和团体。没有人会以牺牲团体为代价仅为自己效力。

10. 每位团体成员都会进行学习与分享

10.1 我们使用团体中每一位其他成员的技能和知识，并且始终互相学习。

10.2 每位成员都会向其他成员分享他们的知识、经验和技能。

10.3 无论是自己的发展，还是团体的发展，我们都感受到责任。

10.4 我们为所有的团体成员组织培训课程来提高他们的技术和知识，以帮助他们成为专家或通才。

10.5 我们鼓励团体的新成员分享他们的知识和对团体的直接印象。同时，我们也鼓励他们质疑团体里既定的惯例和习惯。

10.6 无论何时，只要一位团体成员参加了一门课程或者展览，团体中的其他成员都能够从新知识中获益。会有专门的时间提供给这名“学生”来分享他/她新学到的东西。

10.7 我们鼓励每位成员对其他成员的工作感兴趣，并愿意分享有关他们自己工作的信息。

10.8 我们期望并感谢所有团体成员能够提出关于改善的想法和有创造性的建议。

11. 团体是一个“完整”的团体

11.1 在我们的团体里，我们的成员有着不同的背景，包括不同的年龄、经验、学历、性别等。

11.2 在我们的团体里，团体成员的技能互补，如一位团体成员的专业技能能够弥补其他团体成员的专业技能。

11.3 我们共同掌握着团体需要和期待的所有技能——无论是专业技能还是通用技能。

11.4 我们有脚踏实地的团体成员——做事，而不是仅仅谈论它。

11.5 我们有能够管理的团体成员——计划、协调、监督、控制及跟进。

11.6 我们有能够创新的团体成员——想出新点子，并引发改变。

11.7 我们有能够整合的团体成员——让人们在一起工作并向着同一个目标前进。

12. 团体的领导是有目共睹的

12.1 我们的团体领导同时是一位团体成员。

12.2 我们的团体领导的身影无处不在，他参与并投入整个团体。

12.3 我们的团体领导知道团体里发生的每件事。

12.4 我们的团体领导对每一位团体成员的绩效都给予关注。

12.5 我们的团体领导持续地监控着他们所发起的项目的进程。

12.6 对于团体和团体成员的赞赏或批评，基于我们团体领导自己的经历，而不是二手的信息。

12.7 我们的团体领导会与团体共同参与日常活动：培训、庆祝、聚会、运动等。

13. 团体领导帮助每一位成员取得成功

13.1 我们的团体领导不仅希望我们有责任感。他们同时鼓励我们承担责任。

13.2 我们的团体领导帮助每一位成员实现成功，并为之奋斗。

13.3 我们的团体领导服务于我们的团体和团体成员。

13.4 我们的团体领导鼓励我们为我们的内部及外部客户服务，而不是服务于团体领导和高层。

13.5 我们的团体领导更多关注于我们的强项，而非我们的弱项。

13.6 我们的团体领导会在维护我们自尊的前提下批评我们。

13.7 我们的团体领导更关注团体和团体成员的成功，而不是领导自己的成功、地位、等级和利益。

13.8 我们的团体领导期待并接受成员们的观点，而不仅仅是推销自己的观点。

13.9 我们的团体领导鼓励我们发挥出自己的长处，并充分使用我们的知识和才能。

14. 我们的团体领导获得团体成员的尊敬

14.1 我们的团体是成功的，而我们的团体领导为我们的成功付出了很多。

14.2 我们的团体领导因他们的专业技能而获得我们的尊敬。我们的团体领导对专业领域了如指掌。

14.3 我们的团体领导因他们的人际关系技能而获得我们的尊敬。

14.4 我们的团体领导是正直的。

14.5 我们的团体领导给我们公开及真实的信息。

14.6 我们的团体领导保护我们免受攻击。

14.7 我们的团体领导从不背叛任何团体成员，以挽救自己的地位。

14.8 我们的团体领导在团体之外，总是从积极的方面来谈论我们，他们只会在团体内部进行有建设性的批评。

14.9 我们的团体领导从不夺走任何不属于他们的劳动成果或想法。

14.10 对于失败，我们的团体领导责备自己，而不是他人。

14.11 我们的团体领导促进并支持与其他团体和团体领导的协作。

15. 好的表现会受到嘉奖

15.1 整个团体及团体成员个人都会获得基于相同准则的认可和批评，如基于相同的态度、行为和表现，给予一致的认可或批评。

15.2 我们的团体领导知道并遵守这条规则：因取得的成绩而获得嘉奖。

15.3 我们团体的每位成员都会因为好的个人表现而获得认可，包括那些无法立刻显现出成果的表现。

15.4 每一位对团体和组织的成功作出贡献的团体成员都会获得认可。

15.5 所有有能力且有意愿的团体成员都会被赋予更多的责任、行动的自由及新的挑战。

15.6 我们鼓励、认可及嘉奖个人的发展。

15.7 每一位团体成员都认可表现良好的其他团体成员。

（五）团体活动方案设计（表11-1）

在活动方案设计上，先是通过团体热身活动使成员消除陌生感，拉近心理距离；再设计一些潜能挑战任务，激发成员的活力，提升团体活跃度；接着通过信任合作项目增强成员之间相互依赖、相互信任的情感，提升团体的凝聚力；然后通过盲人任务的障碍挑战，训练成员之间的沟通意识与合作技巧；最后通过集体合作的任务来进一步提升团体的凝聚力与战斗力。

表 11-1 “团结就是力量”团体活动方案设计

活动名称	活动目的	活动内容安排	预计时间
单元一 开心团体	消除陌生感，使成员融入团体。	1. 按摩操。 2. 冬去春来，花谢花开。 3. 臭豆腐和豆腐渣。 4. 桃花朵朵开。 5. 坐地起身。 6. 奥地利女王圈。	1 小时
单元二 潜能无限	合作完成“不可能”任务，认识团体力量。	1. 鼓掌游戏。 2. 众人拾柴 5 +1。 3. 挑战 150 秒。	1 小时
单元三 信任无限	加强成员之间的相互信任。	1. 信任不倒翁。 2. 信任背摔。	1 小时
单元四 “盲”来“盲”去	通过“盲人”任务来训练沟通技巧。	1. 盲人走路。 2. 盲人足球。 3. 盲人方阵。	1 小时
单元五 众志成城	通过集体合作培养团体精神。	1. 动力圈绳。 2. 怪兽过河。 3. 七巧板。	2 小时

三、团体实施

［单元一］ 开心团体

目标：使成员融入团体，感受参与团体活动带来的愉悦与放松。

活动内容与操作（表 11-2）：

表 11-2 “开心团体”活动内容与操作

序号	目的	时间	内容
1	热身，活跃团体气氛。	约 10 分钟	按摩操。 操作： (1) 所有成员围成一个圆圈，后面一名成员的手放在前面成员的肩膀上。按照节拍（一般为 8 个节拍）相互按按肩膀，揉揉脖子，捶捶背。 (2) 全体向后转：按按太阳穴，敲敲背，捏捏小蛮腰。 备注：如果前面的成员按摩的时候不小心手重了点，教练可以笑着和大家说“有仇的报仇，有冤的报冤”，活跃气氛。
2	热身，活跃气氛；训练肢体协调性；增加信任感。	约 10 分钟	冬去春来，花谢花开。 操作：所有成员围成一个圆圈，脚与肩同宽，左手放在左边人的腰后，右手放在右边人的腰后，在腰后的两个人的手相握。 冬去——全体向右倾斜，说“有我保护你”。 春来——全体向左倾斜，说“有我支持你”。 花谢——全体向前倾、鞠躬。 花开——全体向后倒。

续表

序号	目的	时间	内容
3	热身，活跃气氛；促进成员相互融合。	约 10 分钟	臭豆腐和豆腐渣。 操作：所有成员围成一个圆圈，从一名指定的成员开始依次传递指令。第一个人说完之后，指定向左传递还是向右传递。 一个人："大家好，我是 1 块臭豆腐！" 两个人："大家好，我们是 2 块臭豆腐！" 三个人："大家好，我们是 3 块臭豆腐！" …… 有成员出错时，从这名成员开始进行下一轮。 出错或出错次数最多的人就是"豆腐渣"，接受"甜蜜惩罚"。
4	热身，活跃气氛；促进成员相互融合、敞开心扉。	约 10 分钟	桃花朵朵开。 操作： (1) 所有成员围成一个大圈，慢速跑动。 (2) 教练站在中间，高喊"桃花、桃花朵朵开"，成员回问："开几朵？"教练回答"开 X X 朵"，相应的人数就应该抱成团，多与少均不可，看最后谁落单。 (3) 给予落单次数最多的人相应的"甜蜜惩罚"。
5	培养成员的合作意识与沟通意识；通过肢体接触加深成员之间的情感交流。	约 10 分钟	坐地起身。 操作：4 人一组，围成一圈，背对背坐在地上，彼此手臂挽在一起。喊"1、2、3 起"，所有人一起不用手撑地站起来。 随后依次增加人数，每次增加 2 人，直至 16 人。 备注：注意安全。当人数越来越多，难度越来越大时，要引导成员坚持、坚持、再坚持。
6	根据共同目标培养团体默契。	约 10 分钟	奥地利女王圈（知识链接 11-2） 操作： (1) 所有的成员围成一圈，每位成员将手放在前面的成员的肩上。 (2) 听从教练的指挥，然后每位成员都应该徐徐坐在其后面成员的大腿上。 (3) 坐下之后，培训者可以再喊出相应的口号，例如"齐心协力、勇往直前"。 备注：可以以小组比赛的形式进行，看看哪个小组可以坚持更长的时间，获胜小组可以要求失败小组表演节目。

知识链接 11-2

"奥地利女王圈"的由来

相传，有一次行军打仗的时候，天气很冷，士兵们疲惫不堪。为了让士兵们好好休息一下，奥地利女王发出了一项命令：所有的人站成一个圆圈，前一个人坐在后一个人的腿上。奇迹出现了，每一个人后面都有温暖的腿坐，前面有温暖的背靠，士兵们觉得没有那么寒冷了。

在"奥地利女王圈"项目活动中，当教练第一次发出命令时，有部分成员既不敢放心地坐在他人腿上，又不愿轻易让别人的体重压下来，所以会出现"奥地利女王圈"歪歪扭扭、很快就散了的状况。在项目游戏中，成员们通过认真尝试，成功完成"奥地利女王圈"之后，会明白团结就是力量的道理。

[单元二] 潜能无限

目标：使成员通过团体合作完成“不可能”任务，认识到团体合作的力量。

活动内容与操作（表11-3）：

表11-3 “潜能无限”活动内容与操作

序号	目的	时间	内容
1	热身，活跃气氛；感受个体内在潜能的力量与目标的价值。	约5分钟	鼓掌游戏。 操作：以5秒钟为一个时间段进行鼓掌。 第一轮：看成员5秒钟最多能鼓掌多少次，由教练按秒表开始计时。 讨论：5秒钟鼓掌鼓了多少次？（由成员自行报数） 第二轮：鼓掌的时间为5秒钟，要求这次鼓掌的次数要比第一次多，由教练按秒表开始计时。 讨论： （1）鼓掌40次、50次、60次的成员有多少？ （2）为什么第二轮鼓掌次数会比第一轮多？ 小于或等于20次，不在状态；21—40次，正常状态；41—50次，巅峰状态；超过60次，疯癫状态。
2	热身，活跃团体气氛，增强团体意识，感受团体的潜力和凝聚力。	10分钟	众人拾柴“5+1”。 操作： （1）分组，每组要求5名男成员和1名女成员（体重中等的男成员亦可）。 （2）请女成员站在地面上，另外5名男成员伸出两只手指，分别紧紧贴在女成员的下巴、双手手心、脚后跟下面，使平均受力。教练发出“起”的指令，要求大家一起把女成员抬起来，并坚持10秒钟。 注意事项：要留意女成员的活动安全问题。 分享与总结： （1）关于团体的合力：众人拾柴火焰高。 （2）关于团体的潜力：冰山理论，自我设限。
3	考验团体成员之间的默契程度、协作能力；促进团体有效沟通。	45分钟	挑战150秒。 人数：12—20人一组。各组每次操作项目的人数不大于12人，每人至少参加1项，每次操作项目成员由各组自行选出。 道具：大绳（大河之舞）；6—10根1.2米长的PVC线管或竹竿（不倒森林）；20节直径125毫米的PVC管材，一个乒乓球或网球，1个纸杯或小塑料桶（珠行万里）；20个仰卧起坐垫子（平起平坐）；1只均匀等分12—16根拉绳的鼓（或充气道具），1个排球（一鼓作气）。 操作：在150秒内，团体成员集体完成6个任务。任务顺序可由团体自主安排。 任务1：大河之舞，12人集体跳大绳（其中2人负责摇绳），不间断完成10次。出现任何失误的，该项目重新开始。 任务2：不倒森林，6人合作，保持间隔围成一个圆圈，每人用右手单手扶立杆，同时松手，并顺时针向前移动扶住前面的杆，不间断完成8次。轮换过程中，任何一人使棒倒掉或者用另一只手扶棒都要重新开始。 任务3：珠行万里，20人集体合作，站成一排，利用手中每人一节半圆滑槽组成一条轨道，使乒乓球或网球沿轨道从头传至尾，落入远处指定容器（纸杯或小桶）。传递过程中，要求手不能碰球，球半途不能落地，而且全组人不能发声。

续表

序号	目的	时间	内容
			任务4：平起平坐（集体仰卧起坐），在垫子上大家同时做15个仰卧起坐，做快了没用。要求所有人都参加。 任务5：诺亚方舟，8个人站在一块很小的纸板上（约40厘米×40厘米×10厘米），保持6秒。 任务6：一鼓作气（击鼓颠球），12人用12条绳索牵引一个鼓面，将排球置于其上，不间断颠球15次。没有达到规定的次数而球落地的，或球颠在绳子上的，该项目都要重新开始；直到将球颠起规定次数时，该项目才算通过。

●［单元三］信任无限

目标：使成员之间相互信任，合力完成团体任务。

活动内容与操作（表11-4）：

表11-4 “信任无限”活动内容与操作

序号	目的	时间	内容
1	热身，建立团体信任；建立换位思考意识；通过身体接触，拉近成员之间的距离，实现情感沟通。	约20分钟	信任不倒翁。 操作： (1) 分组，每组15—20人。 (2) 让成员将身上所有的硬物，包括眼镜、钥匙、手机等，统一放在教练指定的地方。 (3) 成员围成一个圆圈，指定其中一位成员站在圆圈中。 (4) 站在圈中的成员双手交叉抱肩，双脚并拢，腿部并紧，腰部挺直，头部低垂，躯干直立。 (5) 圈中的成员大声报出自己的名字，然后说“请大家为我加油”。 (6) 教练组织大家为这名成员“充电”，所有成员将手搭在这名成员的肩膀或者背部，齐声喊出他的名字，再喊“加油”。 (7) 圈中的成员闭上双眼，做双臂抱肩的姿势，大声询问：“准备好了吗?”其他人呈半蹲的姿势，掌心对着圈中的成员，五指打开做承托准备，回答：“我们准备好了。” (8) 听到回答后，圈中成员大声报出“1、2、3”，“3”字出口的同时，在保持双脚不动的情况下，身体向前直倒，前方成员双手将其托住，两侧成员做好保护姿势防止漏接。 (9) 前方成员接住圈内成员后，将圈内成员向他身后的方向推去，由他后方的成员承托。再向左、向右，顺时针及逆时针各旋转一圈，再让他在圆心位置稳定站立。 注意事项： (1) 选择地面相对平整、无明显尖锐障碍物的区域。 (2) 不得有意加大难度或开玩笑。 (3) 要提前告知大家这个项目是徒手团体项目，安全主要靠每个人的认真负责，请集中精神参与。 (4) 整个过程中，教练要始终站在此名成员的身后方向，以防有成员失手。 (5) 万一发生某位成员意外倒落在地，应立即暂停项目，请全体成员反思刚才哪里不到位，应如何避免。探讨后，带领全体成员向倒落成员鞠躬致歉，然后继续进行。 (6) 圈中做“信任倒”的成员速度不能过快，以免发生危险。

续表

序号	目的	时间	内容
2	培养团体内部的相互信任；增强成员挑战自我的勇气；发挥团体精神；培养成员换位思考的意识；通过身体接触，拉进成员之间的距离，加强情感沟通。	约40分钟	信任背摔。 游戏人数：每组15—20人。 场地要求：专业的背摔台或者同等高度的高台（1.4—1.6米），有扶梯和半角围栏。 器材准备：束手绳，绳子要结实、柔软、摩擦力大。 操作： （1）教练（必须有拓展训练师资质）召集所有成员，介绍项目中的动作要领和安全注意事项，并进行动作示范。 （2）每一位体验背摔的成员在登上背摔台之前，其他所有成员要为他（她）加油鼓劲。方式：所有成员以他（她）为中心围成一圈，一只手搭在将要上台挑战的成员身上，大声问："你是谁?"该成员回答之后，其他成员一起大喊："名字（2遍），加油加油!" （3）体验背摔的成员登上背摔台，伸直胳膊，掌心朝外，拇指冲下，双手交叉，十指交叉握紧，反手从胸前翻出，注意两臂夹紧，双手紧贴胸口，微微低头，下颚抵住拳头。教练用束手绳绑住该成员的手腕。成员两脚并拢，脚跟伸出背摔台2—5厘米。 （4）负责接人的成员分为5组（档），每组2人相对，成弓步站立，两手向前平伸，手心向前，指尖向外，胳膊肘弯曲，准备做保护动作。 （5）倒下时的动作：注意双手紧贴胸口，头向下勾，腰挺直，两脚并拢，大腿不要发力蹬板，不要抬小腿，笔直倒下。不允许做向后跳、向后跃、扭头向下看或者往后坐下来等危险性动作。 （6）沟通：倒的过程中，台上的人和下面的保护组成员进行如下对话： 背摔成员："准备好了吗?" 台下成员："准备好了！请相信我们!" 台下成员大声数"1、2、3"，数到"3"，体验背摔的成员身体直直倒下。在成员倒下的那一刻，教练要迅速下蹲，用手按住成员双脚。 （7）放人方式：当接住倒下的成员时，前排的成员放下倒下成员的脚，后排的成员托背向前，让倒下的成员站立起来。 注意事项： （1）此训练项目中有身体接触，所以必须要求所有成员取出身上所有的尖锐物品和容易滑落的物品，放在储物箱里，包括戒指、眼镜、手机、钥匙、钱包、手表、手链、手镯、耳钉、胸针、发卡、帽子、打火机等。 （2）询问成员是否有头、颈、肩、背、腰等受伤史，是否有严重的心脏病或心脑血管疾病，确认其是否能参加该项活动，确保安全第一。 （3）接人的动作要领： ①2人一组（档），面对面站好，同时伸出右腿成弓步、脚弓相对，膝盖内侧相抵，腰杆挺直。两手平伸、双手掌心朝上（肘尖朝下），手肘略微弯曲（便于缓冲），两手臂夹住对面成员的肩膀（手背放于肩窝处）；拇指贴紧食指（拇指不要内扣），五指并拢，肩膀相互靠紧。2人一组配合做好接人姿势后，教练要做一下承重测试。 ②接着头后仰，成45度看向倒下成员的肩背部，以便若有偏差，及时调整。 ③接人一般用5档，每档的成员身高大致相等：第1档成员距离背摔台20厘米左右，可以是女生；第2、第3、第4档受力最多，必须是男生（男生人数实在不够时可以用相对健壮一些的女生代替）；第5档可以是男生或者男女搭配。 ④剩余的成员站在接人队伍的最后（面向背摔台），双手抵住最后一组成员的肩膀，防止队伍向外冲散。 活动分享：让大家依次发表在活动中的体会，如信任、责任、沟通等。

[单元四]"盲"来"盲"去

目标：使成员体会在"盲人"状态（信息匮乏或信息不对称）下的任务合作，帮助成员培养沟通与合作意识。

活动内容与操作（表11-5）：

表11-5 "'盲'来'盲'去"活动内容与操作

序号	目的	时间	内容
1	热身，帮助成员适应"盲人状态"；通过体验，让成员体会信任与被信任的感觉。	约10分钟	盲人走路。 操作：2人一组（如A和B），A先戴上眼罩将手交给B，B可以虚构任何地形或路线，口述注意事项指引A前行（如向前走……，迈台阶……，跨东西……，向左或右拐……）。可以提前设置一些安全、柔软的障碍物。然后，交换角色，B闭眼，A指引B。 活动要求：作为被牵引的一方，应完全信赖对方，大胆遵照对方的指引行事。而作为牵引者，应对伙伴的安全负起全部责任，应保证指令正确、清晰。 升级1：2人一组，手牵手，走楼梯等实际障碍物。 升级2：多人一组，排成盲人纵队，手搭肩，一起完成障碍任务。
2	让成员在"盲人状态"建立信任，学会交流与沟通，通过相互配合培养团体合作意识。	约20分钟	盲人足球。 道具：每个小组1个足球（选用含气量不足的足球，这样每踢一下，球不会滚得太远）、眼罩。 场地要求：空旷的大场地（或足球场）。 操作： (1) 每个成员找一个搭档，组建小组。 (2) 每对搭档中一个人戴眼罩，另一个人不戴。只有戴眼罩的成员才可以踢球，他的搭档负责告诉他向什么方向走、做什么。戴眼罩的成员把球踢进球门为完成任务。 (3) 搭档互换角色。 注意事项： (1) 为了保证安全，戴眼罩的成员必须保持类似于汽车保险杠的姿势——双肘弯曲，手掌向外，手的高度与脸齐平。 (2) 负责指挥的成员不可以碰自己的搭档，只可以通过语言表达指令。 升级：5个小组（5对搭档）组成一个盲人足球队，同一个足球队内踢球成员的眼罩颜色相同。在规定的时间内，进球最多的那一队获胜。
3	根据共同目标培养团体默契；合理分配人力资源；使成员理解角色定位及尽职尽责地完成本职工作的重要性；认识到有效沟通的重要性，学会多种沟通方式，加强沟通意识。	约30分钟	盲人方阵。 准备：眼罩若干（多于带队人数）；长条扁绳（打上很多结，并大于或等于每人2米）。 操作：10—20人为一组，每组成员在30分钟内，找到绳子并解开绳子上所有的结，将绳子拉成一个面积最大的正方形，所有成员平均分布在正方形绳子外围，不能分配的人就站在正方形的中央。 要求：在活动进行过程中，所有成员不得以任何理由摘下眼罩偷看。

［单元五］众志成城

目标：使成员体验团体合作，帮助成员培养沟通与合作意识。

活动内容与操作（表 11-6）：

表 11-6 “众志成城”活动内容与操作

序号	目的	时间	内容
1	体验团体在困难下的协作精神、执行力与创造力；在团体的鼓励和帮助下，突破个人瓶颈。	约 15 分钟	动力圈绳。 准备：粗绳子 1 条。 操作：所有人手拉手围成一圈，松开手，每人握住大绳的一部分围成一个圆，双脚并拢，用脚后跟着地，所有人同时向后倒，让几个较重的人在这个绳子上走一圈。2 名成员分别在外圈和内圈担当走圈成员的“扶手”。 备注：在走圈的过程中不能掉下来，否则需要重新开始。
2	通过相互配合培养团体合作意识与主动沟通能力；培养团体创新意识。	约 20 分钟	怪兽过河。 操作：团体成员在保持全体联结的情况下，通过一条宽 6 米的“河流”，接触“河面”（6 米宽的区域内）的不能多于 8 只脚、4 只手，直到成功过河后才可以断开联结。
3	培养团体成员主动沟通的意识，掌握有效的沟通渠道和沟通方法；强调团体的信息与资源共享，通过加强资源的合理配置来提高整体价值；体会团体成员之间加强合作的重要性，合理处理竞争关系，实现良性循环；培养成员的开拓创新意识；培养成员科学、系统的思维方式，增强全局观念；体会不同的领导风格对团体完成任务的影响和重要作用。	约 85 分钟（其中，项目布置 5 分钟，活动时间 40 分钟，分享回顾 40 分钟）。	七巧板。 准备： （1）椅子 7 组，任意 2 组椅子之间间隔两个臂展的距离，仅能指尖碰到，如图 11-1 所示。 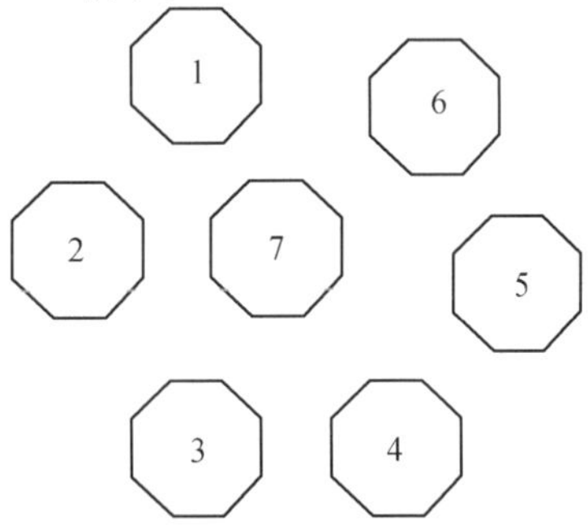 **图 11-1 7 组椅子的位置示意图** （2）七巧板 35 块，5 种颜色，每种 7 块（大三角 2 块、小三角 2 块、中三角 1 块、正方形 1 块、菱形 1 块）。 （3）任务书（练习 11-3）7 套（1、3、5 组任务书一样，2、4、6 组任务书一样）。 （4）任务图图样（练习 11-2）7 套。 （5）记分表（练习 11-1），白板（板架），白纸，红、黑笔。 任务：在规定时间（40 分钟）内，每组成员按照任务书的要求完成任务。 操作：将成员带到七巧板项目场地，开始进行项目布置。 （1）问好，并介绍项目：我们这个项目游戏叫七巧板。现在为了项目的顺利进行，将会把所有的成员分成 7 个小组。每个成员不能离开座位，即身体不能离开椅子。 （2）分组。以“1—7”报数或“抢椅子”的方法将团体成员分成 7 组。将各组成员安排到位置上坐好，中间位置最多 2 人。宣布 7 个组的编号，并使成员产生分队感。

续表

序号	目的	时间	内容
			(3) 发放七巧板。 注意：每小组伙伴围坐在一起（像下棋一样）。两组之间最近的两位伙伴手伸直。七巧板发放可按颜色、形状分，也可打乱分，每组5块。 教练要记住第1组成员，依次排序至第6组，中间为第7组，按顺序发任务书、图样（切记不要发错）。 (4) 介绍活动名称、性质和任务。 所有的物品只能手递手传递，比如，第1组有红的方块，第5组需要，那必须通过中间，即第7组来手递手传递，不能抛接。原因是抛接会误伤到小伙伴。 所有的任务都在任务单上体现。 本次任务是：在规定时间（40分钟）内，每组成员按照任务书的要求完成任务。 每完成一项任务，请举手告知教练，教练确认后，将登记相应的分数。得到教练通过后才可以进行下一项任务。 (5) 规则。再次强调：位置是固定的，不可以移动；身体不可以离开所在的椅子；器械不可以在空中抛接，只能手递手传递。 (6) 宣布开始。 项目监控： (1) 以“1—7”报数或“抢椅子”的方法将成员分成7组，并使成员产生分队感。 (2) 教练要切记不可发错任务书和图样。 (3) 要求成员不得移动椅子，身体不得离开所在的椅子。 (4) 成员拼好图形后，先确认，符合要求的，及时记分，注意不要记错了行、列；拼好的图样如果不是本组的任务则不得分。 (5) 监控时间，到40分钟时宣布结束。 (6) 注意简单行为记录。 项目布置阶段： (1) 语言要精练准确，保持成员的注意力。 (2) 教练对项目任务、规则的讲解应清楚明了，避免成员误解和疏漏。 项目进行过程： (1) 留意观察每一位成员的表现，尤其是表现突出的成员。 (2) 提醒成员不要离开位置（椅子）。 (3) 注意项目时间，必要时加以提醒。 项目回顾阶段： (1) 努力让每一位成员都发言并给予充分肯定。 (2) 注意第7组成员的表现。 (3) 鼓励成员相互分享，注意培养成员的团体学习精神。 (4) 注意要求每个成员自始至终地参与活动。 (5) 可以引导成员对其他成员的表现加以评价并发表自己的看法。 (6) 回顾总结，收回任务书、图样和七巧板。 项目结果：大多数团体达不到1000分。 讨论感受：大家感觉怎么样？给自己打多少分？各组知道其他人各是几组吗？满分是多少分？任务是多少分？得了多少分？有什么感想？拼一个正方形是多少分？ 总结提升： (1) 团体建设方面要做到有效沟通、资源共享、团体合作。 有效沟通方面： “七巧板”的多方位式沟通与直线式沟通有何不同？ 良好的沟通者既是一个有效的聆听者，也是一个有效的表达者，说和听同样重要！ 导致沟通障碍的原因有外因与内因，具体内容有：

续表

序号	目的	时间	内容
			外因： A. 环境的干扰 B. 制度不合理 C. 缺乏沟通渠道 D. 时间紧张 内因： A. 彼此不了解 B. 不理解对方的想法 C. 缺乏准确的信息 D. 过于自信 E. 个人表达方式有问题 F. 性格、情绪因素 团体有效沟通应遵循的原则： A. 双向互动的交流 B. 取得一致的观点和行动 C. 能推广准确的信息 D. 获得正确的结果 E. 双方的感受都较愉快 反馈的分类： A. 正面的反馈 B. 修正性反馈 C. 负面的反馈 D. 没有反馈 积极聆听的原则： A. 注视对方的眼睛 B. 不打断对方的话 C. 不急于下结论 D. 集中注意力听 E. 积极给予反馈 有效表达的原则： A. 对事不对人 B. 坦白表达自己的真实感受 C. 多提建议，少提主张 提建议：对方认可的可能性为 42%。 提主张：对方认可的可能性为 25%。 提建议：对方反对的可能性为 18%。 提主张：对方反对的可能性为 39%。 D. 充分发挥语言的魅力 E. 让对方理解自己所表达的含义 化解异议的方法步骤： A. 识别异议所在，摆在桌面上 B. 找出产生异议的原因 C. 提出建议性意见 D. 说明这样做的原因，并使对方理解 E. 识别并满足对方利益，达成多赢 （2）个人提升方面包括领导力、倾听意识、科学思维、团体意识。 领导力——卓越领导人 5 个工作特征： A. 共启愿景 B. 挑战现状 C. 使众人行 D. 激励人心 E. 以身作则 倾听——听的繁体字“聽”：耳、王、十、目、一、心。 “耳”听为“王”。 “十”分注“目”：眼睛盯着对方。 “一”“心”一意地听：空杯心态，古语“只有虚怀若谷，才能海纳百川”。 沟通的过程就是一个编码、解码的过程。编码，说者说，受环境影响；解码，听者听，角度不同。

练习 11-1

表 11-7 “七巧板”记分表

组别	一	二	三	四	五	六	七	八	九	总分
一组										
二组										
三组										
四组										
五组										
六组										
七组										

记分表说明：

1. 记分表要在培训前在大白纸或白板上画好。

2. 项目进行过程中，教练得到成员组好图形的示意后，确认成员的组号和所组的图形，然后把相应的得分记在记分表的相应位置。记分表第一行标的一至七分别对应练习 11-2 中的图 11-2 到图 11-8，八对应的是周围六组组的长方形，九对应的是周围六组组的正方形。第七组的第一个格记录的分数为周围六组总分的 10%，第二个格记录的是周围六组组成的正方形数乘以 5 后的分数。注意：正方形只有 5 个有分，所以周围六组肯定有一组没有正方形的分数（练习 11-2）。

3. 最后把团体总分算好，如果达到 1000 分，宣布项目成功，没有达到则项目失败。根据任务书的记分规则，如果所有图形在规定的时间内都完成了，总分应该是 1046 分。

练习 11-2

“七巧板”任务图图样

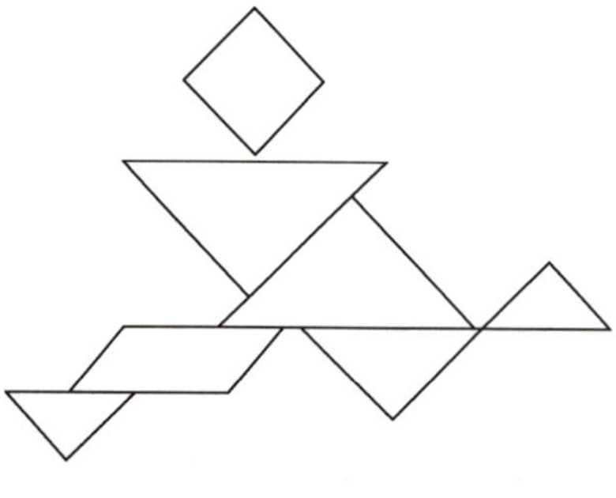

图 11-2

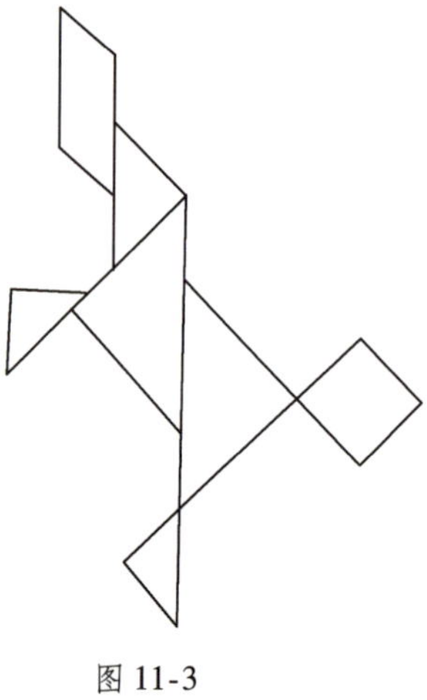

图 11-3

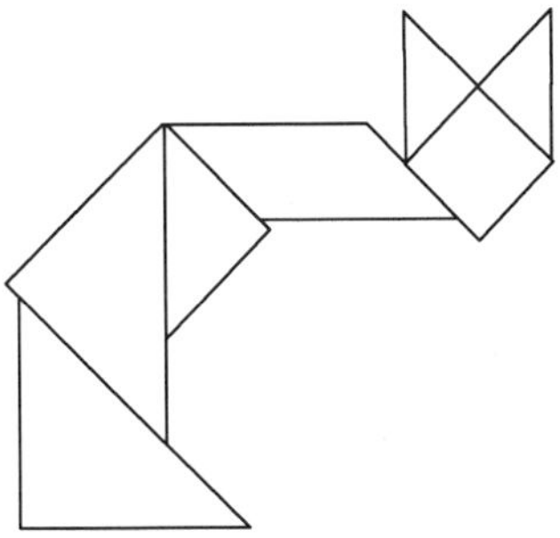

图 11-4

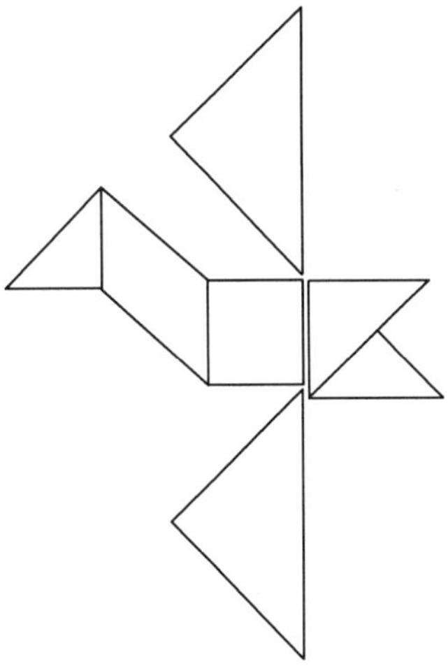

图 11-5

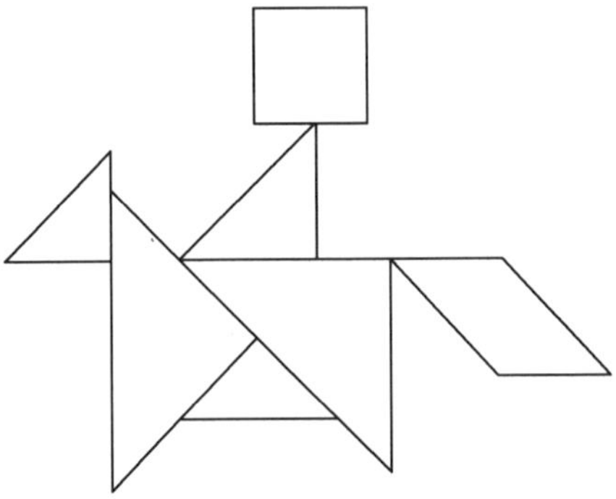

图 11-6

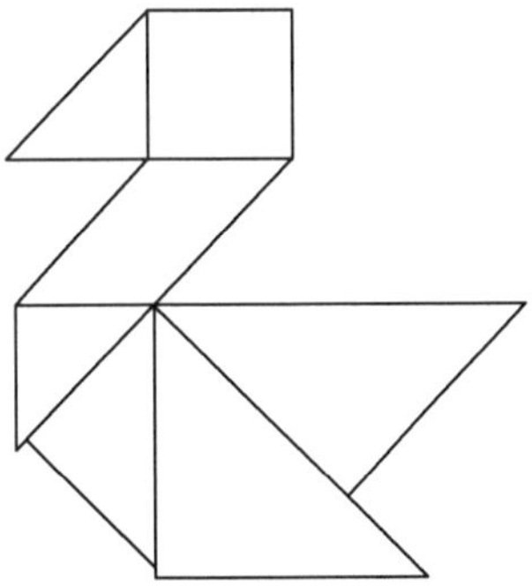

图 11-7

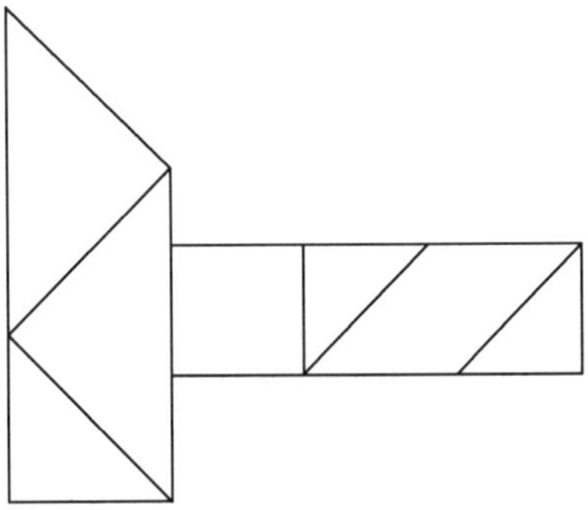

图 11-8

练习 11-3

“七巧板”各组任务书

一组任务书

你们组的任务是：

1. 用 5 种颜色的图形分别组成图 11-2—图 11-7，每完成一个图案将得到 10 分。（每个图案须 5 种颜色）

2. 用同种颜色的图形组成图 11-8，完成后将得到 20 分。

3. 用 3 种颜色的 7 块图形组成一个长方形，完成后将得到 30 分。每完成一个图案请通知教练，教练确认后，将登记分数。

二组任务书

你们组的任务是：

1. 用同种颜色的图形分别组成图 11-2—图 11-7，每完成一个图案将得到 10 分。

2. 用 5 种颜色的图形组成图 11-8，完成后将得到 20 分。

3. 用 3 种颜色的 7 块图形组成一个长方形，完成后将得到 30 分。每完成一个图案请通知教练，教练确认后，将登记分数。

三组任务书

你们组的任务是：

1. 用 5 种颜色的图形分别组成图 11-2—图 11-7，每完成一个图案将得到 10 分。（每个图案须 5 种颜色）

2. 用同种颜色的图形组成图 11-8，完成后将得到 20 分。

3. 用 3 种颜色的 7 块图形组成一个长方形，完成后将得到 30 分。每完成一个图案请通知教练，教练确认后，将登记分数。

四组任务书

你们组的任务是：

1. 用同种颜色的图形分别组成图 11-2—图 11-7，每完成一个图案将得到 10 分。

2. 用 5 种颜色的图形组成图 11-8，完成后将得到 20 分。

3. 用 3 种颜色的 7 块图形组成一个长方形，完成后将得到 30 分。每完成一个图案请通知教练，教练确认后，将登记分数。

五组任务书

你们组的任务是：

1. 用 5 种颜色的图形分别组成图 11-2—图 11-7，每完成一个图案将得到 10 分。（每个图案须 5 种颜色）

2. 用同种颜色的图形组成图 11-8，完成后将得到 20 分。

3. 用 3 种颜色的 7 块图形组成一个长方形，完成后将得到 30 分。每完成一个图案请通知教练，教练确认后，将登记分数。

六组任务书

你们组的任务是：

1. 用同种颜色的图形分别组成图 11-2—图 11-7，每完成一个图案将得到 10 分。

2. 用 5 种颜色的图形组成图 11-8，完成后将得到 20 分。

3. 用 3 种颜色的 7 块图形组成一个长方形，完成后将得到 30 分。每完成一个图案请通知教练，教练确认后，将登记分数。

七组任务书

你们组的任务是：

1. 领导团体在规定时间内完成任务，达到 1000 分的目标。

2. 指挥其他各组成员，用所有的 35 块图形组成 5 个正方形，每个正方形必须由同种颜色的 7 块图形组成。每完成一个正方形，你们将得到 20 分，组成正方形的那个组将得到 40 分。

3. 支持其他各组成员，在规定时间内得到更多的分数，其他各组总分的 10% 将作为你们的加分奖励。

参考文献

［1］郑剑虹．自强的心理学研究：理论与实证［D］．重庆：西南师范大学，2004.

［2］张春梅．大学生自我调节学习能力及其相关心理因素研究［D］．武汉：华中师范大学，2007.

［3］董宇艳．德育视阈下大学生情商培育研究［D］．哈尔滨：哈尔滨工程大学，2011.

［4］郑荣．班级团体辅导对高职新生心理健康及适应性的影响研究［D］．西宁：青海师范大学，2012.

［5］欧阳娟．大学新生适应性量表（SACQ）的修订与应用研究［D］．长沙：湖南师范大学，2012.

［6］王雪．团体辅导促进外省籍大学新生适应的研究［D］．烟台：鲁东大学，2014.

［7］穆瑾．大学生情商现状调查及教育对策研究［D］．沈阳：沈阳农业大学，2017.

［8］冯林．积极心理学：校园普及版［M］．北京：九州出版社，2009.

［9］郑雪．人格心理学［M］．3 版．广州：暨南大学出版社，2022.

［10］丹尼尔·戈尔曼．情感智商［M］．耿文秀，查波，译．上海：上海科学技术出版社，1997.

［11］刘嵋．班级团体心理辅导教程［M］．北京：清华大学出版社，2015.

［12］林甲针．班级团体辅导活动课［M］．福州：福建教育出版社，2012.

［13］杨小兵．简明适应心理学［M］．北京：中国文史出版社，2014.

［14］简·博克，莱诺拉·袁．拖延心理学［M］．蒋永强，陆正芳，译．杭州：浙江教育出版社，2021.

［15］樊富珉．结构式团体辅导与咨询应用实例［M］．北京：高等教育出版社，2015.